法律故事书系列

阳光普法

关注民生 传播法律

Law Story

公民普法 · 法律进社区

法律故事汇

看故事学法律

双色插图本

公民普法版

【第二版】

中国法制出版社
CHINA LEGAL PUBLISHING HOUSE

目录

壹 食品消费和住房

贰 婚姻家庭和子女

叁 出行交通和旅游

肆 义务责任和理想

伍 知法懂法与用法

壹

食品消费和住房

1. 消协助力新婚宴　霸王条款被叫停

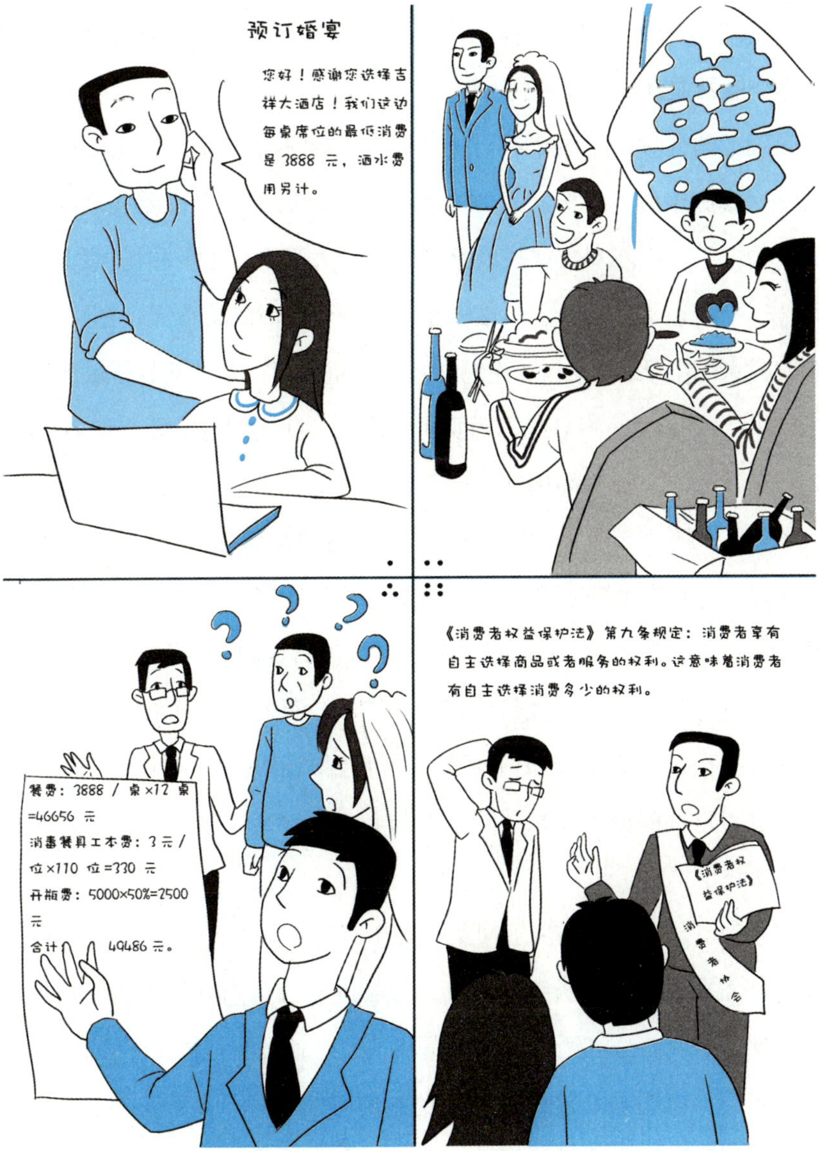

杨雪和王平两人是高中同学，从陕西省某县城的同一所高中毕业，闯过高考的独木桥，一同在北京高校读完本科和研究生。在七年的时间里，两人在学业上相互鼓励，在生活中相互照顾，成为彼此的依靠。研三毕业找工作的时候，杨雪签了一所市属高校，从事行政管理工作，王平则入职一家 IT 公司，从事软件技术类工作。不像很多校园情侣因种种现实原因而选择分手，杨雪和王平选择了继续他们的爱情长跑，并在毕业领取学位证那天，到民政局登记领取了结婚证，作为送给彼此的毕业礼物。

转眼间，两人领证已经半年时间了，杨雪和王平的工作和生活也渐渐稳定下来。一次家庭聚餐的时候，双方家长坐在一起聊天，提议要找个好日子，赶紧把婚礼给办了。听着双方家长就婚礼聊得热火朝天，王平和杨雪却相视一笑，心想婚礼这事情也不那么着急。谁料想，家庭聚餐后的第二天，在回家的路上，王平接到父亲的电话："平儿，我们和亲家商量好了，婚礼的日子就定在两周后的 16 号，刚好是周六。你和杨雪就负责订酒店，我们四老给你们张罗别的事情，请柬、婚车什么的，我们都预订好了，订金也交了。"一听电话那边老爸已经把婚礼张罗得八九不离十了，王平赶紧接过话来："爸，时间太赶了，而且我和杨雪还没想好，要不咱晚些时候再办？""有什么没想好的？结婚证都领了半年了，办个酒席还需要再想？我们知道你们工作忙，所以我们来操持。你们只要订个酒店就成，选你们喜欢的，性价比高的。再说，婚车的订金我都已经交了，所以这事情就这么定了。"没等王平回复，就听到电话里"嘟嘟嘟"的声响。王平心想，以老爸以往的办事风格，除非有极特殊的意外情况发生，否则婚礼这事情已经基本敲定了。

想到这一点，王平就加快了回家的脚步，要赶紧回去跟妻子杨雪商量一下。回到家后，王平边吃着热腾腾的饭菜，边和妻子商量婚宴的事情。杨雪向来很温柔，听到王平说公公已经预订了婚车和请柬，就体谅地跟王平说："爸妈他们也是一片苦心，再说婚礼这件事早办晚办都得办，何不合着老人们的心意，开开心心地办好？"王平本以为杨雪多少会对爸妈突然的安排有些不乐意，听完妻子这番话，顿时觉得自己多心了，他起身深深地抱了一下杨雪，并拍着胸脯说："老婆大人，订酒店这事儿就包在我身上了，你尽管提要求，我去联系，我去跑。"瞧着丈夫一副感激和兴奋的样子，杨雪不禁笑了起来。吃过饭后，小两口就开始在网上搜索，列出了一个清单，有十多家酒店。

根据列出来的酒店名单和联系电话，王平开始一一打电话咨询。可能当月的16日的确是个良辰吉日，再加上他们预约的时间比较晚，打完一遍电话后，两人有些失望，16日当天还有12桌席位的酒店仅剩两家，包括吉祥大酒店和如意大酒店。两人又商量对比了两家酒店，考虑到地理位置的原因，他们最终决定选择吉祥大酒店，毕竟离住所近一些会方便点。

在确定选择吉祥大酒店后，王平再次拨通酒店前台的电话，"您好！我是刚才打电话咨询的王先生，现在想预约一下16号晚上的12桌席位。请问酒店这边是怎样的费用标准？""您好！感谢您选择吉祥大酒店！我们这边每桌席位的最低消费是3888元，酒水费用另计。"吉祥大酒店的前台接线员熟练地答道。"每桌都有最低消费是吗？不可以有例外吗？""是的，如果您觉得不合适，请另选他家。"王平听着接线员虽语调温和但不容商量的答复，愣了一下神，觉得3888元的消费略微高了一些，但又一想实在没有其他更合适的选择了，就只好硬着头皮说："好的，麻烦您帮我预留一下，我明天到酒店现场支付订金。""好的，感谢您的来电！"在告知对方自己的个人信息后，王平总算完成了酒店预订。虽说最低消费的事情让他和杨雪有些不太满意，但他们想到人生仅此一次婚礼，也算值得了。

忙碌的时间总是过得飞快。自打确定了酒店、交完订金后，王平和杨雪就忙前忙后，上班时间忙工作，下班时间忙婚宴。一眨眼工夫，就到了两人大喜的日子。婚礼当天，为了减少开支，王平的父亲老王就自己开车提前带去了三箱白酒和五箱饮料，还找了几个亲友将酒水搬进酒店婚宴会场。刚要进会场，老王就被酒店服务员拦了下来："先生，您好！我们酒店用餐谢绝自带酒水。如果强行自带，酒店将收取所带酒水价款50%的开瓶费。"但当时老王觉得得赶紧放好这些酒水，还得准备会场其他的事情，再过一会儿还得忙着接待宾客，再加上只是普通服务员的告知，老王也就没与她理论，有一搭没一搭地应和着对方。

在忙活了三四个小时后，婚礼终于如期进行。在亲友的见证下，一对新人互换满载承诺的戒指并热吻。宴席上，亲友们用干净的塑料袋包的成套餐具吃着丰盛可口的饭菜，王平和杨雪一同给出席的宾客敬酒致谢，亲友们也送去对两位新人最衷心美好的祝福，整个婚礼其乐融融。

在宴席结束送走宾客后，王平和杨雪来到酒店收银台，准备结算餐费后赶紧回家休息，毕竟筹备婚礼的这半个月累得够呛。但是，在看到账单的条目时，他们却愣住了。账单上列着“餐费：3888 元 / 桌 ×12 桌 =46656 元；消毒餐具工本费：3 元 / 位 ×110 位 =330 元；开瓶费：5000 元 ×50%=2500 元；合计：49486 元。”本来预算不到 45000 元的餐费，怎么变成将近 50000 元了？王平和杨雪站在一旁，纳闷了。这时，在门外等着他们离场的老王来收银台叫他们：“怎么还没结完账？都等你们半天了。”“爸，您看看这账单对吗？”王平说着就把手里的账单递给了老王。老王接过账单，认真看了看，就直接走到收银台，问收银员：“我们虽然之前预约的是 12 桌，但是今天有些宾客没到场，只吃了 11 桌，这个您是算错了吧？”“先生，您好！我们酒店统一规定，如不提前通知，减少订席数按全额收费。”收银员拿出酒店消费手册，指给老王看那白纸黑字写的规定。“怎么能这么算？这也太不公平了。”王平一听收银员的解释，急忙提出了质疑。“先生，这是我们酒店的统一规定，请您理解。另外，在您预订酒店时，在我们的预订说明里，这些规定都是写明的。”收银员解释道。“那么，消毒餐具工本费和开瓶费呢？又是怎么算的？”杨雪非常不解地问。在一旁巡查的酒店经理赵阳走来，帮着收银员向杨雪解释说：“消毒餐具工本费是按照实际用餐人数计算的，每位 3 元。至于开瓶费，酒店一般是不允许自带酒水的，我们店员也告知了这位王老先生，但这位顾客坚持要食用自带酒水，我们只能按照规定收取所带酒水价款 50% 的开瓶费，也就是 2500 元。”“你们这里的酒水高出市场价格那么多，为什么不允许我们自带酒水啊？怎么还能另收开瓶费呢？再说了，你们这没有其他餐具可以选择啊！”老王有些气急败坏地质问赵阳。“王先生，这些都是我们酒店的统一规定，请您配合。”赵阳礼貌地劝说着老王。“可是，您这也收得太多了吧？可以少点吗？”杨雪见情况有些复杂，就想着如果只是象征性地收取一定费用的话，那他们就认了，也省得耽误时间。“抱歉，这个费用没办法减少。”赵阳一句话回绝了杨雪的请求。“这怎么能行呢？这不是强制消费吗？这不是讹人吗？”老王见状气不打一处来，就冲着赵阳喊起来。这时候，王平赶忙把父亲拉到了一旁，然后拨通了消费者投诉热线 12315 电话，并表达了希望消费者协会可以派工作人员到酒店现场解决争议。

不到半个小时，消费者协会的工作人员李杰就赶到了现场，向投诉人王平简单了解了一下情况，并把酒店经理赵阳、王平、杨雪和老王一同叫到酒店大厅的休息区。“你们好！我是消费者协会的工作人员李杰。刚才简单了解了情况，咱们的争议主要是围绕今天婚宴的几笔费用，包括每桌最低消费、开瓶费、消毒餐具工本费和多预约的席位餐费，对吧？”“是的，酒店的收费太不合理了，还请您帮我们分析分析。”老王见有专业人士过来帮忙解答，急忙回答道。

“首先，关于每桌最低消费的要求，《消费者权益保护法》第九条规定：消费者享有自主选择商品或者服务的权利。自主决定购买或者不购买任何一种商品、接受或者不接受任何一项服务。这意味着消费者有自主选择消费多少的权利。酒店擅自设置最低消费的行为属于霸王条款侵权行为，不仅违反诚实信用原则，也违反了法律相关规定，属于强制消费的行为。我国《消费者权益保护法》第二十六条第二款和第三款明确规定，经营者不得以格式条款、通知、声明、店堂告示等方式，作出排除或者限制消费者权利、减轻或者免除经营者责任、加重消费者责任等对消费者不公平、不合理的规定，不得利用格式条款并借助技术手段强制交易。格式条款、通知、声明、店堂告示等含有前款所列内容的，其内容无效。既然酒店设定最低消费限制的做法是一种剥夺消费者公平选择权的违法行为，那么酒店的该规定因违反法律规定而无效。当然，结合咱们此次婚宴的情况，每桌的实际消费也已经产生，我建议咱顾客一方就不要再追究这部分的费用了，但酒店这边请主动进行自查，尽快做出调整改正，在今后的营业中杜绝此类情况再次发生。”听着消协工作人员李杰的分析，酒店经理赵阳连忙点头，并说道：“我一定会把您说的这个情况反馈给领导，并结合相关法律法规的要求，对我们酒店的消费要求作出调整。”

“其次，酒店关于禁止顾客自带酒水，违者收取开瓶费的规定，也是不符合相关法律要求的。《消费者权益保护法》明确规定了消费者享有自主选择商品或者服务的权利，有权进行比较、鉴别和挑选，有权自主决定购买或者不购买任何一种商品、接受或者不接受任何一项服务。酒店限制消费者自带酒水，侵害了消费者的选择权。对于这种霸王条款，消费者拒绝是有法律依据的。对于酒店对消费者自带酒水收取开瓶费，则属于市场行为，酒店应当与消费者协商，而不是通过订立单方条款来收取。此外，消费者在就餐时，酒店提供符合卫生标准的餐具、餐巾等配套服务，是基本的服务内容，也是消费者接受就餐服务的前提。如果经营者只给消费者提供‘高标准’的付费消毒餐具强制消费者使用或未明示有偿的情况下要求收取费用，显然是在侵犯消费者知情权的同时，也侵犯了消费者的选择权。因此，酒店在未告知顾客的前提下，要求收取消毒餐具工本费也是不合法且不合理的。希望这边能够和顾客友好协商，在扣除消毒餐具工本费后，收取适量的开瓶费即可。”“嗯，李同志您说得有道理，我们对《消费者权益保护法》的内容不是很了解，总是觉得酒店的要求不合理，但是也说不上个道理来，真是谢谢您！那么，您看多预约席位的餐费问题该如何解决呢？”王平一边认真听着消协工作人员的解释，一边咨询。

“最后，关于多预约席位的餐费问题，我们需要全面地去看。实际到店人数少于预约人数，因为顾客没能提前通知酒店，在一定程度上给酒店造成了损失，顾客应当给予酒店一定的违约赔偿，但是消费者应当承担的违约责任也是有比例的，并非全部承担。显然，酒店将消费者要赔偿的费用设定为‘全额’，超过了合理的违约数额，是不可取的。所以，结合咱们今天的具体情况，酒店应当收取顾客 11 桌的餐费，但鉴于未达到原预约的席数，给酒店造成了一定的损失，所以顾客应当额外支付酒店一部分费用，以弥补酒店的损失。”

在听完消协工作人员的解释后，酒店方和顾客方又进一步协商，并都作出让步，最终以 45000 元作为此次婚宴的消费，也算是和平解决了问题。看着双方达成协议，李杰说道：“几位，看着你们的问题解决了，我也就放心了。我要回单位继续值班了，顺便祝福两位新人新婚快乐，百年好合！”“小李，今天真是谢谢你了，多亏有你帮我们来解决，要不然我们就吃大亏了。实在太谢谢你了。”老王走上前握住李杰的手，表示感谢。“谢谢你，今天实在给您添麻烦了。”王平和杨雪也赶忙上前道谢。“你们客气了，这是我的本职工作。日后，你们消费时再遇到什么问题，可以随时拨打 12315。”说罢，李杰转身向酒店经理赵阳走去：“赵经理，我们今天所发现的问题，请您及时转达酒店的相关负责人，并尽快做出调整。对于酒店后期的整改情况，我们会有相关工作人员来进一步监督核查。”“好的，我们酒店会按照法律法规尽快做出调整。谢谢您！”听完李杰的嘱咐，赵阳连连点头称是，表示以后要吸取教训，尽快改正。

结完酒店餐饮费用后，王平、杨雪和老王就一同回家了，两人的婚宴也总算告一段落。虽然小有波折，但是总算在消费者协会工作人员的帮助下，把问题顺利解决了。

2. 邻里烟道引纠纷 巧妙调解化矛盾

夕阳西下，位于中国西北部的宋各庄村笼罩在一片朦胧的暮色之中，袅袅炊烟不断地升腾起来，把小村庄装点得格外安详和宁静。村庄上有一百来户人家，祖祖辈辈都生活在这片土地上，这里的人们都熟悉彼此，上点岁数的人对每家每户的家长里短都能娓娓道来。

在 2009 年的时候，村里几户人家都看上了位于村东北一片狭长的地方，这个地方不大，但也还算平整，他们想在这里盖房子，有的是想自己住，有的是想给儿子娶媳妇盖新房。村民委员会考虑到大家的利益，就同意将这片土地拿出来作为宅基地。几户人家平时关系都不错，这次一起盖新房，几家一起采购材料，一起请瓦匠，还省下不少成本。赵子霖家在最东边开始建，然后是张嵩家的房子，一排新房同时拔地而起，特别气派，远远看去与村子里的其他破旧的土窑比起来显得特别耀眼。大家的房子都是紧紧挨在一起，为了节省成本，同时也是村子里的老传统，除在最东边的赵子霖家既盖东墙又盖西墙外，其余依次建造的房屋，其主人只需要建自家屋子的西墙就可以了，东墙就是东边邻居的西墙。在建房的过程中，张嵩找到赵子霖说："赵老弟啊，我打算给东房打铺炕，你看这烟道就只能从你家的西墙上过了，下次买材料时，我多分你一部分作为补偿吧，你看怎么样？"听张嵩这么说，赵子霖倒显得不好意思了，他说："你这不是见外吗？还补偿什么，我直接在墙里给你留好烟道，反正我也不打算在西房住，就是放些粮食、家具什么的，当库房使了。""那就太谢谢啦，真是远亲不如近邻呀，盖这房子问亲戚借点钱那脸拉得比什么都长！"张嵩十分感慨地说。赵子霖听了哈哈大笑，说："可不是嘛，咱们在这村儿里相处多长时间了，平时我也没少麻烦张大哥你啊，这邻里就讲个互相方便，你方便我、我方便你，大家就都好了！"

于是赵子霖在建房时直接为张嵩预留了烟道，张嵩自己买了一个烟囱安到屋顶。张嵩建这房子几乎花光了他的全部积蓄，就是想给儿子张远娶媳妇用。随着新房的落成，张家的喜事也提上了日程，看着儿子欢天喜地把新娘娶回家，张嵩格外地开心，几乎邀请了村子里的每一户人家。

时间一晃而过，转眼到了 2012 年，一天赵子霖找到老张，说："我打算把房子卖掉，陪儿子到城里读高中，自己也正好在城里打点工，总比在家种地强些。"老张听了，沉默了好一会儿才说："去吧，娃儿比什么都重要，不能让他们也像我们这样守在这个村子里过一辈子，只是你的房子卖给谁呢？"赵子霖说："打算卖给村西头的王保国两口子，他们正想与老人分开住，也看上我的房子了。"老张说："王保国是个倔驴子啊，人倒也忠厚，就是一根筋了些。"2012 年 5 月 12 日，赵子霖终于将自己的房屋以 3 万元的价格卖给了王保国，双方打个了条子，算作房屋买卖合同。

张远看到新邻居来了，打算请王保国夫妇二人一起来家吃个饭。虽说住在一个村子里，但两家人平时来往较少，张远想趁此机会多了解一下王保国夫妇，想着关系搞好了，将来在一起生活，抬头不见低头见的也方便些。酒桌上，王保国红光满面，对张远说："张哥，别看兄弟我没读过什么书，但咱这人仗义，从来不让兄弟吃亏，不过最近啊我打算在西屋弄个炕，我们家孩子多，把西屋也利用起来才住得下啊，要不然老和我们两口子挤在一起也不是个事儿啊！你看这烟道，兄弟也得用，你就不要用了吧？"张远没有想到，第一次接触就要面对这么个麻烦事，想到父亲曾跟自己说王保国这人比较倔，也就不好意思当面说什么，就说："这事儿啊再说吧，来喝酒！"王保国酒意上来，也就没有再往下说什么，两家人吃罢，王保国夫妇回到了自己家中。

张远心里结了个疙瘩，心想这王保国肯定还要提烟道这个事，可是自己也没有办法啊，当初建房子时跟赵叔就这事约定好了，这么多年一直在用，总不能再把墙凿开弄个烟道吧。果不其然，没过几天王保国就主动找上门来，对张远说："张哥，你把你家安的烟囱弄下来吧，我得换个大的，这两天炕快弄好了。"张远忙说："不行啊，我这么多年一直在用，你不让我用，我怎么办啊？"王保国摸了摸脑袋，说："那，那也没有办法是不，我买了这房子，用自己家墙的烟道没问题啊，你要不改用炉子吧？"张远一听，更着急了："那你怎么不用炉子啊？这烟道我用得好好的，你怎么说不让用就不让用了！"王保国一愣，顿时恼了："这西墙可是我们家的，你用了我怎么用啊？我自己家的东西我说了还不算吗？""那也不行，"张远毫不退让，"以前我跟赵叔家早约定好了由我用这烟道，你不信问他。"王保国呵呵冷笑一声，说："问他什么啊，我自己花钱买的房子，我说了还不算数吗？"说罢，王保国转身朝院外走去，并大声说："我限你三日内自行拆除，要不然我就替你把这烟囱打烂了！"

张远也气得不轻，心想："自己打这房子建成就这么使用了，以前可以，凭什么现在就不行了呢？"

张、王两家因此产生了矛盾，而且矛盾有越来越激化的趋势。张远和王保国两家互不相让，有一次张远甚至拿着铁锹站在房顶上，并说如果王保国敢拆，就用铁锹让他见见血。老张为了不让儿子吃亏，主动来到了位于村委会旁边的一排小屋，这里是宋各庄村人民调解委员会办公的地方。调解委员会主任老李正在看报，见老张进来，忙起身问他是什么事。老张把前因后果跟老李说了一遍。老李说："我这个人民调解委员会的主任也早坐不住了，正打算明天主动找上门去，对你们两家人进行调解呢，这倒好，你先来了，听你刚刚说的，我也基本了解了双方的矛盾。这样，你先回去吧，明天一早我去王保国家里说说看。"

老李在调查清楚事实的基础上，仔细查阅了我国相关法律的规定，发现在我国《民法通则》和《物权法》里，都有关于相邻关系的规定。例如，《民法通则》第八十三条规定，不动产的相邻各方，应当按照有利生产、方便生活、团结互助、公平合理的精神，正确处理相邻关系。《物权法》第八十七条规定，不动产权利人对相邻权利人因通行等必须利用其土地的，应当提供必要的便利。老李想："根据法律的精神，邻居之间需要相互方便，不能不照顾彼此的实际情况，只一味地主张东西是自己的，自己想怎么处置就怎么处置。"明白了法律的相关规定，老李心里有了底，他认为，对于这件事，王保国要理亏些，于是他第二天主动找到王保国家，他说："王老弟，今天来找你呢，就是想聊聊你和张远家的事情，大家原本是一个村子的人，如今又有缘分做了邻居，有什么事不能说开呢？”

王保国一看村调解委员会的主任来了，态度也比较好，主动说：“您来得正好，您给评评理吧，我自己的房子为什么烟道就使用不得啊？”

老李说：“你看，这房子在你搬过来之前，老张家和原来的老赵家就约定好了，老张家的火炕得使用你们家的西墙排烟，这是历史形成的，虽然这西墙是你家的，但是咱们村的房子都是墙挨墙，每户人家只有西墙，东墙是别人家的，如果都不允许西边的人家使用自己家的西墙，那还能盖得起这房子吗？”

王保国说：“话虽这么说，但是我也得用啊，如果我用不着的话，老张他们家用没有问题，可是我现在也得用啊，那他们就得让一让了！”

老李说：“你不让他们用，那他们怎么办啊？”

王保国说：“那我不管。”

老李说：“理就在这里了，如果你不让他们用，那他们就没有办法正常生活了，两家共用中间一堵墙，需要本着方便生活、团结互助的精神来处理关系，也就是说别人不得不这么做的时候，你即便受点委屈也要照顾一下，只要对方在合理必要的限度内就行。”

看王保国沉默不语的样子，老李接着说：“你想想，在你搬到这里之前，张家就和原来的赵家这么做了，这么长时间以来张家一直都是使用这个西墙，张家从一开始就享有了如此使用的权利，这是历史形成的，你就得尊重这种长期形成的习惯。你是从老赵手里买的这房子，买到的不是不受任何使用限制的房子，以前老赵受这个限制，现在你也要受这个限制。法律上也是这个精神，你到法院去说理也是我刚刚跟你讲的这些。”

王保国说：“那我该怎么办啊，难道就自认倒霉？”

老李呵呵一笑，说：“这倒不难，两家协商一下，看能不能找出个两全其美的办法来！你看你们两家合用这个烟道怎么样，虽然不如一家用效率那么高，但是毕竟可以解决些问题，而且两家可以商量在烟囱上边合装一个抽烟机，这样一个烟道两家用虽说窄了些，但也是完全可以的。”

王保国说：“好啊，我怎么以前就没想到呢！我呀，原来就是想不通这理儿，我自己的房子凭什么不能让他们停用，您讲得有道理，我们就这样做。何况这邻里还是要和睦相处的好，否则以后天天生闲气，这日子也不好过。”

看到王保国终于想通了，老李说：“我们一起到张远家说说吧。”“好，咱们这就去！”王保国痛快地答应了。来到张远家，王保国主动跟张远打招呼：“张远啊，我来向你赔礼道歉！”张远一愣，待看到王保国身后的老李后，明白了几分，听到王保国这么说，他也不好意思了，主动迎出门，对王保国和老李说：“你们怎么来了？”老李说：“我来就是为你们两家烟道这个事，这不我刚跟王保国说完，就和他一块儿来你家了。”不等老李说完，王保国抢过话头说：“我要跟张哥道歉，以前是我不好，我这人就是一根筋，想问题呀总绕不过弯弯来。”老李看张远还是一头雾水，就主动把刚刚跟王保国讲过的话说了说，安慰道：“你们两家以后继续使用这个烟道，只要在烟囱上安装一个抽烟机就可以了，王保国也同意了，你的意见呢？”张远看到老李的诚恳和王保国的热情，也不好意思拒绝了，他说：“好吧，这样对大家都好。”老李趁热打铁，说道：“这邻里相处就讲究一个‘和’字，平时难免会遇到一些小纠纷，两家人一定要保持冷静，珍惜来之不易的团结互助，共同想办法解决，而不是一上来就搞对立、闹情绪，只有邻里关系处好了，我们的日子才能过得顺不是？”张远和王保国两人连连点头称是，都表示以后要吸取教训，好好相处。

回到办公室，老李写下本次处理纠纷的一点心得，他想人民调解的关键在于讲明道理，以情动人，以理服人。在以后的调解工作中，首先要早介入，及时了解情况，及时做双方当事人的工作；其次要做好准备，提前查阅法律法规和政策文件，把道理想明白；最后就是要耐心地去劝解当事人，只要自己真诚地去帮助人民群众做工作，大家一定会心服口服。

3. 结婚纪念日吃大餐　引发食物中毒顾客勇维权

徐畅和杨婷是大学校友，杨婷是外语学院英文专业的学生，而徐畅则是计算机系的学生。说起两个人的相识，还要归功于学校的英语角。当时学校每周二下午都有英语角，有很多热爱学英语的各个专业的同学以及不少外国留学生都会来这里用英语交流，在轻松愉快的聊天氛围中，大家都感到自己的英语水平提高了很多。当时的徐畅很内向，跟女生说上两句话就会脸红，这种人多的活动他是不会参加的。但是徐畅的宿舍有一个好哥们儿张强是学霸类型，学习非常棒，而且对于能提高自己能力的活动也积极主动参加。徐畅内心比较钦佩他，总是向他学习，查找自身的不足。

张强的英语成绩也很不错，但是他总觉得自己的口语不行，非常需要锻炼，有一次参加了这个英语角之后，感觉很有用，回来之后好几天都有开口说英语的动力。后来他就经常去参加，也拉着徐畅过去。徐畅第一次去参加的时候，看到大家都在很随意地用英语交流着，而且时不时地会被对方说的话逗笑了，他几次试着想要开口说几句，但总是觉得张不开口。徐畅痛恨自己的羞涩内向，而且他感觉自己的口语不行也是其中一个原因。他正准备离开，打算回去自己一个人苦练英语的时候，一个姑娘过来了，并用英语问他是哪个学院的。看着很窘的徐畅，姑娘善意地笑了。她用汉语跟徐畅聊起来，原来两个人是山东老乡，姑娘说她名叫杨婷，是外语学院的，而且是英语角的负责人之一。“欢迎你经常过来锻炼口语，学英语就是要大声说出来。”杨婷对徐畅说。看着笑吟吟的杨婷，徐畅也感觉好开心，两个人就这样认识了。

后来徐畅经常去参加英语角的活动，在杨婷的带动下，他也逐渐适应，跟人说话慢慢也不脸红了。有一次徐畅班里组织春游，徐畅便给杨婷发短信“一起去春游吧”。正好期末考试结束了，经过一个学期紧张的学习，杨婷很想去放松一下，看看郊外的风景，就愉快地答应了。在春游的过程中发生了很多趣事，两个人都对对方加深了了解，互相都很欣赏对方。后来快毕业的时候，他们很自然地走到了一起。

毕业之后，徐畅进了一家 IT 公司，杨婷在一家中学做英语老师。徐畅的业务做得很棒，而且他不怕吃苦，工作加班加点从不抱怨，总是出色地完成任务。有一次，为了完成一个大的项目，徐畅连续一周都是加班到凌晨两三点才休息。徐畅的工作能力获得了上司的肯定，工作两年之后，徐畅就升任了部门的技术总监。

这个时候，杨婷怀孕了，两个人对小生命的到来感到很欣喜。那些日子，徐畅每天晚上回来，虽然很累，但是都会趴在杨婷肚皮上跟小宝宝说上一会儿话：“宝宝，爸爸回来了。你在睡觉吗？”“宝宝，爸爸给你唱首歌怎么样？”“宝贝，你长大了想做什么呀？”虽然怀孕的过程比较辛苦，但是杨婷还是觉得很幸福，她强烈感受到了母爱的萌发。她每天去上课的时候感觉更加爱自己班上的学生们了。5月份，杨婷顺利地生下一个胖胖的男孩，徐畅给孩子取名叫新新。休了几个月产假后，杨婷又开始上班了。徐畅的妈妈帮忙照顾小新新。

在小新新六个月大的时候，徐畅的爸爸生病了，徐畅的妈妈不得已要回去照顾他。可是孩子怎么办呢？小两口每天都要上班，那孩子谁带呢？杨婷的父母也是在家里照顾杨婷姐姐的孩子，还自己经营着一个便民超市，抽不开身。一家人开了一个会议商量这件事情，现在似乎只有一个方案了，那就是杨婷不去上班了，在家里照顾孩子，但是徐畅不忍心，他知道杨婷有多么热爱自己的职业。这时，杨婷说话了：“我辞职在家照顾孩子吧，咱们的孩子这么小，需要人照顾，而且你的事业现在正蒸蒸日上，我也应该做好后勤工作支持你。以前，下班后我还经常要辅导学生，回家之后也是筋疲力尽，不能好好给你做顿饭。现在我辞职了，可以好好放松身心，好好照顾咱们的宝宝，而且你下班以后我就做好香喷喷的饭菜等着你，这样你工作也就更无后顾之忧啊。”一席话说得一家人都觉得心情舒畅。

就这样，杨婷辞职了。辞职的时候，学校的级部主任对杨婷说：“杨婷，你现在事业正处于上升期，不瞒你说，今年年底的优秀教师名单里就有你，学生们也都很喜欢你。你现在辞职，我真的很替你惋惜。不过话说回来，你的孩子也需要你，相夫教子也是不错的啊。”一席话说得杨婷眼泪在眼眶里打转，她是多么热爱这三尺讲台啊！杨婷刚辞职的时候，每天照顾宝宝忙得团团转。可时间一长，她就觉得这种生活很枯燥，这与她曾经念书时的风华正茂，还有工作以后讲课的激情澎湃相去甚远，她很怀念讲台上的日子。有时候，她照料着孩子睡下了，自己一个人发会儿呆，感觉简直要与社会脱节了。

以前她与徐畅从来没有因为什么事情红过脸，可现在她却为徐畅下班回来晚了没有跟她打声招呼而大吵大闹，有时还翻看徐畅的手机短信。有一天，徐畅去与合作方交流一个项目，晚上合作方做东，招待徐畅。因为一直在谈事情，徐畅没有跟杨婷打招呼。晚上 10 点，徐畅回家以后一打开门，就发现杨婷愤怒地坐在电视机前面，电视上演的什么她早已经不关注了，因为她现在满脑子都是“徐畅干什么去了”。徐畅知道今晚又要有一阵“暴风雨”了。果然，杨婷闻到了徐畅身上的酒味，以一种嘲讽的口吻问道：“今晚干吗去了？”徐畅说：“你别闹了行吗？我去谈事情，已经很累了，只想早早睡觉。”杨婷摔了手中的遥控器，吼道：“就你忙！就你累！就你有存在价值！我们这些人在家里就活该闷着压抑着，孩子你管过吗？你知道我在家里多烦吗？”徐畅很无奈地说：“我知道你很不容易，也很压抑，我都理解。可是我在外赚钱也很不易，你就不能理解一下我吗？再说你现在都不用出去辛苦赚钱，在家里照顾好家就行了，你这日子多少人羡慕不来呢！”“我不稀罕！”杨婷大声喊着。正说着，宝宝被吵醒了，哇哇哭了起来。她的这些行为让徐畅不胜其烦，徐畅跟她谈了好多次心都不管用。妻子是整天闷在家里太压抑了，等宝宝大了去上班了就不会这样了，徐畅总是这样安慰自己。

一直到小新新三岁可以上幼儿园了，杨婷重新去应聘找到了工作。重新工作的杨婷找回了以前那种充满活力的状态，家里吵吵闹闹的状况也改善了，她对以前跟徐畅的吵闹感到内疚。这天，徐畅在上班的时候收到杨婷的短信：老公，今天下班早点回来吧。徐畅想，这是有什么急事啊？于是，刚下班，徐畅就处理完手中的工作回家了。到家以后，他赶忙问杨婷：“什么事啊，这么早让我回来？”杨婷兴奋地对他说：“今天是咱们结婚五周年的纪念日，你整天忙都忘记了，今儿晚上咱们庆祝一下吧！”徐畅一拍脑门说：“哎呀！你看我，都忙忘记了，我整天忙工作，对你真是不够体贴，今晚咱们一定要好好庆祝一下。”杨婷说：“我今天下班后已经顺便去菜市场买好了菜，今晚我做一桌大餐，你过去看会儿电视休息一下吧。”说着杨婷就挽起袖子系上围裙准备下厨。徐畅一把拉住她：“说好的一起好好庆祝一下，你这样上了一天班，还要再做一桌子菜，我心里多不忍，咱们出去吃吧！咱们去木雅餐厅吃个大餐，再喝瓶红酒。”杨婷说：“好吧，不过你说的那一家有点远，咱们就找个离家近一点的吧，听说咱们家不远处有一家饭店口味很不错，咱们今晚就去那里吧。”两个人有说有笑地来到了这家饭馆。

两人点了徐畅爱吃的辣子鸡，点了杨婷爱吃的海鲜，还点了其他两人喜欢吃的菜。虽然店里顾客很多，但是几个菜一会儿就上桌了。两人开心地准备大吃一顿，但是徐畅还没开始吃就发现香菇油菜里有一条虫子，顿时感觉很恶心。他立即叫来服务员，服务员连声道歉，并解释说是由于现在餐馆人太多，上菜太多导致洗菜时疏忽了。徐畅很不满地说：“我们来你们这里就是为了开开心心地吃个饭，放松一下心情，现在菜里面出现了虫子，你让我们怎么放心吃饭，我们花钱就是为了买到这样的服务吗？把你们经理找来。”经理过来之后，马上主动赔礼道歉，并且为徐畅免单，希望能得到徐畅夫妻俩的谅解。

《食品安全法》第三十四条规定，禁止生产经营腐败变质、油脂酸败、霉变生虫、污秽不洁、混有异物、掺假掺杂或者感官性状异常的食品。像杨婷和徐畅在吃饭的过程中吃到虫子，或者生活中有的顾客在去餐馆吃饭的时候吃到其他异物的，就可以依据该条规定主张自己的权益。

在经理诚恳地道歉并且保证以后不会再发生类似事情以后，杨婷和徐畅觉得这件事就这样过去吧，毕竟两个人是来庆祝结婚纪念日的，这么晚再去换个地方吃饭也不方便。杨婷举起酒杯说：“咱们喝一杯吧。”徐畅也端起酒杯说：“喝之前我有些心里话想对你讲，杨婷，这么多年咱们风雨同舟，生活中有欢笑也有烦恼，但我们在一起更多的是让我感受到一种厚实的幸福感。我加班多，可每次回到家，看到你为我亮着的灯就感觉很温暖。我整天忙工作，对你的关心不够多，我以后一定要好好补偿你。”杨婷说：“老公，我也有许多话对你讲，之前两年我辞职在家带小新新，可能是每天待在家里的日子太枯燥了吧，我总是觉得压抑，时不时地对你发火。现在想来，过去的自己真是很不应该，我心里特别内疚。”徐畅说：“那个时候你一个人在家里太闷了，我对你有很多愧疚，对你也理解，都过去了，咱们今天就好好庆祝吧。”两个人开心地吃了很多菜，杨婷很爱吃海鲜，徐畅把海鲜大部分都留给杨婷吃了。

晚上睡觉前，杨婷突然觉得恶心，不停呕吐，有种喘不过气来的感觉。徐畅看到杨婷脸色苍白，急忙把她送到医院。经医生诊断，杨婷是轻微的食物中毒，开了药，让她回家休养两天。医生说吃东西一定要注意安全卫生，杨婷这样肯定是最近吃了什么不卫生的东西。两人一想，会不会是刚吃过的海鲜的问题呢？看着虚弱的杨婷，徐畅心疼不已，对饭馆感到气愤。

他第二天就拿着医生的诊断证明来到那家饭馆要求赔偿。饭馆却辩称，在当下时节，食用海鲜后拉肚子是正常现象，饭馆不承担任何责任。徐畅认为杨婷是在海边城市长大的人，从小吃海鲜都不会有这样的反应，这次的食物中毒并不是吃海鲜拉肚子那么简单，肯定是这家饭馆的卫生条件有问题。徐畅对经理说：“你们作为食物的提供者，应确保食物符合卫生安全标准，我妻子因为食用你们餐厅提供的不洁食物而引发食物中毒，无论从人身上还是在财产上都造成了损失，因此我们不仅可以依据《食品安全法》的有关规定请求赔偿，也可以根据《消费者权益保护法》的有关规定请求赔偿。”

面对饭馆不予赔偿的漠视态度，徐畅向工商部门进行了投诉。工商部门组织执法人员对该饭馆进行检查，发现其后厨卫生条件不达标，餐具的清洗和存放都不严格。工商部门对该饭馆进行了批评教育，予以罚款处罚。经调解，对杨婷因吃海鲜导致的食物中毒，饭馆赔偿杨婷 3000 元，并对杨婷赔礼道歉。经过工商部门的处罚和教育，饭馆负责人认识到了自己的错误，并立即进行了卫生和食品安全整改，对饭馆的后厨进行了装修，并新购置了一台餐具消毒机。面对焕然一新的厨房，不仅来店里的顾客感觉吃得放心，饭馆的工作人员也感觉工作得舒心。

按照《食品安全法》的要求，食品生产经营应当符合食品安全标准，并应具有与生产经营的食品品种、数量相适应的食品原料处理和食品加工、包装、贮存等场所，保持该场所环境整洁，并与有毒、有害场所以及其他污染源保持规定的距离；具有与生产经营的食品品种、数量相适应的生产经营设备或者设施，有相应的消毒、更衣、盥洗、采光、照明、通风、防腐、防尘、防蝇、防鼠、防虫、洗涤以及处理废水、存放垃圾和废弃物的设备或者设施；具有合理的设备布局和工艺流程，防止待加工食品与直接入口食品、原料与成品交叉污染，避免食品接触有毒物、不洁物；餐具、饮具和盛放直接入口食品的容器，使用前应当洗净、消毒，炊具、用具用后应当洗净，保持清洁；禁止生产经营腐败变质的食品，饭馆的食物有质量问题引起顾客的不适是需要承担责任的。

食品安全关乎百姓日常生活的每一天，餐饮经营者一定要做到良心经营，保证顾客入口的饭菜不仅可口，而且安全卫生，这是商家声誉和形象的保证，也是商家应承担的社会责任。

4. 报社记者卧底采访 “黑心豆制品”浮出水面

张康是一家报社的记者，他的采访总是捕捉热点信息，实地调研，深入挖掘事实真相。他踏实稳健的工作作风得到单位上下的一致称赞，他对报道一些黑心厂家或者企业的违法经营行为从不退缩，经常卧底深入内部获得第一手资料。而且有时候为了赶稿子，他常常加班到凌晨，很有“拼命三郎”的架势，同事为他取了个亲切的绰号——“张三郎”。

但是妻子于丽说起张康来，他的形象可就没这么好了。确实，张康对她是有很多歉疚的。当初于丽刚怀孕的几个月，妊娠反应很厉害，什么都吃不下，不能进厨房，闻到饭的味道就想吐，只有张康做的几道拿手小菜才能让她有一点食欲。尽管答应每天回来给她做饭吃，可只做了几天，张康就接到一个紧急任务，要去外地做一个调研。张康心里很为难，他多想照顾自己的妻子，于丽吃不下饭，他很是心疼，可是社里交给他这么紧急的任务，他真的没法说“不”。以后一定好好地弥补她和孩子，张康在心里下定决心。就这样带着对妻子的不舍和内疚，张康出差了。

“张康这人，简直被他气死了。他还知道有这个家吗？孩子也不管，简直就是一个甩手掌柜，整天工作、工作，干脆住在单位算了。”于丽逢人说起来就是噼里啪啦这一套，仿佛她对张康有多大的怨气。其实熟悉她的人都知道，张康自己也知道，于丽是个贤内助，常常嘴上抱怨，可行动上却是说一不二地支持张康的工作。于丽在一家公司做财务工作，是典型的女强人，自己的工作做得一丝不苟，回家后又把家务做得妥妥帖帖，对张康和孩子也是照顾得无微不至。张康的工作做得好，于丽心里是很骄傲的。每次看到张康发的报道在报纸上出现的时候，她都会把报纸收藏起来，时不时地找出来翻看一下，总是有一种自豪的感觉。

他们的孩子豆豆四岁了，非常活泼可爱，张康总是亲切地叫他“张小豆”。豆豆喜欢吃的东西就跟他的名字一样，他很喜欢喝豆浆，吃豆类制品。因为豆制品高蛋白，低脂肪，营养丰富，儿子又爱吃，家里的餐桌上就少不了这一道菜。于丽最喜欢做的就是鲫鱼豆腐汤，张康也总感觉，上班一天累了的时候回来喝一碗于丽做的汤就立即恢复活力了。

一天早上，张康正吃着早饭，于丽对他说："我昨天听隔壁刘阿姨说，她家里的一个亲戚以前是做豆制品的，他对刘阿姨说，买豆制品一定要谨慎，现在有很多豆制品都是在脏乱差的场所里制作出来的。听刘阿姨描述的，我真是恶心得吃不下了。"张康问于丽，那些生产豆腐的场所都在哪里。于丽说："都是些地下作坊、小工厂吧，在暗处做着违法的生意，那些制作豆制品的人从来不吃自己生产的产品。有黑作坊将生产的豆腐送进超市，甚至在有的学校，师生们食用的也是'来历不明'的豆制品。"张康做记者的职业敏感促使他立即开始思考，这可能是一个新闻点，现在政府非常重视食品安全，豆制品是百姓餐桌上必不可少的一道菜，如果一些"来历不明"的豆制品混杂其中，是对消费者身体健康的极大损害。张康决定去挖掘真相，用自己的实际行动捍卫和保护百姓入口食品的安全。

来到报社以后，张康就带领自己的两个"徒弟"——实习记者小袁和小张开了一个讨论会。张康制订了一个方案，大家先搜集一下相关新闻报道，看有没有进一步的线索，找到线索以后就开始实地卧底采访。

不查不要紧，小袁一查就发现豆制品行业的一些黑心作坊有很多不为外人所知的黑幕。据一些业内人士介绍，黑心作坊制作豆制品的招数千奇百怪。有的为了让油豆腐色泽金黄、外观油润发亮，制作时加入硼砂；有的生产素鸡和豆腐干时用碳酸钠起凝固、漂白作用；有的豆腐磨浆时掺入淀粉提高产出率……一些小作坊产品还加入"吊白块"。"吊白块"对人体的肺、肝脏和肾脏损害极大，国家明文规定严禁在食品加工中使用。据悉，"吊白块"具有增白、保鲜、提高韧性的作用，加入后可使豆制品不易煮烂，口感好，此外它还有凝固蛋白的作用，加入后可使豆制品产出率增加10%左右。而且一些地下作坊的老板将他们生产的豆制品送进超市，混在放心豆制品中销售，一般市民根本无从发现。

小袁和小张看后感到义愤填膺，一些黑心作坊就为了自己那点蝇头小利，昧着良心把一些不能加的东西都加到食品制作过程中，他们把查到的资料形成一份简明的报告交给张康。张康看过以后，心情很沉重，豆制品是百姓日常食用的食品，不知道自己每天吃的豆腐是不是在这样的环境中用这些材料制作出来的。想着爱吃豆制品的活泼可爱的小豆豆，张康感到心痛，更对那些昧着良心生产的黑心厂家感到愤怒。就像几年前安徽阜阳“毒奶粉”事件中那些可怜的营养不良的“大头娃娃”，本是鲜花般娇嫩的幼小生命却因为食品安全问题而遭到毒害。一定要保证餐桌上食品的安全，一定不能让公众吃这种黑心厂家生产的工业添加剂豆腐，张康在心里下定决心。事不宜迟，他们决定第二天就出发，到周边的一个“城中村”唐家庄去亲自探寻真相。

张康带领小张和小袁来到村里后，询问一个路上的大伯：“大伯，我们是要来联系卖家收豆腐的，哪里有卖豆腐的啊？”大伯向前面指了指说，往前一直走，向右拐，再一直走，向左拐，有好几家。张康他们右拐左拐了几次，来到几处小作坊前。

见作坊前有人，张康便上去搭讪。他模仿着当地的口音，把眼镜摘了，头梳得锃亮，尽量让自己看上去像个经商的：“你好，请问你贵姓啊，你这里是豆制品作坊吗？我想收购一批豆腐和豆皮。如果合作愉快，我们可以建立长期的合作关系。”被问的人打量着张康说：“我免贵姓王，要收购可以啊，你想要多少呢？”其实张康也知道，如果是黑心作坊，都有自己长期固定的秘密的进货和销售渠道，有陌生人来问，他们是很警觉的，会盘问很多，因为他们也害怕是记者或者执法人员。但是他很想实地考察，进去掌握第一手资料，所以只能多做沟通来尽量获得机会。张康说：“我能先进去看一下你的豆腐质量吗？”那名王姓村民说：“我们的生产作坊是不对外公开的，你放心，豆腐质量保证没问题，我们这每天出货量很大，附近的菜市场、超市有很多都从我们这里进货。”张康坚持要去看看，他说担心如果这里的产品产量不过关，会影响自己的销售。王姓村民说：“你放心，我们都是很规范的，都要签合同的，如果我们不能按时按量交货，是要付违约金的。”

张康没有再坚持，他在这附近的厂区走了一圈，里面有近十家小作坊。他们透过虚掩的大门看到，里面摆放着各种机器设备以及黄豆等原材料。在其中一家作坊里，工人在紧张地制作豆制品，热气腾腾的豆腐摆在院外，地上污水横流。

随后，小张将该情况通报给这个区的食品安全办公室，有关负责人随即组织了质监、工商等部门的执法人员前来查处。就在执法人员赶到前，小作坊收起晾晒的豆制品，锁上大门，工人们惊慌地四处逃散。执法人员冲进一家小作坊，十多平方米的小房间里散发着一股霉味，各种原料和产品随意扔弃。狭小的空间里，做豆腐用的粉碎机，盛豆浆的瓦缸、塑料桶堆放在地上，大桶里还盛着泡好的黄豆。已经磨好的豆浆冒着热气，一根振动棒正在浆缸里“突突”地搅拌。执法人员在角落里搜出用塑料桶装的黑色液体，打开后，一股刺鼻的味道扑面而来。经执法人员检查，这里的豆腐作坊有六家是无证经营，对其当场予以取缔，对现场所有物品进行封存。

在张康调查豆制品的过程中，意外获知附近有一家“黑心烤鸭”生产大户。这家生产“黑心烤鸭”的作坊是秘密生产的，进货和销售渠道也都是秘密的。这家作坊生产出来的烤鸭不是烤的，而是酱的，因为烤出来的鸭子成本要比酱出来的高。为了追逐利润，他们干脆用不明来源的病死鸡肉或者碎鸡鸭肉、骨头、鸭架子等来代替鸭肉，因为病死产品有异味，所以在生产加工时放入大量的香辛料掩盖异味。“黑心烤鸭”包装袋上的生产厂家、联系电话，甚至食品质量安全编码全都是假的。但是张康怎么都没有打听到这家生产作坊的确切地址，他准备回去做一些调研再进行“黑心烤鸭”的调查。

这次对唐家庄豆制品生产作坊的调查，由于执法机关的依法检查，他们的调查工作做得很顺利，掌握到了很多第一手资料。张康准备回去整理资料，发出最新报道。张康一回到家，豆豆就扑上来。“爸爸，”豆豆甜甜地大喊着，“你回来啦。”张康一下子把豆豆抱起，“是啊，豆豆，爸爸回来了，想爸爸了没？”看着豆豆纯真无邪的笑脸，张康感觉看着豆豆开心成长是多么幸福的一件事，自己的辛苦都是值得和有意义的。还有那么多家庭有那么可爱的孩子们，他们天真可爱，需要我们的呵护。

社会的安全生产食品之风应该受到大力提倡，不安全生产和经营的现象应该被遏制，食品安全监管机构应依法负起监管职责，确保百姓入口食品的安全。

5. 忽略的账单　多出来的消费

王小姐中秋节要回老家探亲，临走前想给家里的亲人买点特产。她家附近恰好有一家卖糕点的百年老字号，于是王小姐便决定选购一些带回老家赠送给亲友。来到店中，商品琳琅满目，王小姐选了蛋糕、萨其玛、糖葫芦、牛皮糖等各装了一些。她看了一下小票，这一看不要紧，居然生出不少事来。

“牛皮糖”价签上标的是每斤 12 元，购物小票上却打的是 15 元，王小姐找到称重的服务员询问怎么回事。服务员看起来非常年轻，长得挺憨厚，他凑过去看完价签解释说没打错，就是 15 元一斤，说王小姐买的是黑芝麻牛皮糖，黑芝麻牛皮糖就是 15 元一斤，价签上标的 12 元一斤的牛皮糖是白芝麻的。这下王小姐不愿意了，因为黑芝麻牛皮糖和白芝麻牛皮糖装在同一个食品箱里，只有一个价签，就是 12 元一斤，怎么黑芝麻牛皮糖就卖出了 15 元的价钱呢？而且根本没有价签。服务员听到这个质疑，解释说因为刚刚到货，这个食品柜里的黑白芝麻牛皮糖还没来得及分类，确实是黑芝麻牛皮糖卖得比白芝麻的贵，要不然他可以现打一个价签出来。

王小姐不能接受这个解释，为什么混合在一起出售的牛皮糖居然卖出了没有标示的价格，价格不一样为什么要混装在一起？服务员被较真的王小姐整得没办法，说这是工作疏漏，回头把两种牛皮糖分出来，并信誓旦旦地说他们是老字号，不会欺骗顾客的。王小姐急了，说：“不要说老字号，就是国际品牌，管理不好不是照样出问题吗？”这时王小姐看见放牛皮糖的食品箱的架子上还放着成袋包装的黑芝麻和白芝麻，标价为白芝麻 14 元一斤，黑芝麻 11 元一斤，不禁问道：“既然白芝麻比黑芝麻卖得贵，为什么黑芝麻牛皮糖反而比白芝麻牛皮糖卖得贵呢？”这下，一直在旁边围观的其他顾客也不禁好奇了，对呀，为什么呢？

经典话语的产生往往在不经意间，服务员开始解释：“白芝麻就是比黑芝麻贵呀，因为它很难加工，是从黑芝麻里分出来的。”话音才刚落，就听见王小姐说：“气死我了，你欺骗消费者还强词夺理？”

纠缠了这么久，本来不打算再跟服务员较劲儿的王小姐已经准备放弃购买牛皮糖了，这时一位 50 多岁的男经理走过来询问情况。王小姐简单说明之后，男经理把一位中年女经理叫过来问价钱，女经理确定地说："牛皮糖都是一个价钱，就是 12 元一斤。"还拿着牛皮糖说，"这不都是某某厂家的吗？这个厂家的牛皮糖就是一个价，都是 12 元。"男经理跟王小姐解释说："我不了解这些事，我就负责管理。"看着"无辜"的男经理，王小姐突然想起，其实整个事情已经发生好一会儿了，一共才 20 平方米的店铺，他一直在现场，居然跟穿了隐身衣一样，不禁说道："您要是负责管理，就更应该知道这些事情呀。"女经理解释道："他是店面经理，我是业务经理，我更了解情况。"服务员还在坚持两种牛皮糖价格不一样，女经理对王小姐说："对不起，他以前不是卖糖果的，是卖肉的。"王小姐错愕的同时不禁莞尔，边装糖果边说："我就讨厌有些小孩，老跟客户说些不着边际的话，明明自己错了，认个错不就完了，老百姓挣个钱也不容易，再说也不是这点钱的事儿，是这事该怎么着就怎么着……"也是，一个小伙子，在顶头上司确认事实之后，居然还犟着不认错，换了谁也得生气。唉，年轻人要学的还多着呢！于是王小姐跟服务员说："听见了吧？你们经理已经说了，就按这个价钱给我重新称。"

事后，王小姐跟妹妹谈论此事，还强调："小妹，你以后买东西一定要小心点，除了这事不说，还有一次我去超市买东西，回家发现我们买了一桶油，收了我们两桶的钱。春节时，在某个超市，遇见一对小夫妻退货，说是买的牛奶回家喝了一口发现味道不对，打开一看居然发霉了，哎呀，也不知道当初那些生产日期是怎么打上去的，一问品牌，居然赫赫有名。我还亲眼见过，超市快关门了，售货员忙于把未出售的火腿肠等加工食品换价签，也许想跟发霉的牛奶 PK 一下。"

作为消费者，真是得处处留意，有时候出于对商家的信任，买了东西根本不对小票，看来这个习惯不好，对自己的钱不负责任。辛辛苦苦挣的钱，为什么让商家通过不良行径拿走呢？"君子爱财，取之有道"，良心买卖，应该童叟无欺。所以，以后不管是在超市购物还是在饭店吃饭，一定要核对自己的消费清单，对于这种"多出来的消费"，一定要毫不犹豫地维权到底。

6. 七天之内可退货　网上购物添保障

近年来，网络购物对很多人来说已经不再是一种“新潮”的消费方式，相反它已经变成一种“主流”。尤其是对于“80后”和“90后”的朋友而言，他们中的一些人可能一年都没有去过商场，但是绝不可能一年之内没有进行网购。然而，作为网购大军中的你我他，却一定都有着各种不同的酸甜苦辣和悲喜交加。

唐蒙和董敏琪两人是研究生阶段的同学。唐蒙性格内向，做事谨慎，喜欢独处；董敏琪性格外向，开朗乐观，喜欢与人打交道，愿意尝试各种新鲜事物。虽说性格迥异，但却并没有影响两人的相处，可能正是常说的“性格互补”，唐蒙和董敏琪感情甚好，是公认的死党闺密。7月毕业季，两人一同从大学毕业，走入职场，并有幸都在北京找到了自己心仪的工作。唐蒙进入一家国企，从事财务工作。董敏琪则进入一家外企，从事法务工作。

虽说不能像读研究生住宿舍的时候天天腻在一起，刚刚走上工作岗位的唐蒙和董敏琪却一直保持着紧密的联系，每天至少一通电话，每周至少两次视频，每个月还会一起看电影，一起购物。她们会一起聊聊工作，一起谈谈美食，也会偶尔聊聊感情，说说服装时尚，过着跟其他所有单身女性差不多的生活。总之，不管谈论什么，两人都乐乐呵呵，笑声不断。

然而，这周的唐蒙却有些小忧愁。下班后，她习惯性地拨通了董敏琪的电话，却一反常态地开始嘟囔：“敏琪，我今天有些小困惑，感觉工作是一件让人烦心的事情。”“怎么突然这么想？发生什么事了吗？”电话那头的董敏琪有些困惑，因为她知道唐蒙还是很满意国企财务这份工作的，无论从工作的专业匹配度，还是职业的未来发展来说都不错，所以唐蒙突然的低落让她不解。唐蒙垂头丧气地说：“今天领导叫我到办公室谈话了，略带指责地说我上班着装太随意了，一副学生气，尤其是出席会议的场合穿得很不合适。”“还说别的事情了吗？”董敏琪补充问道。“没有。”唐蒙委屈地回答道。一听对方说“没有”，董敏琪就扯着嗓门“咆哮”起来：“至于吗？！你就因为这芝麻点的事情忧郁上了，这才多大点的事情呀！”“我都被领导说了，话说你就不能对我温柔一点吗？”

唐蒙一听电话那边“咆哮”的声音，就忍不住抱怨了一句。“咱不着急啊，不就是说你的着装有些学生气吗？咱换一身衣服就好了啊！”董敏琪耐心地劝说起来。但是，董敏琪细心一想才意识到，唐蒙着装一直以休闲服饰为主，衣橱里除了带帽衫和牛仔裤，的确也找不到第二种类型的衣服了。所以，还没等唐蒙回话，就又赶紧补充了一句：“如果没有合适的职业装，咱今晚上回去买一两套，问题就解决了。”唐蒙一听董敏琪的话，觉得挺有道理，但一想到现在都快晚上9点了，商场基本也到快关门的时间了，就略带责怪地说：“你就不靠谱，都这么晚了，去哪里逛街买衣服？”听唐蒙这么一说，董敏琪又开始指点她：“唐蒙，都什么年代了，还逛商场？！你就赶紧麻利地挂电话回家，今晚好好网购就成了。”“噢……对啊，我回去网购就好。”“正好还有一些电商在搞店庆，你可以多选一些。有需要随时微信我。”董敏琪下意识地提示唐蒙，因为她知道唐蒙的网购经历是可以以个位数统计的，实在是经验不足啊。说罢，唐蒙就挂了电话，麻利地搭上地铁回家去了。

将近一个小时的车程，唐蒙一边听着歌，一边琢磨着网购服装靠不靠谱。要知道她以往那以个位数计的网购经历都是以购买图书为主，基本没有任何风险；但现在却让她在网上买衣服，不能像在商场购买那样可以试穿和检查质量，她心里有些犯嘀咕。但是，可能这次领导的话给了她无限压力，外加上有董敏琪这个网购达人做后盾，她心想豁出去了，下定决心一定要在网上给自己购置一身职业套装，以便下周来个大变身。想到这儿，她立马打开手机的备忘录功能，开始列出购物清单：韩式白色荷花领衬衫一件、黑色齐膝半身裙、浅灰色亮皮高跟鞋一双、黑色小西装一件、黑色丝袜两双。埋头列完清单后，唐蒙头脑中出现了自己身着职业装的画面，一副清新干练的样子，不禁笑了起来。同时，她觉得自己也应该买些化妆品，给即将转型的自己来些点缀。

不一会儿的工夫，唐蒙就到家了。一到家她就立马打开电脑，点击进入了AC网，准备开始“血拼”。当然，她也不忘支起手机，呼叫网购达人董敏琪视频，做她的网购私人小助手。比起逛商场，网购最大的不同就是摆在购物者面前的选择永远都是数以万计，这也正是网络购物能够吸引诸多购物者的主要原因之一。作为购物者，他们可以足不出户，只要轻轻滚动和点击鼠标，就可以看到琳琅满目的商品。不断地选择和比较不同店家的商品，也使得他们在网上乐此不疲地购物。

然而，这一点却让初涉网上购物的唐蒙头疼。她在商品搜索栏里输入“韩式白色荷花领衬衫”，搜索结果一下弹出了将近60页。她就看着图片一个一个地打开链接，一副细心钻研的模样。可这让一旁跟她视频的董敏琪看不下去了，“唐蒙，你是在做财务数据分析，一会儿准备写份报告出来吗？”董敏琪在视频那头打趣地问唐蒙。把头趴在电脑显示屏前的唐蒙这时也感觉有些疲惫了，半个小时的时间马上就过去了，她才浏览了两页搜索结果，完全还没有形成购买的意向，顿时感觉不知道何时是个头，而且这还是在挑第一件商品衬衫。如果真这么继续下去，买完清单上的商品，岂不是要到明天凌晨？于是，她赶紧对着视频那头的董敏琪哀求地说道：“网购达人董敏琪，您老倒是发发善心，给些购物指引啊，好让小女子早日脱离苦海，变身御姐。”一听唐蒙示弱，董敏琪立马抖出网购达人包办的架势，说道：“你先在搜索栏里写商品关键词，然后在弹出的搜索结果里多限定一些条件，然后点击人气排序、销量排序等按钮。如果你想着尽快收到货物，就选择发货地在北京的店铺，这样你应该很快就能收到货物。如果根据上面的指引，当你的选择范围已经不超过五家店铺了，就要多关注一下这些店铺和货品的网络评价。然后，结合货物价格和评价，选定最后的卖方即可，亲！”听着董敏琪那边末尾那句卖家常用的“亲”，唐蒙扑哧笑了，立马回复道，“收到，亲！”董敏琪不愧是网购达人，购物指引十分给力。在董敏琪的指引下，唐蒙三下五除二地把手机备忘录里的货物清单转到了AC网的购物车里，瞬间莫大的成就感油然而生。在最后结算时，唐蒙突然看见网页窗口弹出“十元视频，教你学会化职场淡妆，学生妹转型职业女性的首选”的广告。她心想，这刚好是她现在所急需的，而且十块钱的视频也不算贵，权当交个化妆的学费。随即，也把这视频收入购物车，提交订单，完成付款。

“总算大功告成了，亲！你就静等着我变身职场女性吧！”忙活完付款，唐蒙赶紧跟董敏琪报告战果。看着略带得意的唐蒙，董敏琪忍不住开她玩笑：“现在已有五六个快递员从四面八方向你赶来，请亲务必做好疯抢货物或者退货的准备。”“你这乌鸦嘴，我刚下单付款，你就诅咒我退货，能不这么损吗？”一听到董敏琪提“退货”两字，唐蒙的神经就敏感了起来，立马反驳过去。“我只是说‘或者’，又没说必然，你着急什么。话说时间也不早了，咱也得休息了。”“好的，上帝保佑不需要退货。”说完，两人就下线休息了。

周末的时间总是过得很快，转眼又到工作日了，终于快挨到下班时间，唐蒙的手机不停地响起，好几个快递公司让她去取快递。来来回回跑了好几趟，终于把网购的衣物和鞋子拿到手了。刚回到座位上，QQ 邮箱又弹出一个邮件提示，“您收到一封邮件，《职场淡妆教程》。”唐蒙心想，这下就都收齐了，晚上回家就可以拆快递，试衣服了，心里不禁美滋滋的。

刚下班，唐蒙就急匆匆地回到家中，满心期待地开始拆快递包裹。首先，拆包的货物是黑色半身裙和丝袜，取出货物后，唐蒙对着镜子比画了大小，摸了摸质量，又试穿了一下，真是不错，裙子比较修饰身材，而且两件物品加起来不到 100 元，性价比很高。紧接着，她拆开剩余的包裹，期待着把它们组合上身，变身职场女性。接下来的包裹是订购的白色衬衫，虽说手感有些单薄，但整体还是不错，还算说得过去。然而，接下来的两个包裹就让她有些失望了。那双订购的浅灰色亮皮高跟鞋，到手后发现根本就不是浅灰色，亮皮上也有划痕。另外，那件黑色小西装，也谈不上质量和款式不好，但唐蒙试穿后，总感觉不太满意。而《职场淡妆教程》的视频内容整体上还算不错，但感觉可操作性不强。看完所有的包裹，唐蒙顿时觉得应了董敏琪的那句话，在收货喜悦的同时，真是得做好退货的准备。可一想到退货，唐蒙就瞬间有头大的感觉，不得不赶紧拨通“网购私人小助理”董敏琪的电话：“董敏琪，你的诅咒显灵了，我那网购的货物一半以上不成啊，咋整？”“没事的，亲！网购难免遇到这种情况。你赶紧联系卖家，跟对方说明情况，协商解决就好。”董敏琪一边安慰唐蒙，一边帮她出点子。

听完董敏琪的建议，唐蒙就赶紧联系那三个卖家，其中卖鞋子的店家 A 服务态度还好，在她留言说明情况后，就告诉她："买家，您好！由于我们的派件失误和承运问题，致使您收到的货物与订单不符，现在您可以选择退货或换货。如您选择换货，返回货物的运费可由我们承担。给您购物带来的不便，敬请谅解！谢谢您！"唐蒙见卖家态度很诚恳，就选择了换货，希望新收到的鞋子能够让人满意。

但是，另外两家店铺的退货经历却着实让唐蒙很恼火。其中，卖黑色小西装的店家 B 在刚接到唐蒙留言时及时回复，并开口闭口"亲"地称呼她。可一听说要申请退货，就半天没有了回音。不管她是反复留言，还是闪屏催促，卖家硬是没有任何回应。情急之下，唐蒙终于在店铺网站找到了对方的联系方式，直接拨了过去，说："您好！我是订单号为 3278975923978××× 的买家，我希望申请退货，请您尽快协助办理退货。"听了唐蒙的说明后，电话那边的卖家就没好气地答道："为什么要退货？""只是整体觉得不太满意。"唐蒙弱弱地回答道。"整体不太满意？这根本构不成退货理由。"店家 B 的工作人员不耐烦地说，并补充问道："还有你包装拆了没？""拆了。"听卖家态度强硬，她只好如实说。"既然包装已经拆了，而且衣服也没有大小和质量的问题，这种情况就没法退了。甭说你给我打电话留言，就算找到消费者协会也没办法退货。"卖家在电话里恶狠狠地说。更让唐蒙无法接受的是，还没等她回话，对方已经挂断电话了。

经历了和店家 B 的退货申请后，唐蒙像泄了气的皮球瘫在床上，心想对方说的也有道理啊，貌似真不该申请退货，虽说她对卖家的态度很不满意。至于那视频退货，她也想着彻底放弃了，心想还不够折腾的呢。正当她打算放弃时，董敏琪给她拨来了电话。"我放弃退货了，以后也打算放弃网购这项不适合我的购物方式。"没等董敏琪说话，唐蒙就忍不住把当下她的处境来了个彻底吐槽，包括她退货的各种无奈和卖家对她的蛮横无理。听完唐蒙的一通抱怨，董敏琪总算可以插上一句话了："唐蒙，你抱怨也没用啊，主要是解决问题。而且，关于网购退货的问题，咱们国家法律已经有明确规定，作为'80后'的消费者，你至少要了解一些法律常识。""什么常识？我觉得人家说的也挺有道理的，我是没啥正当理由，而且也把包装拆了，我自己认栽就是了。"听董敏琪说什么常识，她也没啥兴致，只是有一句没一句地回应着，感慨着自己这次悲催的网购经历。"唐蒙，其实新修订的《消费者权益保护法》已经专门对网购退货作了具体的规定，作为网购的消费者，咱们都享有后悔权。""后悔权？你的意思是说有卖后悔药的？"一听"后悔权"这新词汇，唐蒙立马从床上坐了起来，准备好好听董敏琪说道说道，毕竟她是在做法律工作，而且又是网购达人，对新出台的法律有着特有的敏感。"新《消费者权益保护法》规定，经营者采用网络、电视、电话、邮购等方式销售商品，消费者有权自收到商品之日起七日内退货，且无须说明理由。这一条法律规定明确赋予了网络消费者后悔权，也是为了更好地督促商家诚信经营。当然了，这个'后悔权'是有行使期限的，必须是从收到商品之日起的七日内申请退货。"董敏琪见唐蒙有了兴趣，就细细地跟她说起来。"七天？我才收到那西装一天，那就是可以退货了。可是，我拆开包装了，是不是就没办法申请退货了？""针对你说的这一点，法律也作了相应的规定。消费者在规定期限内行使网购反悔权，有一个前提条件，就是退货的商品应当完好。那么，拆了商品包装是不是就算不完好了？这一点答案是否定的。专家表示法律说的'完好'主要针对的是商品本身，消费者准备退货时的商品本身没有产生毁损，就是完好的，就可以无理由退货，包装拆掉了，和商品完好是不违背的。商家如果提出拆封了就不给退，是不符合新《消费者权益保护法》规定的。"

听着董敏琪这么细致的解答，唐蒙顿时觉得自己退货还是有法可依的，看来平时人们对网购拆包装后不予退货的认识还是存在普遍误区的。然后，她又紧接着问："那我下载的视频《职场淡妆教程》是不是也有望申请退货？""我刚好要跟你说这个情况，这个'后悔权'针对以下几种商品是有例外的，无法适用，主要包括消费者定做的；鲜活易腐的；在线下载或者消费者拆封的音像制品、计算机软件等数字化商品；交付的报纸、期刊。除这四类商品外，其他根据商品性质并经消费者在购买时确认不宜退货的商品，不适用无理由退货。像你购买的视频《职场淡妆教程》就属于这里提到的第三类，无法申请退货。”“既然这样的话，那我就申请小西装退货吧。本以为自己是没道理可讲的，既然现在法律都明确规定我们消费者有‘后悔权’，而且商品也保存完好，那我就得跟卖家好好说说这个事情。别说你这网购达人，连消费者的相关法律也弄得门儿清，还挺专业。”“那当然！”董敏琪小有成就感地答复道。“再补充一个问题，那退货的运费是我承担，还是卖家承担？”唐蒙又赶紧追问了一句。貌似这种涉及费用的问题，对于财务专业出身的唐蒙来说，还是比较敏感的。“关于退货商品的运费,《消费者权益保护法》也作了明确的规定,‘退回商品的运费由消费者承担；经营者和消费者另有约定的，按照约定。’你好好看看你购买的店铺说明，如果它明确说了，卖家承担退货所需的运费，你在邮寄货物时，就可以选择‘到付’；如果没有特殊说明的话，你就需要承担退货所需的运费。”“那我明白了。”听着董敏琪给她这么细细阐述，唐蒙回想着店家 B 的网站说明，应该没有关于退货运费的特别说明，看来就只能自己承担了。

挂断董敏琪的电话，唐蒙缓了缓神，重新登录网站，联系店家 B。“卖家，您好！根据我国法律的规定，我们作为网购消费者，享有七天无理由退货权。而且，我所购买的小西装货物本身保存完好，您不能因为我仅仅拆除货物包装就拒绝退货。”出乎唐蒙的意料，这次卖家的回复出奇地及时，“好的，买家。请您及时将货物退回。在收到您的货物后，我们会及时协助您办理退款。”见卖家这次回复得这么及时，态度也算不错，唐蒙就没再跟对方纠缠，直接回复了句“好的”，就关机休息了。

第二天根据卖家给的邮寄地址和联系方式，唐蒙把打好包的小西装退了回去。随后的第四天，也收到了银行短信提示，说“退货成功，货物退款将于 4 月 5 日前退回到您尾号 8798 的银行卡。若超时未收到，请联系店家或银行”。

唐蒙见收到退款的短信，总算松了一口气，这次不算很成功的网购经历总算告一段落。唐蒙不禁感慨，《消费者权益保护法》中关于网购消费者七天无理由退货权的规定真是给消费者带来了实惠和保障，消费者再也无须因为远程消费无法接触到货物而烦恼了。这么想着，她也真心觉得下回有需要，还是可以选择网购的。

7. 蹊跷债务从天降　夫妻同心讨公道

2005 年，蓝雪君高中毕业后顺利进入一所北京的知名高校读书。由于他成绩优异，积极参加社团活动，再加上天生的君子气质，或者说是绅士气息，着实吸引了不少女生的爱慕。但是他对追求他的女生们都没有心动过，因为在他的心里一直住着一位公主，这位公主就是和他一同长大的发小儿——刘梅。

刘梅只是一个很普通的女孩，学习成绩不好，读完初中就不再读书了，只身一人来到北京打工；她的家境并不富裕，只是来自县城里一个普通的家庭，有时候生活还会有些拮据；她也没有什么才艺，唱歌时五音不全，跳舞时跟不上节奏……但是，对于蓝雪君来说，刘梅就是他的公主。有人说也许是因为他们从小一起长大产生了感情，也有人说感情的事情是最奇妙的，也许他就是为她而生，她就是为他而活。

也正是这样的爱激励着蓝雪君不断努力奋斗，他希望能够给刘梅一个温暖的家。

一晃四年过去了，蓝雪君更加清楚地知道，自己要进入社会了，要承担起一个男人的责任，要真正为刘梅撑起一片天，给她一个家，让她能够在这里快乐地生活。

为了这个目标，蓝雪君还没毕业就开始找工作，并且很努力地实习，希望能够得到一些公司的赏识，重用自己。他每天把实习的工作干完，就赶紧利用休息时间投几份简历。一天的实习结束后，他便开始在各大招聘网站或是公司网站查看招聘信息，周六、周日又赶着去参加各种招聘会。

功夫不负有心人，蓝雪君终于在一家外企找到了工作。虽然工资不高，仅有 4000 元，但是蓝雪君相信，这只是开始，当他的努力和实力被公司发现时，一定会得到重用。事实证明，蓝雪君的想法是正确的。不到一年，他就被提拔为一个项目组的组长，负责一款产品的销售策划。当然，相应地，工资也涨了不少，并且项目完成后，还会有丰厚的奖金。因此，蓝雪君更加相信自己肯定有能力买房子。于是他很开心地开始筹划买房的事情，希望能够早日和刘梅有一个属于自己的家。

经过慎重的挑选，蓝雪君和刘梅在温馨房地产公司挑中了欣馨小区一处正对小区花园第十层的房子。那里远离马路，并且可以在自家阳台上欣赏小区的花园美景。两个人想象着未来的幸福生活，感觉无比开心。接下来，蓝雪君和刘梅便办理了相关手续。

蓝雪君带上相关材料到银行申请个人住房贷款，接受银行的审查，并确定贷款额度。当银行确定给予蓝雪君按揭贷款后，蓝雪君便与温馨房地产公司签订了《商品房销售合同》。他又与银行和温馨房地产公司签订了《楼宇按揭抵押贷款合同》。之后，蓝雪君便与温馨房地产开发商和银行到房地产管理部门办理了房屋过户登记手续和抵押登记备案手续。

蓝雪君和刘梅办理好房屋过户登记手续后，对房屋进行了装修，准备作为两个人结婚用的新房。就这样，他们为幸福忙碌着，时间似乎过得很快。还有不到一周的时间，就是蓝雪君和刘梅举办结婚典礼的日子了。

然而，就在举行婚礼的前一天，蓝雪君收到了法院送达的起诉书副本，内容大致为：多润股份公司破产，蓝雪君作为股东，在出资入股时未履行完全出资义务，应当在其补足的范围内承担部分债务的偿还。蓝雪君看到内容后，完全不知道是怎么回事，自己怎么无缘无故就成了被告，还无缘无故欠下这么多钱。这些钱可是自己的一套房子都抵不过的，更何况，自己平白无故就有了这么多欠账……他怎么也想不通："自己做人做事向来明明白白，这没来由的债估计是法院弄错了，等把婚礼进行完再去说明情况即可！现在重要的还是要把自己的结婚典礼准备好！"于是，蓝雪君也没多在意，如期举行了自己的婚礼。婚礼举行完后，他们又开开心心去蜜月旅行。蓝雪君完全把起诉书的事情忘记了。

一晃几个月过去了，这一天，蓝雪君去银行取钱，发现自己的银行账户被冻结了。当他询问银行工作人员是怎么回事时，银行工作人员告诉他，因其是多润股份公司案件的被告，法院为了保证能够使债权人的债权顺利实现，对他的银行存款进行了冻结。此时，蓝雪君才想到这可能与结婚前收到的起诉书有关系。于是，他急忙跑回家中翻找那个起诉书。果然不出所料，起诉书中涉及的案件与自己的存款被冻结是同一个案件，一种不祥的预感萦绕在蓝雪君的心头。

蓝雪君根据起诉书，找到了管辖该案件的法院，并向他们了解了案件的情况。法院工作人员告诉他，“案件的一审已经作出判决并生效。”听到这里，蓝雪君已经猜到案件的审理结果就是自己要承担赔偿责任。他一下子蒙住了，不知道接下来该怎么办。自己无缘无故怎么就多了这么多债，自己就是把房子卖了也还不起啊！此时，他深深地感觉对不起刘梅，自己还没让刘梅过上几天幸福生活，就又摊上这么大的麻烦，让刘梅与自己一起承受。

蓝雪君将这件事情告诉刘梅后，刘梅没有怪他，而是安慰他：“咱们向来为人清白，只要将情况说明后，法官会相信咱们的，咱们明天就去找法官说明情况！”蓝雪君听到刘梅的安慰，心放宽了不少。两个人第二天便到了法院说明情况，但是法官告诉他们：“首先，你们说明的情况是需要证据证明的；其次，现在案件判决已经生效，你们无法申请二审，只能申请再审！”得到这样的答复，蓝雪君感到更加无助了。但是看到旁边和自己一起奔波的刘梅，他又告诉自己：“这件事情一定要解决好。”刘梅一边思索着一边安慰蓝雪君：“一定会有办法的！会有的……要不咱们去找律师咨询一下吧！”刘梅突然说。“对啊，也许律师会给咱们提供解决方法！刘梅，真的很感激你一直陪着我，还不断地鼓励我！”蓝雪君激动地说。“不要这样说，咱们是夫妻，理应这样！咱们现在赶紧去找找律师吧！”刘梅说。

他们经过筛选找到了吕威律师。吕威律师听了他们的遭遇后，很是同情。但他同时表示，由于掌握的信息很少，需要再多了解一些情况，弄清楚这件事情发生的原因。经过吕威律师的提点和分析，蓝雪君突然意识到，自己的居民身份证信息可能被冒用了。自己的身份证信息在很多地方，如网站、银行、工作单位、购物场所、房地产公司等都有记录。而既有自己的居民身份证信息，又有自己住址信息和通信信息的，只有温馨房地产公司和当时一起办理房屋按揭的银行。但是现在涉诉的破产多润股份公司和自己一点关系都没有，自己怎么就成了这个公司的股东呢？唯一的可能就是温馨房地产公司或者当时一起办理房屋按揭的银行将自己的居民身份证信息和住址信息等泄露给了他人，获取信息的人则冒用该信息成为公司股东。

但是这一切只是蓝雪君夫妇和吕威律师的猜想，并没有有力的证据来证明。接下来他们面临的难题就是如何收集证据。直接找到温馨房地产公司，他们肯定不会承认自己泄露客户身份证信息的事情，并且冒用蓝雪君身份的人的信息不得而知，唯一的突破口就是找到公司设立时的其他人。想到这里，蓝雪君和吕威律师便找到了多润有限责任公司的其他设立人，希望他们能够提供相应的线索。果然，蓝雪君和吕威律师从他们那里得知，冒用蓝雪君身份的那个人名为刘福禄。经过劝说，多润公司的其他设立人愿意为此事作证。

之后，蓝雪君便以该证据向法院申请了再审。在再审中，法院作出了改变原判决的新判决。蓝雪君夫妇特别高兴。

然而，蓝雪君和刘梅两个人不想就这样放过泄露自己信息的房地产公司。但是他们不知道身份证信息是否属于隐私，并因此受到法律保护。对此，他们向律师咨询并得到了答案。

首先，居民身份证信息不属于隐私。隐私是不愿意为他人知道和干涉的私人生活，如个人的疾病、个人的财产收入等。隐私权即个人隐私受保护的权利。构成隐私的一个前提即是，个人不希望被他人知晓的事情尚未公开，如果已经被公开，则不再是隐私，也就无所谓隐私权。居民身份证类似于名片，一般不认为其属于个人隐私，因此蓝雪君也就不能以隐私权受侵犯提起诉讼。但是，这并不意味着蓝雪君不能通过法律途径保护自己的居民身份证信息。

我国《居民身份证法》第十九条规定："国家机关或者金融、电信、交通、教育、医疗等单位的工作人员泄露在履行职责或者提供服务过程中获得的居民身份证记载的公民个人信息，构成犯罪的，依法追究刑事责任；尚不构成犯罪的，由公安机关处十日以上十五日以下拘留，并处五千元罚款，有违法所得的，没收违法所得。单位有前款行为，构成犯罪的，依法追究刑事责任；尚不构成犯罪的，由公安机关对其直接负责的主管人员和其他直接责任人员，处十日以上十五日以下拘留，并处十万元以上五十万元以下罚款，有违法所得的，没收违法所得。有前两款行为，对他人造成损害的，依法承担民事责任。”《刑法》第二百五十三条之一规定，国家机关或者金融、电信、交通、教育、医疗等单位的工作人员，违反国家规定，将本单位在履行职责或者提供服务过程中获得的公民个人信息，出售或者非法提供给他人，情节严重的，处三年以下有期徒刑或者拘役，并处或者单处罚金。窃取或者以其他方法非法获取上述信息，情节严重的，依照前款的规定处罚。单位犯前两款罪的，对单位判处罚金，并对其直接负责的主管人员和其他直接责任人员，依照各该款的规定处罚。

由此可以知道，首先，我国并不是以隐私权的方式对居民身份证信息进行保护，而是对其进行了专门的规定。其次，法律允许一些机构核查居民的身份证信息，但同时也负有对居民身份证信息保密的义务，即不得泄露其在履行职责或者提供服务过程中获得的居民身份证记载的公民个人信息，否则应当承担相应的赔偿责任，甚至是刑事责任。最后，我国对于居民身份证信息的法律保护正在逐渐完善，《刑法修正案（七）》将泄露居民身份证信息的行为纳入刑法的调整范畴，2011 年《居民身份证法》的修改也将泄露居民身份证信息的行为纳入调整范围。

了解了上述内容之后，根据《居民身份证法》，蓝雪君向温馨房地产公司所在地的法院提起了诉讼，要求其赔偿自己由此受到的各项损失，并希望借此诉讼一方面提醒更多的居民保护好自己的身份证信息，善于运用法律手段维护自己的权益；另一方面警示一些机构不要非法泄露业务过程中获取的居民身份证信息，否则是要承担严重后果的。经过审理，法院支持了蓝雪君的诉讼请求。

一切处理好之后，蓝雪君决定好好补偿一下自己的妻子。经过连续两个诉讼，蓝雪君更加珍惜自己的妻子，在这么长的时间里，她不离不弃，始终支持着自己，并提出建议一起解决。蓝雪君深深地吸了口气，坚定地告诉自己：“我一定要给她一个温暖的家，谁都不能破坏它！”

实际上，蓝雪君的经历只是社会中居民身份证信息泄露的一个缩影。不难发现，当我们在某个网站上注册信息之后，很快就会收到各种类似行业的推销广告；当我们在某个商场留下自己的个人信息后，很快就会收到很多商场的促销信息；当我们在房屋中介留下手机号码后，会有各种各样的电话、短信问询是否要看房，甚至持续好几年。这些虽然只是自己的电话号码被泄露，并没有带来很大的纠纷，但是也说明一个问题，一旦自己的信息被一些机构得知，这些信息很可能被泄露给商家或用于商业主体之间的“互相交流”，或直接出卖给其他机构。现代的社会生活使得我们的个人信息，包括居民身份证信息可能被存留在任何地方：上学期间，报名一些培训机构时，需要留下自己的个人信息；注册招聘网站，会将自己的各种信息提供给网站；工作过程中，会将自己的信息记录在工作的公司；买车时，需要将自己的信息留存于 4S 店、车管所等；买房子时需要将自己的信息告知房地产公司和银行；住院时，自己的信息被医院掌握……可以说我们的信息会留存在大大小小很多的机构，尽管很多人希望这些机构能够为自己的信息保密，也会和机构之间签订保密协议，但是如果这些机构不诚信、不遵守合同约定，我们的个人信息就会不安全。作为受害者，相对来说属于弱势群体，想要证明是哪个机构泄露了自己的信息委实困难。

实践中，有些人会收到各种各样的推销广告；有些人会收到诈骗广告；有些人会平白无故多出几张信用卡，且均透支严重；有些人莫名其妙收到几张法院的传票，原因是欠债不还……很多人遇到这样的事情就会自认倒霉，或者自我安慰“破财免灾”。因此，作为受害者，要善于拿起法律武器保护自己的合法权益。同时，从机构的角度出发，如果能够为客户保密信息，那么会赢来更多的信任，相应地增加客户源。所以，一方面希望机构因业务需要获取居民身份证等信息后，能够主动保护公民个人信息不泄露；另一方面公民若发现自己的居民身份证信息等被泄露，应该主动拿起法律武器维护自己的权益。

8. 畅销糕点店的厨房内幕

杨文是一名法学专业的大二学生，《食品安全法》出台后，他想做一个食品安全的调研。最近他上网查询，看到新闻上有市民爆料称，某超市的理货员把即将到期的面包拿回面包房内切成片，经过烘焙后作为新面包片销售，而且上面根本不标注生产日期和保质期。现烤现卖的面包由于没有防腐剂，得到不少人的青睐，可是有的面包店家采用这种过期面包回炉的形式欺骗消费者，是违反《食品安全法》的。杨文萌生了去面包店实地体验调研的想法，经过仔细考虑，他决定利用假期到一家在当地比较有知名度的甜品品牌思雅实习。

思雅主要生产面包、蛋糕和冰淇淋以及咖啡、奶茶等，其产品价格不便宜，但是由于产品主打年轻浪漫路线，让很多年轻女性为之神往，似乎跟思雅品牌沾上边的就代表浪漫和情调。“思雅”一直以浪漫、典雅作为自身的品牌形象，甚至成为某种生活态度的标志。但是杨文通过自己的体验，感受到思雅的生产过程并不像它表面所展现的那样光鲜，虽然有值得称道的地方，但是也存在很多卫生质量不达标的现象。

带着一种要好好观察，做好调研同时也做好工作的激动心情，杨文应聘来到思雅橙意广场店。面试经理叫苏凯，他说店内只招收钟点工，公司会按照员工提供劳动的时间进行安排。杨文听说是钟点工，觉得那样不能很好地体验和了解店内的状况，于是他对经理说，自己不是想找钟点工的工作，而是要找一份全职工作，自己要回去考虑一下。结果两天后，杨文接到了苏经理的电话，被告知店里现在缺人手，如果他愿意，可以来参加培训，通过考试即可上班。

“首先，来我们这里工作一定要办‘双证’，也就是健康证和卫生资格证。

在上岗之前，我们还要进行培训，可能培训三次，在培训完成之后，还要参加我们的考试，考试合格后才能办理上岗手续。”苏经理介绍说。杨文心里暗暗想，手续这么麻烦，真的值得继续做下去吗？可是他转念一想，不入虎穴，焉得虎子？为了做好这个调研，麻烦就麻烦吧。思雅对员工要求这么高，要去办理健康证和卫生资格证，还要进行培训和考试才能入职，这也正是它的规范之处。通过苏经理说的话，杨文对思雅的初始印象比较好。但是在后来的体验中，杨文逐渐发现，店里也许只是在高调地做表面文章。

杨文按照经理的要求办理了健康证和卫生资格证，但是“双证”的办理需要一段时间，在证件还没有办理下来的时候，杨文就已经通过了烦琐的培训和考试环节，开始正式上岗了，直到他工作结束前一天才将“两证”交到店里。事实上，店里并非全部员工都提交健康证。在工作期间，杨文观察后发现，店里一共有 19 名工作人员，但是墙上的健康证只有 12 本。而且杨文办理健康证和卫生资格证的过程也不像他想象的那样正规。有一次，杨文私底下问一个在这里工作了好几年的老员工郭姐关于健康证和卫生资格证的事，郭姐以一种过来人的熟稔对杨文说：“那些证没有经理说的那么严格，就是有时候有关部门来检查时，我们这里对‘两证’的要求就会严一些。在平时缺人手的时候，虽然会跟你强调一下，但是如果没去办证，也照样培训培训就上岗。”杨文问：“那就没有卫生部门来检查吗？”郭姐说：“店里听说卫生部门来检查的时候，都会让没有证的人出去躲一下。不过呢，我们这家店还是比较规范的，没有证件的情况还是少数，大部分以后都会补上的。”

杨文熟读了《食品安全法》，其中第四十五条规定，食品生产经营者应当建立并执行从业人员健康管理制度。患有国务院卫生行政部门规定的有碍食品安全疾病的人员，不得从事接触直接入口食品的工作。食品生产经营人员每年应当进行健康检查，取得健康证明后方可参加工作。思雅这样一家看似高端大气的糕点店，却在法律要求严格的健康证明环节上走过场，实在很不应该。

杨文在这次体验的过程中，还有关于食品添加剂的疑惑。他并不知道面包是怎么做出来的，可是自己家里妈妈做的馒头就只加面粉和酵母粉，出锅以后也是香喷喷的。而且后来家里有了烤箱，妈妈也会用烤箱做面包吃，咬起来松软可口。他从小就喜欢吃妈妈蒸的刚出锅的大馒头，现在离家在外上大学，特别怀念那种麦子的自然香甜味道。他感觉现在的一些面点都求新求变，花里胡哨，失去了原来的那种纯天然的本真的味道。其实现烤现卖的面包只要有好的原料和制作工艺，出炉以后也是很香的，在这种现烤面包里加添加剂实在是画蛇添足。

杨文的爸爸一直对他说要少吃含有食品添加剂的东西，说那些食品添加剂都是对人体有害的。杨文查阅了一下相关资料，氧化剂、乳化剂、酶制剂等这些食品添加剂只要按标准量进行添加，对人体是安全的。可有些添加剂就不行了，它们不符合国家的食品添加剂使用卫生标准，对人体是有害的。杨文关注了面包的制作过程，发现在正常的面粉、鸡蛋、食用油、白糖、酵母粉之外，师傅还加了几种杨文叫不上来名字的东西。杨文问师傅，加那些东西有什么用啊？师傅说："你小子还挺好学啊，这些东西能让面包吃起来口感更好，更劲道。"至于这些添加剂究竟是什么，是否符合卫生标准，是否对人体无害，杨文在短暂的工作过程中还没能获得更多的信息，但他希望相关部门能从严监管食品添加剂的问题。

《食品安全法》对食品添加剂的生产经营、合法使用以及监督管理均作出了相应规定。该法规定，对食品、食品添加剂中生物性、化学性和物理性危害进行风险评估；国家对食品添加剂的生产实行许可制度；将食品添加剂的品种、使用范围、用量纳入强制执行的食品安全标准范畴；规定食品生产者应当依照食品安全标准中关于食品添加剂的品种、使用范围、用量的规定使用食品添加剂；不得在食品生产中使用食品添加剂以外的化学物质和其他可能危害人体健康的物质；食品添加剂应当有标签、说明书和包装。标签、说明书应当载明名称、规格、净含量、生产日期及成分或者配料表等相关事项，以及食品添加剂的使用范围、用量、使用方法，并在标签上载明"食品添加剂"字样。食品生产者采购食品原料、食品添加剂、食品相关产品，应当查验供货者的许可证和产品合格证明文件。同时对违法行为加以界定，提出了明确的法律制裁办法。

杨文希望自己的调研报告能秉承公平公正的原则，用事实说话，做得不好的地方要指出来，做得好的地方也值得称道。比如，他认为思雅对员工的培训过程还是很规范严格的。杨文入职前来到店里接受培训，每次时间大约三个小时，培训员讲得非常详细："各种经典的糕点口味一定要知道，配料、价格还有与菜品对应的餐具都要记住。外卖产品的价格、口味、重量也一定要记住。"

第三次培训后，培训员还与被培训的员工一起"实战"，分别扮演顾客和服务员的角色。在扮演角色的过程中，杨文了解到要想做到高品质的服务确实很难，说话的时候不能有颤音；要一直面带微笑，声音温和；顾客用餐后要询问顾客用餐是否满意，欢迎其下次再来；面对一些突发情况也要学会处理。据杨文了解，很多酒店都没有这样正规的培训，员工都是一边上岗一边学习，这也是思雅值得肯定的地方。在培训结束后，杨文还与其他新员工一起接受了主管的考试。杨文由于准备得不够充分，忘记询问顾客用餐是否满意，而且有的产品的口味也没能记住，所以经历了三次考试才通过。考试通过之后，店里为新入职的员工办理了员工证件，并且嘱咐大家上班时都要穿统一的服装。

杨文听别人说，现在很多饭店菜做得很好吃，但是后厨却不能进，因为你进了之后看到它的卫生状况就再也吃不下了。杨文还没有正式来上班的时候心想：思雅会不会是这样的呢？应该不会吧，感觉这家店还挺规范整洁的。可杨文来到店里上班的第一天就发现后厨的工作人员在制作糕点时都是赤手工作，也没有戴口罩，只戴着一次性的帽子。思雅有一款经典的午后阳光下午茶，在甜品系列中比较风靡，价格不是很高，口味很独特，特别受欢迎。这一款下午茶包括一个蜜茶乳酪饼，还配有一杯任选口味的咖啡或奶茶。其中的蜜茶乳酪饼需要现场制作，当有顾客点好一份午后阳光下午茶后，杨文看到大厨郭师傅没有先洗手，也没有戴口罩，而是直接动手开始制作，而且在制作过程中还不时地用手擦汗、擦鼻子，手里一边干着活，一边和同事交谈。杨文所在学校食堂的工作人员帽子、手套齐全，自己在食堂吃饭非常放心。可是这里竟是这样一副状况，他忍不住问郭师傅："师傅，您怎么不戴口罩啊？"郭师傅很不高兴，瞪了杨文一眼后说："干好你自己的活就行，你懂个啥？"

杨文发现这并不是郭师傅一个人的习惯，店里的师傅们在制作甜品时，都是赤手直接制作。更有甚者，有人会用嘴吸吮手指上的奶油，然后再继续制作糕点。杨文联想到自己平时吃的点心可能有很多都是这样做出来的，感到一阵反胃，他看不下去了，赶紧到大厅招呼顾客。

杨文来店里虽然是体验和做调研的性质，但是他工作积极主动，任劳任怨，店里人多的时候他总是很勤快。这天是周末，店里客人非常多。杨文忙碌地奔跑于后厨和大厅，一不小心两个面包从托盘里滑出来掉到厨房的地板上，这时旁边的服务员小林迅速捡起那两个面包，对杨文说："看看上面有没有脏，如果有就抹一下，如果没有就给顾客端上去，顾客还等着呢！"杨文把面包捡起来，看看表面还行，就给顾客端上桌了。这后厨的地板上每天有多少人走过，他把面包捡起来后端上桌，不知情的顾客还吃得很香。杨文将这样的体验写在了调研报告里。

《食品安全法》的出台表示国家对食品安全的监管上升到法律的高度，其中第三十三条专门规定了食品生产经营应当符合食品安全标准，并规定了食品生产经营应当符合的 11 条要求，并在第九章专章规定了不符合安全生产的法律责任。可还是有这么多商家顶风作案，没有安全生产意识，不能做到自己生产的产品安全卫生。杨文希望通过自己的报告揭露出来的"后厨现象"能引起相关监管机构的重视，继而让存在食品安全违法行为的店家受到应有的惩罚，让社会上存在的没有做到安全生产的厂家都能警醒，都能做到良心生产。

思雅推出的一部分甜点都是由上海总公司的厨房统一制作，然后以冷藏的方式运到分店。但是店内的工作人员在介绍时，会热情地介绍说甜点都是当天店内制作的。因为甜点的保质期比较短，一般都要保证甜点在保质期内就销售出去，而有时会有一些存货，这时店内的值班经理就会让服务员通过重点推荐的方式将甜点售出。

一天晚上，甜点类的香蕉派还有四块没有售出，值班的经理就说：“大家注意一下，今天晚上推荐的时候把香蕉派主推一下。”而杨文之前也观察到，里面的几块香蕉派已经摆放至少四天了，虽然现在天气已经变冷，放了四天并没有变质，但是肯定早已不新鲜了。虽说如此，在接到经理的要求后，大家都很卖力地推荐香蕉派。但是因为客人比较少，当天晚上杨文和其他工作人员没有推销出一块香蕉派。

等到杨文再上班时，却意外地发现摆放在冰柜里面的香蕉派已经没有了，公司里一名叫小莉的员工活泼主动，说：“还是赵姐厉害，今天一上午就把那几块香蕉派给卖出去了，咱们要跟着她好好学学。”

常言道：常在河边走，哪能不湿鞋？顾客有时候还是可以品尝出蛋糕是否是现做的。这天下午，有两个穿着时髦的年轻女顾客在店里就餐，其中一位点了一份香草咖啡和鲜奶蛋糕。她吃了几口之后就喊道：“服务员，过来一下。”一名叫小然的服务员赶紧走了过去。女顾客不满意地说：“这鲜奶蛋糕是今天的吗？我怎么吃着口感不对呢？”小然赶忙说：“女士您好，我们的蛋糕都是今天现做的，您可以放心品尝。”女顾客对小然的回答并不买账，她坚持这蛋糕肯定不是现做的：“是不是今天做的我还吃不出来吗？你们甭在这糊弄顾客，就这还混充知名品牌呢！”小然是刚来两个多月的服务员，经验并不丰富，遇到这样的情况，她很尴尬地站在那里，脸色通红，不知道该怎么回答了。

这时，值班经理听到喧哗，赶过来询问发生了什么事。当他知道了事情的经过后，面带微笑地对女顾客说：“您好，我是这里的经理，我向您保证，我们的蛋糕的确是今天现做的，可能是因为今天的天气比较热，现在品尝的口感就不如刚出炉时的口感好，对此我们非常抱歉。我们可以邀请您到后厨参观，看一下我们的糕点都是怎样现场制作的。但是您穿得这么漂亮，到后厨去可能会让面粉、奶油之类的蹭到您的衣服。所以请您安心用餐，我们稍后会为您和您的朋友各送上一杯柚子茶来表达我们对于糕点不符合您口感的歉意。”

经过这位经理的温柔解释，女顾客的怒火平息了，这件事情就这样解决了，小然心里暗暗佩服经理解决难题的能力。事后，杨文问小然，那位顾客吃的鲜奶蛋糕到底是不是当天做的。小然说不是，但是主管要求我们对顾客说蛋糕都是当天现做的。小然和杨文由于到店时间不长，两人还都不能老练地做到“说谎话不脸红”，杨文每次向顾客推荐并大言不惭地说点心都是当天现做的时候，都感觉内心那个正义的自己在鄙视着自己。

杨文在思雅体验的过程中倒是没有见到报上报道的别家面包店的那种回炉面包现象。因为这家店每天控制好每种产品的生产数量，而且每天来店的客流量比较大，销货比较快，对于快过期的产品，店员都会通过重点推荐的方式尽量销售出去。对于已经过期但还可以吃的，店里都会询问是否有店员想要，如果想要可以免费拿走。

在思雅工作的过程中，杨文感到这里非常强调店面卫生的打扫，每个椅子的缝隙一定要擦一遍，墙上面的标志牌也要全部擦干净。外卖区的柜台是透明的玻璃，所以一定要擦干净。柜台上面的思雅标志也要擦，用手去摸不能发现有灰尘，柜台最下面的通风口也要擦一遍。扫地和拖地的时候，一定要把桌椅搬开，清理到桌椅下面的地面，要把整个地面都打扫干净。

思雅店里的洗刷间比较小，几平方米大的地方，一边墙上挂着拖把、扫帚，一边墙边安装洗刷池子和洗碗机，另一边的墙边摆放着盛放各种餐具的柜子。一共有两个洗刷池，一个池子里放着用过的餐具，另一个池子里有半盆水，工作人员说那半盆水可以溶解污渍。因为店里人手不够，杨文有一次被派去刷餐具，一位叫小李的工作人员向杨文介绍说：“洗第一遍的时候，要用抹布清洗干净，再把餐具分类，盛咖啡和茶的餐具要浸泡在去茶渍的水里，杯子等餐具要泡在消毒水里。”杨文问：“都必须要先消毒吗？”“其实有的时候忙起来，用水冲冲放洗碗机里面就行了，里面是高温消毒的。”小李对杨文说道。

而在工作过程中，杨文曾看到有工作人员在刷碗的时候，只是用水冲冲杯子，然后就放进洗碗机，省去了消毒和去渍的环节。虽然工作人员说洗碗机是高温消毒的，但杨文在机器上面没有发现任何消毒标识。

体验工作结束后，杨文根据自己平时在店里的时候记的笔记，经过几天的思考，终于写出了调研报告。他的调研报告写得翔实而深刻，且都是通过亲身体验而来，具有可靠性和真实性。他的文章受到了老师的表扬，并发表在当地的一家报纸上，引起了广泛反响。工商部门派相关执法人员来到思雅店现场调查，对于思雅店的产品卫生质量不达标情况进行了依法处罚。

饮食业竞争激烈，现在公众对于食品安全问题都很关注。作为食品生产经营企业，应当诚实守信，用心经营，良好口碑的树立不易，一旦出现此类“信用危机”，最终影响的还是自己的生意。

9. 买卖房屋受阻碍　人民调解化纷争

吴亮是一家IT公司的普通员工，参加工作已有三年。吴亮的妻子王珍与吴亮是大学同学，两人感情十分深厚，是同学们公认的模范夫妻。毕业的时候，学校里很多情侣都因为现实中的种种原因而选择了分手，而吴亮与王珍却坚持守护他们的爱情，两人一起留在离家非常遥远的陌生城市，准备扎下根来，好好生活。

一天晚上，在狭小出租屋内，吴亮与王珍聊起了将来的生活："跟着我真是让你受苦了，我现在除了有一份还算稳定的工作，其他的一无所有，我特别希望能有咱们自己的房子，过柴米油盐的平淡日子，可是现在就连这样的生活也给不了你。"王珍说："别说了，只要跟你在一起我就满足了，咱们一起努力，以后的生活会越来越好的。"吴亮听了深感安慰，也下定决心要好好工作，努力赚钱，为家庭而奋斗。过了不久，两人就去领了结婚证，没有举办像样的婚礼，也没有结婚戒指，仅有一张结婚证宣示着两人已成为正式的夫妻。

随后的两年，吴亮为了工作起早贪黑，在单位永远是来得最早的，走得最晚的。吴亮的勤奋引起了领导的重视，也得到了领导的提拔与重用。吴亮与王珍的生活慢慢地不再那么拮据了，加上平时两人生活节俭，也攒了一些钱。

不久，王珍发现自己怀孕了，她既惊喜又激动，下班后一见到吴亮就迫不及待地将这个消息告诉了他。吴亮听后很兴奋，抱着王珍转了好几圈，后来又忧心忡忡地说："你怀孕了，咱们再这样租房子实在不是个办法，有了宝宝，咱们也是时候买套房子了。我想想办法，找亲戚朋友借些钱，再加上咱们攒下的，应该能付个首付，有了咱们自己的家，也算是对你和孩子有个交代。"王珍本想安慰吴亮，让他不要这么辛苦，但想到肚子里的孩子，就点头同意了。之后，吴亮就边找亲戚朋友借钱，边到处看房子，终于看中了一套，虽然面积不大，而且离市中心有一段距离，但价格不贵，小区绿化建设也不错。吴亮带王珍去看了开发商展示的样板间，两人都十分满意，就跟开发商签订了房屋预售合同，并交了 5 万元的定金，约定“4 月 25 日之前将剩余首付交齐，双方签订房屋销售合同，若买方违约，将不归还定金”。回到家后，两人非常开心，憧憬着以后的生活，虽然未来的生活会因每月的房贷而更加艰辛，但一想到将要拥有自己的房子，两人心里就特别踏实，再辛苦也不怕了。

一天，吴亮又在拿着合同看，体会着即将有自己的房子的喜悦心情。突然，他看到合同上有一条写着：“开发商提供的商品房以样板间为参考，解释权归开发商所有。”心想：这不就意味着开发商交付的房屋很可能不像他们当时看的样板间那样好吗？他觉得这事必须得问清楚，这房子是他倾尽所有才买到的，很有可能一辈子也就买这么一套房了，不能有一点失误。于是就向当时接待他们的工作人员打电话询问这件事，工作人员回答说合同条款问题得问下孙经理，吴亮告知工作人员等孙经理回话后再去签合同，工作人员没有提出异议，吴亮就放下了电话，等待他们的回音。

转眼间，一个月过去了，开发商那边还是没有回音，吴亮就亲自上门找到了开发商，询问情况，可这时工作人员告诉他说“交费期限已过，买家构成违约，定金归开发商所有”。听到这些的吴亮如五雷轰顶一般，5 万元对他们来说不是个小数目，是经历了很长时间的省吃俭用才攒下的，他对工作人员说：“我之前问你们合同条款的相关问题，你们说要请示经理，结果你们一直没有回音，怎么就是我违约了呢？在合同条款没有解释清楚的情况下，这合同能签吗？”工作人员敷衍道：“不好意思，可我们这里就是这么规定的，合同上也说了，您过期不来交首付，根据预售合同，定金将不予返还。”吴亮说：“我是没按期过来签合同，但这是由你们的工作失误造成的，错不在我，你们必须得给我个交代，否则我就到法院去告你们！”工作人员说：“您如果真走法律程序，我们也不拦着，有合同约定，就是在法律上我们也是站得住脚的。”吴亮对工作人员这种无所谓的工作态度非常恼火：“那咱们走着瞧！”说罢摔门而去。

回到家中，吴亮心情非常沉重。不仅没签成合同，房子成了泡影，连定金也没有了。他越想越气，妻子跟他说话也不搭理。王珍看丈夫心情不好，就安慰他说：“不管咱们遇到什么事情，能解决的就想办法解决，实在解决不了的就算了，咱们还是照常过咱们的日子，只要人好好的，什么都不是问题。”听了妻子的劝说，吴亮这才把今天的经历告诉了妻子：“这些人太不像话了，仗着现在房地产是卖方市场就不把人放眼里，真想揍他们一顿！”王珍说：“俗话说，车到山前必有路。咱们多问问人，看有没有懂法律的，听听别人的意见，总会找到解决办法的。”吴亮听了点头赞同，心中很感激能有这样一位理解他、支持他的妻子。

经过多方打听，吴亮了解到，遇到这样的纠纷，可以直接去法院打官司，也可以找小区所在的街道调解委员会进行调解。去打官司要交诉讼费，还要请律师，是笔不小的开支，不仅耽误工作，还不能安心照顾王珍。而申请人民调解，不仅不收取费用，还能比较灵活地处理问题，调解不成还能提起诉讼。相比之下，吴亮选择人民调解的方式来解决他和开发商之间的纠纷。吴亮和王珍两人找到了街道调解委员会申请调解，接待他们的是调解委员会的赵主任。赵主任听了他们的诉说，对他们说：“现在的年轻人不像我们那会儿，生活压力大得很呢，5万元不是小数目，你们还是去照常上班，我先去跟开发商协商。你们是想继续履行合同呢，还是只想把5万元钱拿回来？你们好好考虑考虑。”吴亮想，前前后后跑了那么多楼盘，也就这个小区的房子他们相对能消费得起，各方面也比较合适，就对赵主任说：“我们还是想买房。”赵主任说：“好！那我就按你说的去协商，你们俩安心工作，这个事情就交给我了。”看着赵主任胸有成竹的样子，吴亮和王珍心里的石头终于落地了。

赵主任第二天来到售楼处，通过工作人员找到了孙经理，对孙经理说：“吴亮已经申请咱们街道调解委员会调解你们之间的买卖房屋纠纷，我今天过来了解下情况。做生意讲究和气生财，你们也一定不愿意跟买家之间闹起什么矛盾来，你跟我讲讲事情的经过，我来帮你们调和，咱们争取达成双方都能满意的结果，好吗？”孙经理听了，也觉得这事情能化解就化解，否则带来更大的麻烦不仅会被上级责骂，还可能影响公司的声誉，于是就把事情的经过对赵主任说了。赵主任听后，知道双方对事实经过的认定是一致的，心想这就比较好办了。他对孙经理说：“吴亮虽说没有按规定时间来签合同，但他之前打电话问你们合同的事情，你们就应该及时告知才是，你们这边一直没有消息，吴亮这小伙子也比较实在，就一直等你们的消息，结果就错过了签约时间，这也是情有可原的。你们的房屋预售合同上规定的房屋合同签订期限，不就是为了督促买家及时履行合同吗？吴亮不是成心违约，又没有影响你们正常的房屋销售，咱们就讲个情字，你们双方就把这个合同按原定计划签了吧。”孙经理说：“虽然我们有一定的疏忽，但是违约的终究是吴亮，现在我们接受调解，主要是想化解纠纷，但并不代表我们就完全放弃了自己的权利，我可以退他一万块钱，这也算买卖不成仁义在了，他若要求继续履行合同，那我就不能同意了。”赵主任见孙经理不答应卖房，继续劝说了一阵，可孙经理仍然态度坚决，而且定金也不全退。赵主任见状，就先回去了。

后来赵主任通过调查了解到，本市的重点中学计划从市区迁到该小区附近，这不仅能带动小区周边基础生活设施的完善，而且将有不少家长为了孩子上下学方便而租住该小区的房屋，因此房屋售价已经比吴亮签房屋预售合同时上涨了不少，赵主任终于明白为什么孙经理无论如何也不肯继续履行合同了。这下麻烦了，赵主任想，遇到经济利益之争，再去说情，孙经理肯定是听不进去的。但如果按法律规定，孙经理应该负相关责任的话，吴亮的房子就有希望了。想到这里，赵主任联系了调解委员会的成员田律师。田律师是附近小区的居民，对街道调解委员会的工作非常热心，积极主动加入了街道调解委员会，居民们凡是有法律问题的，他都热心解答。赵主任将此事原原本本地告诉了田律师，对田律师说：“这件事，光劝说不管用，只有对孙经理进行法律教育才行，田老弟，这事儿就靠你了。”田律师说：“没问题，你跟双方当事人约个时间，既然要讲法律，咱们就把问题摆在桌面上，我给他们分析分析，法律责任厘清了，双方自然就好协商了，不然谁都不想让步。”

于是，赵主任联系了吴亮和孙经理，约他们下班后到调委会办公室开个会。双方到场后，赵主任向两方当事人介绍了田律师，并告知他们田律师将给他们讲解与这起纠纷相关的法律规定，双方均没有异议。田律师说：“按照我国《最高人民法院关于审理商品房买卖合同纠纷案件适用法律若干问题的解释》第四条的规定，出卖人通过认购、订购、预订等方式向买受人收受定金作为订立商品房买卖合同担保的，如果因当事人一方原因未能订立商品房买卖合同，应当按照法律关于定金的规定处理。这次纠纷的焦点主要就在于没有签订合同究竟过错在谁。按照房屋预售合同上的约定，吴亮若在 4 月 25 日之前放弃购买权或到期不签约的，5 万元定金不予退还。如果吴亮没有缘由地到期不签约，那么将失去购买权，定金也不能取回，但这件事，你们对事情经过是没有异议的，吴亮因为对合同条款的不解，向售楼处咨询，想得到答复后，也就是双方对此合同都没有异议后再签订购房合同，这并不意味着他要放弃购买权。售楼处给吴亮的答复是请示经理后再告知他，也对他所说的等孙经理答复后再去签合同并无异议。这就意味着，双方对本合同进行了变更，履行期限由原来的 4 月 25 日改为了孙经理回复之后，所以说吴亮是没有过错的。”听了田律师的分析，吴亮松了一口气，也从心底感激赵主任和田律师的帮助。孙经理虽说对田律师的法律分析也表示赞同，但明显心里还是不服气：“法律上虽是这样规定，但是我们的房子现在已经销售一空了，我只能把定金退回，但不同意继续履行合同。”田律师接着说：“按照法律规定，对格式条款的理解发生争议的，应当按照通常理解予以解释，对格式条款有两种以上解释的，应当作出不利于提供格式条款一方的解释。你们的合同上约定‘样板房仅供参考，本公司保留解释权’，而吴亮作为一般买家，理解为买到的房屋和你们的样板间是一模一样的，因此，按合同约定你们必须提供与样板间一样的房屋，否则会构成违约。现在你们既然不能提供这样的房屋，那么需要双倍返还定金。”孙经理一听，更加担心了，说：“唉，如果小区现在还有房子，我倒是可以做主继续履行合同，但目前合同已无法履行，要是双倍返还定金，公司很可能会让我自己来承担这项损失。”赵主任说：“你们公司不是还开发了一个住宅小区吗？要不这样，你带吴亮去看看那边的房子，如果可以，你们公司卖房也有一些优惠政策，你给吴亮申请个最低折扣，这样不就两全其美了？”孙经理想了想，认为这个办法可行。吴亮本来也是想买房的，该公司的另一个小区比现在的小区要更高档一些，房价也更贵一些，但若是能申请到最低价，又在吴亮的承受范围之内，吴亮也十分乐意购买。当天下午，他们就去看了另一个小区的房子，吴亮非常满意，这小区的环境、绿化都比原先那个小区要好一些，小区内还有家幼儿园。吴亮和孙经理达成了购房意向，并在赵主任、田律师的见证下签订了房屋买卖合同。

一年后，吴亮和妻子搬到了新家，两人特地来到街道调解委员会，找到赵主任和田律师，为他们送了锦旗以示感谢。吴亮对赵主任所：“赵主任，多亏了咱们人民调解委员会，我们才能如此顺利地拥有了自己的家，您可是我们的大恩人，如果不是您的帮助，我们夫妻俩还不知道要愁到何年何月呢！”赵主任说：“咱们调解委员会就是为老百姓解决纠纷的，人们能过上安居乐业的日子，是我们的职责，也是我们所追求的目标，二位就不要太客气了。”吴亮和妻子心中十分感激，再三和赵主任握手言谢。

这起卖房纠纷最终顺利解决了，人民调解委员会在这起纠纷中起到了非常关键的作用，赵主任通过耐心的沟通和说情，使双方能心平气和地坐下协商，而田律师从专业角度对双方讲解了法律知识，并分析了各自应承担的法律责任。在调解员的不懈努力下，最终达成了令双方都能接受的结果，这也是广大人民调解员最愿意看到的。

贰

婚姻家庭和子女

10. 痴心小伙骗得佳人　骗局败露考验人性

阮英长得非常漂亮，从小是文艺骨干，长大后考入名牌大学，毕业后进入一家知名外企从事行政工作。追求她的人非常多，可是她一个都没看上。她一直在期待一位长相帅气、能给自己提供优越物质条件的白马王子的出现。可是追求她的人要么相貌一般，要么挣钱不多。转眼阮英就到了 30 岁，周围的人都在说："阮英啊，人很漂亮，但是她也太挑了！这个年龄怕是不好嫁出去了！"阮英的父母也为她着急，并且开始给她安排相亲。

2013 年 5 月的一天，阮英依照父母的安排去一家咖啡厅与一位据说是自主创业的经理见面。阮英稍稍打扮，就去了咖啡厅。到了那里，见对方还没有来，她便点了杯咖啡以打发时间。过了一会儿，身旁突然传来很有磁性的声音："请问你就是阮小姐吧？"阮英一下子被这个声音吸引住了，忙回答："是的。你是？"对方坐下后，不紧不慢地说："我叫宋铭，不好意思，让你久等了！"阮英看着宋铭英俊的外表，着实被吸引住了，面带笑容地说："没关系，我也刚到不久。"

经过交谈，阮英了解到，宋铭家境并不好，但是大学毕业后，他自主创业，经营着一家小有规模的文化公司，虽不能和上市公司相比，但收入也是非常可观的。了解到这些后，阮英更加相信，她的白马王子来了！而宋铭见到阮英，也被她吸引住了。两个人很快便交换了联系方式，并且经常保持联系。

之后的时间里，阮英和宋铭经常一起到外面吃饭，一起外出游玩。吃饭的地方都是上档次的餐厅，宋铭每次去阮英家都会给阮英的父母买很多营养品。阮英的父母看到女儿找到了这样一个懂事的男朋友，便开始催着阮英结婚。一切都显得那么美好，阮英心想："我一定要把握好机会，不能让幸福从我手中溜走！”而宋铭也早有和阮英结婚的打算了。所以没过多久，两个人就举办了隆重的婚礼。

结婚后，阮英和宋铭的生活很幸福。宋铭每天下班都会及时赶回家，帮着妻子做饭。有时候加班或者陪客户不能回家吃饭，宋铭就及时打电话告诉阮英："亲爱的，今天要陪客户，不能回家吃饭了，明天一定补偿你！”阮英感觉自己真的找了个好男人，能挣钱，又知道疼自己。每每想到这些，阮英都感觉自己是世界上最幸福的女人。

可是，好景不长，阮英就被现实嘲弄了一番。他们结婚后不久的一个周末，阮英独自在家，她觉得无聊便翻出结婚时的照片和录像来看。突然，门铃响了，来了一个陌生人。对方自称是宋铭的朋友，是来取钱的。阮英不知道是怎么回事，以为对方是骗子，便要把他赶出家门。可是对方急了，说："嫂子，你还不知道吧！这个房子并不是宋铭的，这只是他租来的！”阮英这次更是火了："胡说什么呢，我们家宋铭那么能挣钱，怎么会租房子呢？”说着，阮英就把这位不速之客往门外推。陌生人一边往外走着，一边说道："真不知道宋铭这是为了什么，为了这样一个爱慕虚荣、只爱钱的女人，让自己累成那样，太不值了！”阮英将那人赶出了家门，心里却犯起了嘀咕。她没有心情再看那些照片和录像了，把它们丢到一边，坐在沙发上等着宋铭回来。

这天晚上，宋铭回到家，看到翻出来的结婚照片和录像，便笑着说："老婆，你是不是想我了才翻出这些东西来看呀？”这时，只见阮英沉着脸走过来："不要说这些没用的，咱家的房产证在哪儿，我想看看！”宋铭愣了一下，说："你怎么突然想起看房产证呢？咱们住在这儿不是好好的吗？”阮英提高声音说："看来这是真的了，你根本没钱买房子，这房子是租来的，是不是？”宋铭一时不知道该怎么回答，只是沉默。阮英更加坚信自己的猜测了，哭着说："宋铭，原来你是个骗子！”宋铭听到这儿，赶忙抱住阮英："英儿，我不是故意骗你的，我是真的爱你！”阮英挣脱开宋铭，一个人跑到卧室哭泣。待两个人冷静后，阮英从宋铭那儿得知了事情的原委。

宋铭大学毕业后和阮英在同一个公司上班，由于和阮英并不在一个部门，因此也就是偶尔见到而已。但是宋铭看到阮英第一眼时就喜欢上了这个高挑、美丽的姑娘。渐渐地，他发现自己是真的爱上了这个姑娘。阮英的美丽动人在公司里是出了名的，当然，她挑对象的苛刻也是出了名的。这些宋铭都知道，所以他一直未向阮英表明自己的心意，只是将这份感情默默藏在心里，并且为了这份感情默默地努力着。宋铭一直在心里想着："阮英，你要等我！"这一切，阮英并不知情。宋铭也担心在自己达到阮英的条件之前，阮英会和别人在一起。所以，宋铭主动辞职，希望自己通过创业挣到更多的钱。没有人知道他为什么辞职，他只是向公司说是个人原因。很多人都为他可惜，"他怎么在快要升职的时候辞职，这不是白白错过很好的机会吗？"只有一个人知道原因，那就是宋铭的大学同学杜鹏宇，也就是去宋铭家声称取钱的陌生人。

一晃几年过去了，宋铭做了很多生意，都没有成功，他自己之前的积蓄也没剩多少了。但他看到阮英开始去相亲，并且相亲的对象都比自己优秀，他终于忍不下去了。他决定想想办法，一定要得到阮英。他就跟同学杜鹏宇借了一些钱，想先把阮英骗到手，之后再慢慢努力，相信自己肯定会成功的，并且阮英知道真相后也肯定会原谅他。所以，宋铭就冒充是一家文化公司的经理，找人帮忙安排与阮英相亲。果然，经过包装的宋铭显得特别优秀，一下子吸引住了阮英。结婚后，宋铭为了不让阮英发现自己设下的骗局，整天在外忙碌，但是挣的钱还是不够多，只能向朋友继续借钱。杜鹏宇看到宋铭为了一个女人把自己弄得那么狼狈，而阮英却一无所知，还经常要求宋铭给她买昂贵的首饰，实在看不下去了，便劝宋铭："是时候说出实情了，她若原谅你了，那岂不是很好？她若不能原谅你，那你为了这样的女人也不值得。"宋铭想了想也是，便一口答应了杜鹏宇。

一个月后，宋铭准备还钱给杜鹏宇，告诉他："下周末你来我家吧，我把钱还给你。"杜鹏宇以为宋铭已经向阮英说明实情了，便满口答应，并说："你看这样多好啊，不至于像以前那样累死累活的。"周末杜鹏宇按时到了宋铭家，但是宋铭并不在家，杜鹏宇便向阮英说明了来意。此时杜鹏宇发现阮英并不知道实情，他一气之下便将真实情况告诉了阮英。

那天晚上和宋铭吵过架后，阮英便回到了娘家。宋铭认为阮英只是回娘家住几天，待她冷静一下，便过去道歉。阮英一回到家，就开始哭诉，阮英的父母也认为女儿是被骗了，绝不能就这样善罢甘休，一定要为女儿讨回公道。阮英在心里盘算着："既然我是被骗才与宋铭结婚的，那么这个婚姻应该是无效的。"于是，阮英便向法院提起诉讼，要求法院认定自己与宋铭之间的婚姻无效。

宋铭还没去向阮英道歉，就收到了起诉书。这实在出乎宋铭的意料，看来阮英是彻底受到伤害了。他当然知道自己的行为欺骗了阮英，会伤害到她，但他认为只要自己对阮英好，阮英会原谅自己的。所以他接到起诉书时都不知道怎么办才好，只能硬着头皮去应诉。

在庭审过程中，宋铭将他骗阮英与其结婚的事实说得很清楚，但是一再强调自己是真心爱阮英的，希望能够和她在一起生活。而阮英则认为是被欺骗才与宋铭结婚的，婚姻关系应属无效，要求法院撤销婚姻。

法庭经过审理认为，阮英虽然因被欺骗才与宋铭结婚，但这不属于婚姻无效的情形，也不属于婚姻可撤销的情形，对阮英的诉讼请求不予支持。得到这样的判决结果，宋铭心中有些暗喜，但是他仍觉得自己非常对不起阮英。

阮英收到判决书后，不明白为什么自己被骗了，还不能撤销婚姻，于是便向律师咨询，律师告诉她："《婚姻法》第十条规定，有下列情形之一的，婚姻无效：（一）重婚的；（二）有禁止结婚的亲属关系的；（三）婚前患有医学上认为不应当结婚的疾病，婚后尚未治愈的；（四）未到法定婚龄的。同时，我国《婚姻法》第十一条规定，因胁迫结婚的，受胁迫的一方可以向婚姻登记机关或人民法院请求撤销该婚姻。受胁迫的一方撤销婚姻的请求，应当自结婚登记之日起一年内提出。被非法限制人身自由的当事人请求撤销婚姻的，应当自恢复人身自由之日起一年内提出。即受胁迫结婚属于可撤销婚姻的法定情形，并且必须在一定期限内行使撤销权。”

受欺骗结婚既不是婚姻无效的情形，也不是可撤销婚姻的情形，因此阮英请求确认婚姻无效或者撤销婚姻的诉讼请求是不会得到法律支持的。

听到这样的解释，阮英心里更加难过，向来追求完美的她怎么能容忍在自己的婚姻里受到如此的侮辱？但她还是冷静地向律师咨询她这种情形该如何处理。

律师告诉她，如果她不想和宋铭再有任何关系，唯一的方法就是请求离婚。至于离婚的诉讼请求是否会得到支持，需要法院经过审理查明。我国《婚姻法》第三十二条规定，男女一方要求离婚的，可由有关部门进行调解或直接向人民法院提出离婚诉讼。人民法院审理离婚案件，应当进行调解；如感情确已破裂，调解无效，应准予离婚。有下列情形之一，调解无效的，应准予离婚：（一）重婚或有配偶者与他人同居的；（二）实施家庭暴力或虐待、遗弃家庭成员的；（三）有赌博、吸毒等恶习屡教不改的；（四）因感情不和分居满二年的；（五）其他导致夫妻感情破裂的情形。一方被宣告失踪，另一方提出离婚诉讼的，应准予离婚。该法律条文中虽然未明确规定受欺骗结婚应准予离婚，但是不能因此就认为受欺骗结婚的不能离婚。该法条的核心含义是“只要法院认定夫妻感情确已破裂，就应当准予离婚”。同时《最高人民法院关于人民法院审理离婚案件如何认定夫妻感情确已破裂的若干具体意见》规定，欺骗对方，或者在结婚登记时弄虚作假，骗取结婚证的可以认定为夫妻感情确已破裂。

听到这些，阮英像是找到了一根救命稻草，很快便起诉到法院要求准予他们离婚。而宋铭再次收到起诉书后，放宽的心一下子又紧张起来，他真的非常爱阮英，为了阮英他一直在努力，但是他也明白自己给阮英造成了很大的伤害。宋铭决定作最后的尝试，他要认真地再与阮英谈一谈，如果她的态度非常坚决，那么自己也不好再挽留，为了她的幸福，只能放手了。宋铭几次想约阮英出来谈谈，阮英都不愿见宋铭，只是告诉他：“要见到时候在法庭上见就好了，现在没什么可见的。”宋铭几次尝试无果后，也决定放手了，只是默默等着开庭的日子去作个了结。

终于到了开庭的日子，宋铭和阮英同时到了法院。宋铭看到阮英，心中的愧疚之情更加强烈，他非常想上前去真诚地向阮英道个歉，但是又不知道该如何开口。阮英看到宋铭，目光在他的身上逗留了一会儿，心中生出一丝不忍，但她仍整了整衣领，坚定地走进法庭。

不一会儿，法院就开庭审理这起离婚案件，法官询问当事人是否同意调解。宋铭想都没想地回答：“同意。”而阮英则犹豫着没有回答。法官再一次询问阮英，“是否同意调解？”阮英支支吾吾地说着：“不……不同意，不，是同意！”接下来法庭就开始调解。调解过程中，宋铭表达了自己的歉意，并且真诚地对阮英说：“英儿，我知道我欺骗了你，非常抱歉，我不求你的原谅，只是我真的非常喜欢你，舍不得失去你。如果你愿意继续和我一起生活，我会更加爱惜你，并且努力奋斗，给你一个幸福的生活。如果你已经下定决心要离开我，那我也不会强留你，我真心希望你能够幸福。”说完这些之后，宋铭长长地舒了口气。在一旁的法官看了看沉默的阮英，语重心长地说了一声：“孩子啊，现在做个选择吧！”阮英深深地吸了口气说：“其实，我只是一想到自己被骗，就感觉没脸见人了！说实话，宋铭对我真的挺好的，他从来不让我烦恼，从来都是疼着我、顺着我。仔细想想，这些日子宋铭为了让我开心，自己一个人承受那么大的压力，我也很心疼他……”法官听到这里，不由得笑起来：“看来你们两个人这算是和好了，其实啊，两个相爱的人能在一起就是最好的结局！”

听到阮英这样说，宋铭感动得眼泪都掉下来了。他一把拉过阮英，紧紧抱住她。阮英在他的耳边说：“为什么刚才在法院门口时不说话？你知不知道，当我看到你那憔悴的脸时，心中有说不出来的难过，我这是怎么了，真是的！”宋铭听到这些话感到非常幸福，因为他知道自己的行动已经打动了阮英，这一次，自己是真正得到了她。

审理该案的法官感慨道：“现在社会中，有些人找对象时特别看重对方的相貌、财产或者地位，而有些人为了吸引自己喜欢的人，甚至有些人纯粹就是为了某些不法目的，会隐瞒一些真实情况，或伪装自己的真实身份，或谎称自己是留洋回国，或称自己的家境非常殷实，或称自己是某某名牌大学毕业，或者谎报自己的年龄，等等。有些人很容易就相信了，并且很快结婚。这些人中有些不仅被骗了感情，还可能会被利用骗走家中的财产。当结婚后发现对方并不是自己在婚前了解的那样时，很多人又寄希望于法律，希望法院能够撤销婚姻或者认定婚姻无效。但是一般认为，因受欺骗结婚的请求撤销婚姻或者确认婚姻无效的诉讼请求是不能得到法律支持的，只能在符合条件时申请离婚。这些是由《婚姻法》本身的性质决定的，并不能适用《民法通则》中因为重大误解签订的合同可撤销的规定，毕竟婚姻不是合同。”

11. 老人婚恋实不易　放弃财产终成双

有一句老话说得好：“人生如戏”。可是相对于看戏，心理咨询师李斯威更喜欢听别人讲的故事，他认为真实的故事比戏剧更具感染力，并且希望通过这些真实的故事来领悟人生。他在听别人讲故事的时候，一方面化解他人心中的烦恼或者分享他人的快乐；另一方面将听到的故事整理成册，再加上自己从中领悟的道理，让更多的人能够从这些故事中收获人生的哲学。

2013 年圣诞节这天，李斯威像往常一样，早早地在办公室等待着来访的人，可是不知因为是圣诞节还是天气太冷，整个上午都没有人来。吃过午饭后，李斯威趴在桌子上小憩了一会儿。突然，一阵敲门声传来，李斯威赶紧整理了一下自己的衣领和头发，跑去开门，只见门外站着一位打扮朴素但不失高雅的女士。李斯威凭借多年的经验感觉到，这位女士的目光中隐藏着几分无奈和苦楚。

两年来，李斯威为了收集故事，在网站、街头、小区等地方都留下过自己的地址和联系方式。但是，一些人要么是过来诉苦，脸上满是愤怒或是哀愁；要么是过来寻找乐趣，打发无聊的时间，没想到今天迎来了这样一位女士。门外的人站了一会儿，看了看有些愣住的李斯威，说道：“你好，请问您是李先生吗？”李斯威答道：“是的，请进！”

说着，两个人便进了屋，李斯威招呼这位女士坐下，沏了一壶茶后，他也坐下来。经过简单的交谈，李斯威得知这位女士名叫杜云兰。杜云兰开始说起了她的故事。

杜云兰出生在一个大户人家，自幼读过很多书，但是在那样的年代，读再多书也是没用的。她和一个名叫欧懿的人自幼一起长大，他很喜欢诗词，也喜欢读外国的名著，两人经常在一起谈天说地。在那个年代，读书的人很少，所以他们也就成了很好的朋友。到了谈婚论嫁的年纪，他们都认为对方是自己的归宿。可是，杜云兰的父母为了让女儿过上更富足的生活，逼迫她与一个自己并不爱的人结婚，这个人就是她后来的丈夫赵建国。结婚后，杜云兰也就认命了，和欧懿失去了联系。但是，杜云兰并没有忘记欧懿，只是将他放在心里的某个角落。

婚后，杜云兰和赵建国生有一儿一女，日子过得很平淡。到了20世纪90年代，经商的大潮席卷而来，赵建国也希望赚上一笔，便拿出家里全部的积蓄投入生意场，开始做VCD买卖。刚一开始，他们确实赚了不少钱，家里也添置了不少稀罕物件，生活质量提高了不少，可以说在当时一家人的日子算得上小康生活了。可是生意场上哪有常胜将军，有赚钱的时候，就有赔钱的时候，况且赵建国根本没有做生意的头脑。两年后，VCD行业的竞争越来越激烈。没过多久，VCD这种产品开始退出市场。赵建国看到VCD行业大势已去，就用剩下的钱开始投资新的行业，可是并没有什么起色。幸运的是，两个孩子长大了，儿子成了一名优秀的外科医生，女儿在附近一所中学当英语教师。

看着幸福的一家人，杜云兰就想平平淡淡地过日子，并劝赵建国不要再在生意场上折腾了，可是他不肯就此善罢甘休，希望有朝一日重振自己的生意。又辛辛苦苦地奋斗了几年后，他的生意仍然没有太大起色。也许是这些年的奋斗将他累垮了，也许是事业的不顺让他绝望了，他彻底放弃了生意，但人却日渐消瘦了下去。四年前，赵建国在一个冬日的夜晚在睡梦中去世了。

听到这里，李斯威端起桌子上的茶水抿了两口，说："杜女士，您是为您丈夫的突然离去感到悲伤，无法走出悲痛吗？"

杜云兰答道："怎么会呢？我说过我不爱他，我和他之间也就是习惯了彼此的存在。我们之间最多也只是恩情。"

李斯威试探性地问道："那是……"

原来，不知道是天意还是缘分，就在丈夫去世后的第二年，杜云兰居然遇到了她心心念念的人，这么多年，杜云兰多少次地告诉自己："我与他之间是有缘无分，不要再奢望什么了！"可是老天居然让自己再次遇见了他。

那年春天，外面天气暖和，杜云兰就准备出去走走。走到家附近的一个公园，看到地上散落的桃花瓣，望着枝上正在盛开的桃花，杜云兰不禁想起了她和欧懿在一起的时光，真的很希望找到他，看看他过得好不好。她也知道，丈夫才去世一年，自己真不应该这样想，可是这么多年来，只要有闲暇，她就会想起欧懿。这是无法控制的。可是想过之后她又开始嘲笑自己："他怎么会突然出现呢，两个人之间又没有心灵感应，若真有心灵感应，怎么这么多年都不灵验啊！"

不知道为什么，也许是年纪大了，杜云兰突然间就喜欢上了那片有生机的桃林，几乎每天都会去看看。可是有一天，她出门时不小心崴到了脚，不得不在家休息了好多天。等到脚上的伤好了以后，她就迫不及待地去看那片桃林，到了那里才发现，桃花已经全落了。看看已落的桃花，再看看桃树上长出的新叶子，似乎感觉到那些桃花还在那儿，只是以另一种方式存在着，想到这儿，杜云兰不禁笑了。这时，从她的身后传来一阵笑声："哈哈！你真的一点没变啊！"杜云兰转过身，看见一个身穿西装的人站在那里，头发已经花白，可是人还挺精神，只是那眼神似乎在哪里见到过。正当她歪头仔细打量时，那个人对她说："真不记得我了，我是小欧啊！"她当时整个人都呆住了。她日日思、夜夜想的人突然出现在面前。她当时都有些不知所措了，结结巴巴地说着："我……我……"愣是没说出后面的话来。欧懿站在那里望着她，杜云兰多么想冲过去靠在他的怀里，可是她的脚根本迈不动。欧懿打破了僵硬的局面说："不请我到你家里坐坐？"

她拭去眼角的泪水说："当然，当然。我家就在不远处！"

两人回到家后，杜云兰给欧懿沏了杯茶，坐下后，说："我丈夫已经去世了，你不用担心，你就在这儿吃过晚饭再走吧！"他闻了闻茶，说："你不是不喜欢喝这种茶吗？"杜云兰的眼泪一下子流了出来，背对着他，擦干眼泪，转过身来说："是啊，那是 20 岁以前。"可是她真的好想告诉他："你走后，我只能将你喜欢的东西留在身边让自己感受生活的美好。"

经过交谈，杜云兰知道，欧懿也已经结婚了，并且有了两个儿子。他在 20 世纪 90 年代也开始经商，起初他将自己积攒的钱全都投入进去，并且小赚了一笔，可是之后的生意就不好做了，尤其是经过金融危机，他的生意全都垮了，没能剩下一分钱。但为了生活下去，他只能重整旗鼓，又从小生意做起，一点点做大。终于，他做到了，而且生意越来越大，后来成立了公司，再后来公司上市了。在这个过程中，他的妻子不离不弃，不管怎样艰苦都一直陪在他的身边，和他一起起早贪黑工作，一起吃糠咽菜，并且毫无怨言。他自己也承认妻子非常贤惠。

听到这些后，杜云兰知道欧懿现在的生意做得很好，生活很幸福，家庭也很美满，但还是不禁问了他妻子的现状。他低下头，沉默了一会儿说："嗯……她在五年前就已经去世了。"杜云兰不禁心头一震。

后来他们就转移了话题，不知不觉开始谈论一些年轻时候的事情，他们一起读书、一起玩耍的日子，但是两人都有意无意地回避了不美好的回忆。

不知不觉就到了晚上，杜云兰留欧懿吃了晚饭，晚饭后，欧懿就走了。看着他远去的背影，杜云兰心中既欣喜又失落。

后来，他们见面的时间越来越多，也通过各种途径了解到了一些事情。在杜云兰出嫁后，欧懿曾找过她，但是被她的父母阻拦了下来。后来，他就去了南方，也就是从那时起他们失去了联系。到了南方后，他在一个农村里生活，被当地的一个漂亮姑娘看上了，那个姑娘处处维护他，这个姑娘就是他后来的妻子。到了 20 世纪 90 年代，欧懿北上做生意，将家安在了河北的某个城市。那次他们的相遇是他回到老家办一些事情。其实在两人相遇之前的好些天，他已经在那片桃林看到杜云兰了，并且之后的每天都会去那片桃林偷偷地看看。但是他不愿意打扰杜云兰的生活。当时脚伤后杜云兰好几天没有出去，欧懿急坏了，便开始打听她的消息，并且了解到杜云兰的丈夫已经去世了。

李斯威听到上述的故事后，已经明白，面前的这个女人还爱着她的初恋情人，而且欧懿也爱着她。

李斯威给杜云兰续上杯中的茶水后说："从你的叙述中，我知道你还深爱着他，你记得你们再次相遇时他说的每一句话，做的每一个细微的动作。"

杜云兰很幸福地说："是的，我没有办法不注意他。我希望和他重新开始。

可是你也知道像我们这样的黄昏恋肯定会受到很多阻碍。尤其是来自儿女们的反对。”这时，杜云兰有些无助地说：“可是我们真的不是黄昏恋，我们是彼此最初的恋人，经过这么多的坎坷，我们都没能忘记对方啊！”

李斯威说：“那你可以把你们的故事讲给你们的孩子们听啊，我想他们会理解的！”

杜云兰深吸一口气，擦了擦脸上的泪水，无奈地表示不是他们不说，是儿女们都不理解。他们要么爱面子，要么担心自己的财产。她和欧懿决定重新开始后，向自己的孩子征求意见，希望得到他们的支持。杜云兰刚开始向儿女说这些时，他们有些犹豫，“我们的父亲刚去世不久，这样不太好吧！”但是，杜云兰给他们讲了自己的爱情故事后，他们虽然还是不能理解，但也勉强接受了。但当欧懿和他的两个儿子说这些时，他们给出了三个不同意的理由：一是父亲不能做对不起母亲的事情；二是他们认为杜云兰是为了骗父亲财产的，即使不是骗钱的，结婚后也会分走一半的财产；三是他们认为杜云兰根本配不上父亲。当然，欧懿相信他的儿子会被自己的爱情故事打动，于是他向他们讲述了两人的爱情故事，只是这个故事只能让他们放弃第一个和第三个理由，也就是说，他们无论如何是不同意两人结婚的，因为他们怕杜云兰会分走他们的家产。

当杜云兰的儿女知道这些后，态度也发生了一百八十度大转弯。儿子对她说：“妈啊，你在我父亲刚去世不久就另嫁，我们暂且不说了，可是，你看人家说你什么，说你是冲着人家的财产去的。对方如果是一个普通市民也好，可对方偏偏是个大公司的总裁，这事如果照这么传出去，我都没法在单位待下去了！”女儿也跑过来劝她：“妈妈，您能不能为您的女儿想想啊，我都没脸当老师了！”看到儿女们这样，看到欧懿为难的样子，杜云兰想放弃了，但她真的不是为了欧家的财产，她只是想在老的时候重新享受一下那本该拥有的幸福。为什么年轻人可以自由恋爱，老年人恋爱就要被周围人反对呢？

李斯威站起身来，走到窗前说：“是啊，现在老年人自由恋爱被很多人反对，尤其是自己的子女。可是我们必须改变这种现状。”李斯威转过身来说：“杜女士，这次我想帮帮你们。”

杜云兰顿时充满希望地望着李斯威说：“我们该怎么办？”

李斯威说：“我听我的一个朋友说，夫妻之间可以约定财产，如果你和欧懿先生约定财产，就可以洗脱你是为了欧懿先生财产的嫌疑，这样你们的子女也会相信你们的爱情。详细的你可以去咨询一下律师。”

杜云兰似乎找到了救命稻草，告别李斯威后，便赶紧联系律师咨询相关的事情。

杜云兰经过查阅和咨询了解到，其实法律中已经明确规定了婚姻自由和夫妻财产约定。我国《婚姻法》第十九条规定：“夫妻可以约定婚姻关系存续期间所得的财产以及婚前财产归各自所有、共同所有或部分各自所有、部分共同所有。约定应当采用书面形式。没有约定或约定不明确的，适用本法第十七条、第十八条的规定。夫妻对婚姻关系存续期间所得的财产以及婚前财产的约定，对双方具有约束力。夫妻对婚姻关系存续期间所得的财产约定归各自所有的，夫或妻一方对外所负的债务，第三人知道该约定的，以夫或妻一方所有的财产清偿。”也就是说，杜云兰可以和欧懿约定他们婚前的个人财产归各自所有，婚后欧懿公司的收益仍然是属于他个人的。但是这个约定应该采用书面形式，否则不发生约定财产的效力。当然，这份约定不能对抗不知情的第三人。如果第三人知道夫妻之间有财产的约定，则第三人不能要求债务人的配偶偿还；但是如果第三人不知道夫妻之间的财产约定，则可以要求债务人的配偶偿还。

了解了这些后，杜云兰便主动找到欧懿向他表示了约定财产的意思。欧懿听到后，有点不能理解，他认为这样做会亏欠杜云兰，他坚决不同意。杜云兰便劝导他，既然真心相爱，那他们就要打破重重障碍，再说财产乃身外之物，不能因为财产就否认了两人之间的感情。这样，欧懿的儿子也就更能明白杜云兰的一片真心。

欧懿笑了笑说：“虽然我们的头发都白了，皱纹也多了，可是你的性情一点都没变。这次就按你的意思办，我相信你！”

杜云兰和欧懿向各自的儿女说明了他们的想法后，他们的儿女也都没有再说什么。

李斯威得知这样的结果后，也开心地笑了，当天晚上就在他的故事本上写下了故事的结尾，并且写道：当我们正值 20 岁年华时，父母真心希望我们能找到自己的心上人，并且幸福地生活；当我们 40 岁时，我们忙着我们的事业，无暇顾及自己的爱情时，我们的父母老了，他们想拥有自己的爱情，可是却遭到我们做儿女的各种理由的反对，或是为了自己的面子，或是为了维护家庭财产。可是爱情不只是属于年轻人的，也属于父母。

12. 夫妻蜜月遭盘查　误会破解成朋友

大海，貌似是每一个人都会喜欢的地方。看看海，让我们的心胸更加开阔；听听海，让我们把城市的嘈杂声抛到耳后；嗅嗅海，一股摄魂的清香瞬间遍布全身，体会生命的存在；摸摸海，在海风和海水中感受自然的纯粹……而姜米和杨凯也是因为喜欢海而相识、相知、相爱，直到走进婚姻的殿堂。

姜米是北方人，她身上既有北方人的豪爽、大度，也有南方人的温婉、细心。她从小就很喜欢大海，她喜欢海风的气息，每一次在海边都会贪婪地嗅着空气中弥漫的海草味道；她喜欢海博大的胸襟，容纳百川；她喜欢海的颜色，深邃中带着许多愁和爱；她喜欢海浪冲过双膝时，海风拂过发梢时，浪涛声进入双耳时的感觉，这一切无不让人感受到生活的美好。2008 年，她高中毕业后，毅然选择到海边城市青岛读大学，因为她知道，如果她能每天感受大海的气息，她会很幸福。

杨凯是一个典型的东北人，有北方人的豪迈情怀，他喜欢大海是因为学生时代读到曹操的诗“东临碣石，以观沧海。水何澹澹，山岛竦峙。树木丛生，百草丰茂。秋风萧瑟，洪波涌起。日月之行，若出其中。星汉灿烂，若出其里。幸甚至哉，歌以咏志”。他喜欢大海的雄伟壮丽和大气。也是因为喜欢海，2010 年他大学毕业后就选择了在海边城市青岛工作。

也许是缘分让这两位对海有着深深喜爱的年轻人同时走到了海边。2012 年 7 月的一天晚上，姜米走到海边，对着大海大喊道：“大海啊！我要暂时离开去找工作了，真的很舍不得，但我知道你是能体会我的忧伤的……”随后就是细细的声音：“真的很感谢你陪伴我的这四年，四年里，我开心的、烦恼的、兴奋的、忧伤的事情都和你说，真的希望能留在这里，也真的希望我能在这里找到工作……你是生气了吗？为什么突然汹涌了呢……”而这所有的一切正好被当时正在海边散步的杨凯听到了。他走过去，看着面前这位面色略带忧伤的女孩，不由得心生怜惜。待回过神来，他清了清嗓子，对面前这个女孩说：“这还不简单，既然舍不得，那就不要走了，有什么好忧伤的！还是有什么其他的苦衷呢？”

经过交谈，姜米告诉了杨凯自己对大海的喜爱之情，但迫于找工作的压力，没能顺利在青岛找到工作，只能暂时在外地工作，之后找机会再回来，只是这一离去不知何时才能再回来……杨凯听后，感觉自己找到了知己，虽然之前见到过同样也很喜欢海的朋友，但没有一个人是将大海作为自己生活的一部分的。杨凯也很希望她能留在青岛，便鼓励她再试一试，也许还有工作机会。

也许是大海，也许是杨凯，给了姜米更多的自信，最终她顺利地在青岛找到了工作。而姜米和杨凯也是因为那次相遇，之后一直保持联系，并且经常一起分享自己与大海的故事。这样一来二去，两人慢慢地产生了好感。

一晃一年过去了，姜米和杨凯的感情也越来越好。两个人终于在 2013 年 11 月结婚，并且决定到海南去度蜜月。当然，这次蜜月旅行肯定少不了一项内容，就是看海。

一切准备好之后，姜米和杨凯便踏上了旅行的路途。他们特别期待这次旅行，希望这一次海边旅行能够给他们带来不一样的体验，并且让大海见证他们的爱情。

到了海南之后，快乐的气氛似乎让时间过得特别快。转眼间已经过去了四天。在行程的第五天，他们来到了期待已久的海边。

这里的海是蓝色的，深邃的，安静的，偶尔还会掀起一些浪花；沙滩是黄色的，柔软的；海风是温柔的……这些同其他地方的海没有什么区别，但是给人的感觉似乎不同。似乎这里的海更多了几分温柔，几分安静，几分和蔼。姜米和杨凯完全沉浸在这样的感觉中，两人不时地弯下腰捡着贝壳，不时地在随手拎的盒子里装着沙子，又不时地相互凝望交流自己的感受和欢喜……

就在这时，保安郑达走过来，询问他们是否看到一部手机，并要求他们出示一下身份证件。他们被突如其来的询问惊住了。待他们回过神儿来，正要回问为什么要求他们出示身份证时，郑达提高了嗓门再次说道："这位先生和这位小姐，麻烦你们出示下你们的身份证，这是我的工作，请配合。"他们也没再问下去，便将身份证交给了郑达。郑达看到身份证后，边指点着边说："嗯，你们都是山东人啊！你是姜米？你是杨凯？来这里是旅游吗？你们是夫妻？你们住在什么地方？你们……”一连串的问题把姜米和杨凯问得云里雾里。冷静后，杨凯回答道：“对，我们是夫妻，来这里旅游，请问我们有做了什么违反规定的事情吗？”郑达说：“这个不确定，我可以看一下你们的手机吗？”杨凯和姜米更是迷糊了，本已有些生气的杨凯，此时更加愤怒了：“要求我们出示身份证就算了，怎么还要我们拿出手机？难道你怀疑我们偷了你的手机？那我告诉你，我们只是来这里旅游的，我们光明正大做人，绝不会做那种龌龊的事情，请把身份证还给我们！我们要回宾馆休息了。”看到已经愤怒的杨凯，郑达回答道：“你们的身份证要先放在这儿，明天早上 9 点钟来保安室取！”说着，郑达就径直走开了。姜米和杨凯感觉自己受到了侮辱，认为保安没有权利扣留他们的身份证，但是，他们又不确定这一点，如果保安确实无权扣留他们的身份证，那么应该如何维护自己的权利呢？

姜米和杨凯回到宾馆后，打开电脑，开始查找有关法律法规，经过查找发现，我国《居民身份证法》第十五条规定：“人民警察依法执行职务，遇有下列情形之一的，经出示执法证件，可以查验居民身份证：（一）对有违法犯罪嫌疑的人员，需要查明身份的；（二）依法实施现场管制时，需要查明有关人员身份的；（三）发生严重危害社会治安突发事件时，需要查明现场有关人员身份的；（四）在火车站、长途汽车站、港口、码头、机场或者重大活动期间设区的市级人民政府规定的场所，需要查明有关人员身份的；（五）法律规定需要查明身份的其他情形。有前款所列情形之一，拒绝人民警察查验居民身份证的，依照有关法律规定，分不同情形，采取措施予以处理。任何组织或者个人不得扣押居民身份证。但是，公安机关依照《刑事诉讼法》执行监视居住强制措施的情形除外。”

通过上述法律条文我们总结得出以下结论：一是有权查验居民身份证的主体只能是人民警察。根据《人民警察法》第二条的规定，人民警察包括公安机关、国家安全机关、监狱、劳动教养管理机关的人民警察和人民法院、人民检察院的司法警察。同时，人民警察在查验居民身份证时需要依照法定程序，在法定范围内进行,《居民身份证法》第十五条对此作出了规定。需要注意的是，实践中由于长期警力不足，为数不少的治安员在一些地区充当着执法主体查验居民身份证。但是，这些治安员根本就不是查验居民身份证的适格主体。此外，还要区分居民身份证的查验和居民身份证的核查。二是居民身份证的核查是指国家各级行政管理机关（包括公安机关）、企事业单位、人民团体和社会各有关部门，在办理涉及公民权益事务需要证明其身份时，对公民出示的居民身份证的持证人相片和登记内容进行核对和检查。一般来说，需要核查身份证的行业有电信行业、金融行业、人才招聘、货运行业、电子商务、汽车租赁、工商、税务、公证、医保、质检、劳保、教育考试等。三是任何组织和个人都无权扣押居民身份证。但是公安机关依照《刑事诉讼法》执行监视居住强制措施的情形除外。并且公安机关对确实属于应当执行监视居住强制措施的情形，需要扣押居民身份证的，应当严格依照《公安机关办理刑事案件程序规定》，当场制作扣押物品、文件清单。

对于非法查验、扣押居民身份证的行为，行为人应当承担一定的法律责任。《居民身份证法》第十六条规定：“有下列行为之一的，由公安机关给予警告，并处二百元以下罚款，有违法所得的，没收违法所得：（一）使用虚假证明材料骗领居民身份证的；（二）出租、出借、转让居民身份证的；（三）非法扣押他人身份证的。”《居民身份证法》第二十条规定，“人民警察有下列行为之一的，根据情节轻重，依法给予行政处分；构成犯罪的，依法追究刑事责任：……（四）违反规定查验、扣押居民身份证，侵害公民合法权益的……”

所以，姜米和杨凯可以通过法律途径要求保安归还自己的身份证，维护自己的合法权益。

第二天，姜米和杨凯便去保安室要求归还自己的身份证，并且向保安郑达宣读了有关法律条文，告知他扣留自己的身份证属于违法行为，应该承担相应的责任。说着，姜米和杨凯便要求郑达一起去派出所处理并给予其一定的处罚。此时，郑达连忙再三请求说：“我知道是我错了，但是请听我解释……”姜米和杨凯没有理会郑达，也没有心思听他解释，只是一直拉着他要去派出所。这时，周围围了一群人，大家议论纷纷，就在这时，人群中钻出一位小姑娘。她冲着拉扯中的姜米、杨凯和郑达大声喊道："Stop！"接着只听到弱弱的声音："都是我的错！叔叔、阿姨，请听我解释。不要误会保安叔叔！"现场顿时安静下来，姜米和杨凯也愣住了，不知道怎么回事。这时，郑达很亲切地对这位小姑娘说："没有找到你的手机，非常抱歉！"小姑娘笑了："叔叔，真的对不起，是我昨天弄错了，我的手机是丢在我住的地方了！真的很抱歉！因为我，让你被误会。"

经过了解，事情缘由是这样的：这个小姑娘名叫苏兰兰，刚刚 15 岁，个性很独立，并且很喜欢旅游，尤其是喜欢到海边玩，这一次是她第一次独自一人到海南旅游。正好昨天也去了海边，她被那里的海吸引了，便想拿出手机拍照，将这个地方的景和情留在相片里，收进自己的旅行相册中，但是怎么都找不到手机。她左右看看，正好发现一对情侣刚从自己身边走过，并且手里拿着手机形状的东西，很迅速地放到了他们的口袋里，之后两人好像在很诡秘地说着什么。兰兰怀疑是这对情侣偷了自己的手机，便找到当时的值班保安郑达，说明情况，并且借用他的手机给自己的手机打电话，果然手机已经关机。此时，她更加坚信是姜米和杨凯偷了自己的手机。兰兰便央求保安帮自己追回手机。郑达告知这位小姑娘："因为没有亲眼看到，也没有直接证据证明是这两个人偷了手机，不能强行要求他们交出手机，也不能搜身。"兰兰当时很是无助，这是她第一次一个人出远门旅行，并且身上没有带足够的钱，也没有记住家人的手机号码，她真的很需要这部手机联系自己的家人。看着这位无助的小姑娘，郑达决定帮助她找回手机。但是想到不能强行要回，郑达便想，若能查看或者扣留他们的身份证，则可以确保若真是这两个人偷的，还能及时追回该手机。因此，就发生了前面郑达要求姜米和杨凯出示并扣留他们居民身份证的情况。

当这一切被解释清楚之后，姜米、杨凯笑了，此时郑达也松了一口气，苏兰兰充满歉意的脸上也露出了她那个年龄本有的天真。郑达望着远处的海边，真诚地对姜米和杨凯说："真的很对不起，让你们的蜜月旅行没能那么美好，都是我的错！我当时应该……"杨凯看了看兰兰和远处的海边，打断郑达说："看到这么可爱天真的姑娘，谁都会忍不住去帮一下的！"姜米又补充道，"不也正是这样的巧合让我们彼此认识嘛！这是我们的缘分。"郑达看了看兰兰，转向姜米和杨凯说道："是啊！"

现实生活中，当我们到一个居民小区或者去超市等地方时，当地的保安可能会基于各种理由要求我们出示身份证件。对于企业、物业或者超市来说，他们可能是为了防止不明身份的推销人员和广告人员前来打扰，加强管理，对来访者进行登记才要求出示身份证的，这有一定的合理性，但是合理的事情不一定就合法。住宅区如果仅仅靠保安员登记身份证，而不采取其他有效措施，也起不到对住户的安全保卫作用。同时，有一些公司企业为了限制人员流动，往往扣押员工的居民身份证，一些驾校在考生考驾照期间扣留考生的居民身份证，这些行为都是违法的。因此，我们要提高自己的法律意识，当遇到他人违法查验、扣留自己的居民身份证时，要主动拿起法律武器维护自己的合法权益。

13. 要和植物人离婚　须有法定代理人

甄妮整天跟闺密抱怨自己和老公的感情一天不如一天了，好像没有了之前的甜蜜，没有了从前的心跳，也不再有结婚前浪漫的桥段，总之就是生活归于平淡之后一切都不再是从前的样子，那感觉再也找不回来了。闺密眼看着自己的小姐妹身在福中不知福，心焦得要命，每次都劝她："你家林旭对你多好，我们姐妹几个都羡慕你，你还不知足，现在你们有了小宝宝，不再是二人世界，你还奢求什么之前的感觉，这日子啊，还是平淡点儿好。""我不喜欢平平淡淡，我就喜欢轰轰烈烈，感情上，生活上，都如此。"甄妮像往常一样反驳道。

这就是甄妮，我们的女主人公，大胆的理想主义女青年，做事不顾后果，心里总是不太安分，喜欢寻求刺激，最怕的就是平淡如水的生活。林旭呢，甄妮看中他够幽默，够浪漫，总有一些出人意料的点子。除了这点，在旁人看来，林旭还是个踏实人，工作努力，态度积极，在设计院工作不到一年就被破例提拔了。在林旭眼里，甄妮有其他女生身上少有的灵气和豪爽。而且她在时尚杂志社工作，对各种事物的审美都很独特，平时随意的穿搭都有一种脱俗的气质。两人互相倾慕，相互欣赏，相识交往一年多便结婚了。结婚不久，甄妮就迫不及待地想尝试一下做妈妈的感觉。林旭觉得现在两人的事业才刚刚起步，应该等事业上升到一定程度，稳定下来之后再要宝宝，到时也可以给宝宝提供更好的环境。可甄妮等不及了，软磨硬泡，林旭拿她没法子，便答应了。

十月怀胎，甄妮丝毫没觉得辛苦，她把这视为一生仅一次的难得体验，甄妮如愿生下了健康的宝宝。林旭忙着发展事业，甄妮有空就给杂志社写写穿搭经验，其他时间就在家里陪孩子。起初，她对这种生活充满了热情，教孩子说话，给孩子讲故事。可时间一长，甄妮好动的性子就显露出来了。一个人和孩子在家实在无聊，照着镜子看自己生完孩子留下的难看的赘肉，甄妮觉得不能再这样下去了，要找回从前的自己。于是她开始光顾之前的健身房，又联络从前一起登山玩耍的小伙伴，经常把孩子交给爸妈带，她觉得还是这种生活适合自己。

一天，她以前登山俱乐部的朋友打电话叫她一起去登山，她有些犹豫，毕竟一年多没怎么进行高强度锻炼了，现在去爬山不知道身体能不能应付得来。“就这么定了啊！咱们周六老地方见！”电话那头没等甄妮开口就把电话挂了。甄妮一想，去就去吧，反正在家也没事做。

周六，林旭好不容易不用加班，一早就跟甄妮半开玩笑地说：“今天我好不容易休息，我们出去逛街吧！逛街最减肥了！”甄妮给了他一个白眼儿：“什么逛街最减肥，我今天约了朋友去爬山，早都定好的事了。你不是爱上班吗？今天也去单位看看有什么要干的呗。”林旭也自知平时在家时间少，便不作声了。甄妮收拾好就出门了。

到了山脚下跟大伙儿见了面，甄妮觉得开心极了。可早上还是晴朗的天，眼看着变得越来越阴沉。登山队都是一群胆大的人，大家觉得这样的天气爬山，倒是另外一种情趣。甄妮也跟着大部队开始爬了起来。爬了半个多小时，就开始下起了毛毛雨，甄妮明显感到脚底有些没力了，但看看快到山顶了，也不想半途而废，就坚持着往上爬。忽然，一道闪电划过，甄妮吓了一跳，往后退了一步，结果脚下一滑，整个人摔了下去。

万幸的是，山的坡度不大，还有一棵大树把她挡在了半山腰。朋友们看到甄妮摔了下去，赶忙追过去，这时甄妮已经昏迷不醒了。大家正慌作一团，这时她的一个朋友大喊：“你们先打120，我把她背下山去！”一个朋友背着甄妮，其他的人在旁边护着，大家三步并作两步跑到了山下，不一会儿救护车也到了。上了救护车，朋友们找出了甄妮的手机，打给林旭。林旭接了电话，心急如焚，但林旭的一大优点便是临危不乱，他赶紧穿戴好直接开车去医院。

甄妮正在手术室里，只看到护士来回进出但都不愿多说一句，等了两个多小时，手术灯灭了，医生出来了，紧跟着护士推着甄妮也出来了。林旭赶紧过去，医生说：“没什么大碍，就是她这腿得养，这半年内下不了地，后续的……”林旭说：“后续我们家属一定陪着她，配合医生！”医生点了点头，便离开了，然后护士推着甄妮进了病房。甄妮这时早已清醒，躺在病床上看着林旭，心想这回跟自己的任性脱不了干系，等着林旭唠叨呢。谁知林旭什么都没说，只是关心她还疼不疼，晚上想吃些什么。甄妮听了之后觉得自己对不起林旭，平时还和闺密这么说他。

甄妮这下带不了孩子了，林旭还要上班，甄妮的妈妈便帮着带孩子。林旭每天都比以前早起一个小时，帮甄妮料理好一天的饭再离开，连水果都帮甄妮搭配好。不仅如此，林旭还趁中午休息的时候四处去看哪里的物理复健最好，跑了几处终于找到了一家满意的复健康复医院。每周末林旭都陪着甄妮去做复健，几个月下来，林旭瘦了十几斤，可是他半句埋怨的话都没说过，甄妮的性子好像也被磨平了些，生活节奏一天比一天慢了。她努力地配合医生和林旭做复健，熬夜的毛病也改了。为了尽快恢复，平常爱吃的东西只要是该忌口的，她绝对一口不沾。结果她的恢复超乎医生预期，不到半年，就能行动自如了。

经历了这么一段，甄妮安分了不少，平时在家看看电视，带带孩子，没事儿还学着做饭，经常做各种甜点，等着林旭晚上回家做“小白鼠”。可是古语有云，“江山易改，本性难移”，坚持不了两三个月，甄妮就又开始了她一贯的多彩生活。

林旭看到甄妮总不满意他在家时间太少，心里也有些内疚，遇上要把工作带回来做的时候，他便尽量把工作放在甄妮起床前和睡觉之后做。甄妮也看得到林旭的改变，觉得那个无条件爱她的林旭又回来了，她便很少和朋友出去玩儿了。林旭一有时间，她就拉着他去逛街、吃饭、看电影，不出去的时候就在家让他陪自己聊天哄孩子。林旭虽累，但觉得这样的生活值得他付出。

随着林旭越来越得到重用，工作也越来越繁忙，他只能牺牲睡眠时间，在单位也尽量少休息。有时林旭开车载着甄妮去逛街，脑子想着工作的事，一个不留神就闯了红灯。甄妮也总是提醒林旭要多休息，林旭满口答应，可还是没日没夜地拼命工作。

这天早上，林旭要赶去单位开会，前一天晚上他还在陪甄妮看夜场电影，等待甄妮睡着后，便开始准备隔天开会的材料，折腾完已经凌晨3点多了，林旭怕吵醒甄妮，就在沙发上蜷着睡了一会儿，6点多就出发了。林旭开着车，眼睛有些睁不开，脑子里想的还是待会儿的会议，到了每天都经过的路口，依旧忽略了那已经变红的信号灯，可这次，林旭没这么幸运，旁边驶来一辆全速前进的出租车，拦腰撞上了他的车，林旭迷迷糊糊从车门里爬出来，紧接着便是耳边喧闹的声音，之后便晕了过去。

甄妮的手机响了，是医院打来的。他们说林旭出了车祸，现在正在抢救，需要家属签字。甄妮什么都没来得及想，连忙赶到医院，签了字看着医生送林旭进了手术室。整整四个小时，甄妮在手术室外焦急地等待，傍晚时分，医生出来了，她告诉甄妮，林旭的命保住了，但是可能永远醒不过来了。甄妮接过医生的诊断，看着上面赫然写着："头部一级伤残（植物人、无行为能力）"。

甄妮傻眼了，她看着林旭，眼里涌出泪水，她离不开这个待她如宝的男人。这一切来得猝不及防。"他一定能醒，一定能！"甄妮小声念叨着，"林旭，我会陪你闯过这一关！"

甄妮打电话告诉了自己的闺密们，她们也都赶到了医院，她们安慰她一切都会好起来。甄妮这样子的姑娘，遇强则强，虽然心里千般难受，但她没有大哭一场，在她看来，哭简直就是浪费时间。

自从林旭出事，甄妮除了和闺密们聊聊天，不再有任何娱乐活动，她每天往返于医院和家、家和孩子的学校之间，做饭送饭，给杂志社写稿，送孩子上下学。孩子成了她唯一的精神支柱。不，还有林旭，她相信他会醒，也许就在明天，明天她就能再感受到他怀里的温热，再听到他低声唤她的名字。每当往日情景呈现在脑海中时，甄妮就觉得心口有块东西堵住，十分难受……

一年，两年……孩子从小班升中班，甄妮从职员做到副主编……这期间，林旭错过了太多事。两年间，甄妮被生活脱去了稚气，但那份脱俗的气质还在。看着她从那个爱玩、爱笑、情绪大起大落的姑娘，变得好像对外界都不再那样敏感了，不再搭配好看的衣服，不再出去玩，大家都很心疼，她们劝她："趁着还年轻，再去找个好的吧。"甄妮每次只是默默听着，她不想放弃，但也没有力气反驳，所以任由她们说，自己不作声便罢了。她知道，如果换作是他，他一定会坚持，坚持等她醒来，他不会停止对她的爱。

林旭出事后，他的父母从外地来探望过他几次，每次都待不了几天便走了，他们知道甄妮会照顾好林旭的。虽然也担心儿子，但老人家觉得在外面开销太大，还不如把钱留下来给儿子治病。一个周末，林旭的父母和弟弟一起来探望林旭。刚好这天甄妮的闺密也在，闺密们又在劝甄妮："咱们杂志社的主编一直觉得你挺不错的，他之前看你和林旭在一起，就没好对你有什么表示，你可要知道，他也是咱们圈子里有名的'钻石王老五'了，你不在的时候他总向我们提起你。"甄妮一脸错愕。"你不会没有感觉吧？不然你以为为什么你这么容易请到假，可以只在家写稿子就好了。不然你以为副主编这么好升的？"甄妮刚要张嘴辩驳些什么，闺密接着说："当然这肯定与你的实力分不开，但你要知道，如果没有主编给你卖力，这些都是不可能的呀！他最近常常要我们开导一下你，他知道我们跟你关系好，向我们透露了想要追求你的意思，你这么大个人了，还带着个孩子，也该为自己的前途好好想想。林旭虽然对你好，但是回忆不能当饭吃，不能当钱花啊，你后半辈子就打算这样过了？"甄妮不说话了，她似乎也觉得闺密们说得有道理。

林旭父母在门外一直听着，忽然破门而入，指着甄妮就大骂："我们一直以为你对我们儿子真心实意，没想到你早就心里有人了，还有你们这帮人，你们都是谁？凭什么在这儿对我们家的事说三道四！"甄妮是个受不得别人冤枉的倔强姑娘，平时吃的苦再多，她都无所谓，因为她爱他，为他牺牲一切她愿意，可是已经两年了，那个曾经给她无数温暖、无数爱的男人已经一动不动躺在那里两年了。两年，她似乎已经不会再放声大笑了，每天也不知道有什么事情可以让她觉得精神振奋，这一切也都是为了他。可如今，林旭的父母竟然这样冤枉她、误解她，两年来积聚的难过、无助、委屈、害怕全都夹杂在一起，化成眼泪、化成愤怒，喷涌而出，她一边大哭，一边吼道："你们说什么！你们凭什么冤枉我！我的苦谁曾为我分担半分？这样的日子我不要再过了！我要和林旭离婚！"在场所有的人一下子都安静了，甄妮大吼之后，甩手而去……

回到家里，甄妮瘫坐在沙发前，她在想，自己为什么会说出"离婚"二字，是一时冲动，还是真的没有力气去延续这份爱了？想了好久……夜晚，她提起笔，开始起草离婚诉状。

第二天，甄妮带着起诉状来到法院，法院受理了案件。不久后，法庭认定林旭已经成为植物人，因此不能再出庭进行诉讼，于是便按照缺席判决，准予林旭与甄妮离婚。

甄妮带着判决书来到医院，她跟留在医院照顾林旭的公公婆婆说："这些年我已经尽力了，今后他就靠您二老了！"林旭的母亲从甄妮手中抢过判决书，愤怒得说不出话来。当天下午，林旭的父母便找到律师，律师向他们讲解道："您的儿子现在是无行为能力人，按照我国法律规定，无行为能力人也没有诉讼行为能力，无诉讼行为能力的人作为当事人参加诉讼，应当由法定代理人代为进行诉讼活动。您二老是林旭的亲生父母，便是他的法定代理人，法院受理案件之后没有通知您二老，便径行作出缺席判决是违反法律规定的。您二老可以上诉，二审法院一定会进行改判的，放心吧！"林旭的父母听了律师的解答，一下子便放心了，他们心想这下子甄妮就不能得逞了。出了律师事务所，老两口就合计着一定要为儿子讨回公道。这时，一天没怎么作声的林旭的弟弟说话了："什么公道不公道，您二老也就别跟着瞎操心了，嫂子这几年也算是尽心尽力了，您看头几年的时候，我嫂子多有精气神儿啊，这几年因为我哥的事儿，嫂子像是老了十几岁，我们再这样纠缠下去，嫂子也不会回心转意，她在照顾我哥的时候也不会像从前那样尽心了，家里的事儿有我呢，您二老留在这儿照顾我哥，嫂子和我哥的情意应该还是在的，说不定嫂子有天会回心转意的。"二老听小儿子这么一说，觉得也有道理，于是就把判决书装起来，回到医院，决定不再提这事儿了。

几天后，二老从外面给儿子买饭回来，一推门，看到甄妮，甄妮正握着林旭的手说着什么，像往常一样，讲他们从前的事。甄妮抬眼看了一眼，对着两位老人只说了一句：“爸妈，我回来了。”

14. 孩子坠楼引纠纷　昔日亲人今仇人

张宗泽是一名企业职工，平时在单位里待人和善，工作认真，和同事们的关系都很好。可是一年多来，张宗泽好像总是心事重重，经过身边老友几次询问，这才吐露了自己的心事。原来，他的女儿张爱知从国外留学回来一年多了，也早就定下了工作，但是迟迟没有找到心仪的对象。张宗泽考虑到女儿一直单身，没有家庭作为依靠，生活不够圆满，所以就一直惦记着帮女儿物色一个男朋友。几个老朋友一听，原来就是为了这事，于是纷纷帮忙物色自己身边的优秀男士，希望帮老张一个忙，替张爱知找个好归宿。人多力量大，没出几个月，就有朋友跟老张说，自己家邻居的儿子李旭阳也是从国外回来的，各方面条件都很好，就希望找个志同道合的人，组建一个自己幸福的小家，老张一听简直乐开了花。一番了解之后觉得这个小伙子确实不错，老张便向女儿提了这件事。张爱知看了小伙子的照片，也不反感，便同意见上一面。几天后，张爱知和李旭阳见面了，他俩一见如故，从各自留学海外的经历谈到了各自的爱好，又聊到各自的生活理想与抱负。就这样，经过将近一年的相互了解，李旭阳终于决定向张爱知求婚，张爱知感动地答应了。到了年底，两个年轻人到民政部门登记结婚，并在双方亲友的祝福下，举办了盛大的婚礼，正式结为夫妻。

婚后，小两口的日子幸福甜蜜，双方父母之间的关系也非常和谐。两个年轻人都非常孝顺父母，两家人每个周末都要聚在一起聊聊家常。很快，张爱知怀孕了，李旭阳异常兴奋，在妻子怀孕期间百般呵护，生怕大人和孩子有半点儿闪失。终于，李旭阳与张爱知的儿子出生了，李旭阳给儿子起名为李耀辉，希望儿子今后可以在自己的生命之旅中处处耀眼，创造出属于自己的一片光辉。从儿子一出生，夫妻二人就对孩子寄予了很高的期望，张爱知更是决定牺牲自己的事业，在家专心照料宝贝儿子。他们每天给儿子播放高雅的钢琴曲，给他讲著名的文章、诗集，希望给儿子营造一种充满文化气息的氛围，从小就培养儿子温文尔雅的心性。等到李耀辉一岁多会走路时，他们就带着他去田间玩耍，呼吸城市里难得的新鲜空气，儿子在二人的呵护下健康快乐地成长着。

很快，李耀辉就快三岁了，各项开销逐渐增大，张爱知看着李旭阳每天早出晚归，既心疼儿子总是见不到爸爸，也担心丈夫的身体，于是和李旭阳商量，希望自己能够继续出去工作，这样可以分担一部分家庭开支。起初李旭阳并不答应，他对妻子说："张爱知，李耀辉快三岁了，正是需要家长陪伴的时候，你出去工作，谁来照顾孩子呢？如果你一边上班一边照顾孩子，我也很担心你会太累。"但是张爱知很坚持，其实，这段时日以来，张爱知一直思忖着出去工作的事情。一方面，她觉得自己在结婚前还有很多理想没有去追寻，在事业方面还有很多追求未曾实现。在家做全职妈妈将近两年，她感觉自己已经开始慢慢与社会脱轨，她不想自己辛辛苦苦从海外留学归来，还要靠丈夫养活自己。另一方面，张爱知很想给孩子创造更好的环境，希望培养他更广泛的爱好，带他领略不同地方的风土人情。但是这些都需要大量的金钱，李旭阳一个人赚钱养家压力实在太大了。张爱知把这些全都耐心地说给李旭阳听，李旭阳虽然还是心存疑虑，但是也被妻子说得有些动摇了。张爱知接着劝李旭阳说："我爸身体硬朗，最近刚刚退休，也有时间在家帮我们照顾孩子，这样我们两个都不太累，你也可以早点回家陪孩子，省得每天儿子都睡着了，你还没回来……"李旭阳一听，觉得也有道理，便不再作声了。

到了周末，两家人聚在一起开了一次家庭会议，双方家长也都对张爱知出去工作的想法不置可否，但是表示如果张爱知坚持，还是尊重她的决定。就这样，张爱知重返职场了。李耀辉就交给姥爷张宗泽来照看，张宗泽为了照顾孩子可是动了一番脑筋，把家里带棱角的桌子、椅子等都搬得离孩子远远的，想到自己家住在 12 层，家里房间的窗户比较多，万一李耀辉到窗边玩耍很不安全，便在家里的主卧、次卧、阳台、厨房的窗户上面都安装了护栏。

为了孩子能够更好地学会与人交流，在李耀辉三岁时，家人决定将他送到幼儿园去。于是，张爱知每天起来就送李耀辉去幼儿园，晚上回来和李旭阳一起带着李耀辉到姥爷家吃饭，晚上孩子要是在姥爷家睡着了，小两口就自己回家，第二天由姥爷把孩子送到幼儿园。日子就这样一天天地过着，在姥爷的悉心照顾下，李耀辉健康地成长着。为了孩子，李旭阳和张爱知努力地工作着，李旭阳的工作屡屡得到领导的表扬。一天，领导找到李旭阳，说是要派他到越南待上一阵子，锻炼一下工作能力。李旭阳虽然很想在事业上有所突破，但心里还是放心不下自己的小家，就回家和张爱知商量。张爱知听后对李旭阳说："这次机会难得，你努力了这么久，不就是为了一个机会吗？一定要去，去那里长长见识，等你回来，我们一起给你庆祝！"见到妻子对自己这么支持，李旭阳决定到外面闯一闯，希望以后给他们母子创造更好的生活环境。

李旭阳这一去，姥爷张宗泽的任务就更重了。为了让张爱知安心工作，张宗泽提出由他接送外孙。张宗泽起早贪黑地照顾着外孙，没有一句怨言，反而每天都美滋滋的。李旭阳在越南工作的一个月时间里，也是日日都惦记着家里，他每天都和家人通电话，了解儿子、妻子和两家老人的情况。有天通电话时，李旭阳和妻子商量道："我在这边一切都比较顺利，领导对我的工作非常满意，说等我回去就给我升职加薪，咱爸这么辛苦，我想每月给他老人家 1000 块钱，让他买点自己喜欢的东西。"张爱知听了觉得有理，便跟张宗泽说了这件事，谁知道张宗泽坚决不要。他说："你们两个人养孩子本来就挺辛苦的，李旭阳在外面赚钱也不容易，我有退休金，哪用得了这么多钱，你们自己留着花吧！"这事儿就这样放了下来。

不久，李旭阳从越南平安归来。领导批准他在家休整几天，李旭阳便第一时间到了张宗泽家等儿子放学，等张爱知下班。到了张宗泽家之后，李旭阳就拿出 2000 块钱，说什么也要张宗泽留下，说是让他老人家自己随便买些吃的喝的，张宗泽实在拗不过就收下了。两人聊了一会儿，张宗泽就去准备晚饭了，然后又去幼儿园接宝贝外孙回家。一家人开心地吃了晚饭，席间李旭阳提议，既然自己有几天假期，不如让儿子这几天也先不要上学了，自己陪孩子玩几天，大家听了觉得这主意不错，就愉快地答应了。

2010 年 4 月 20 日，李旭阳和张爱知上午带李耀辉出去玩了一上午，到了中午 11 点左右回到张宗泽家里吃午饭。张宗泽忙活了一上午，做了一大桌子菜，一家人边吃边聊，时间过得飞快。下午张爱知还要上班，李旭阳见张爱知要迟到了，便提议自己开车送张爱知上班，留李耀辉在姥爷家睡觉，自己还可以去商场看看有什么儿子爱玩的玩具，买回来给儿子一个惊喜。下午 1 点多，李旭阳和张爱知便出发去单位了，李耀辉自己在主卧室的床上睡着了，张宗泽见孩子睡着了，便在客厅的沙发上打了个盹儿。一觉醒来，张宗泽想着李耀辉平常这个时间也应该起了，便到主卧去叫孩子起床。可一进门，张宗泽就傻眼了，孩子不见了！他在屋里喊着孩子的名字，把能找的地方都找了一遍，就是没有。他连忙给李旭阳和张爱知打电话，小两口得知儿子不见了，飞快地赶了回来。

刚挂了电话，张宗泽便听到楼下有人在大喊："这是谁家的孩子！谁家的孩子从楼上掉下来啦！"张宗泽迅速跑到窗户边，发现小区保安正在自己楼下大喊，旁边躺着一个孩子，看起来像极了李耀辉！张宗泽连忙大喊是自己的外孙，边喊边急忙跑下楼，下来之后看到自己的外孙躺在地上，周围都是血，顿时情绪失控，失声痛哭，大叫着："李耀辉！你醒醒！"这时，李耀辉的父母也赶到了，看到自己的儿子倒在血泊中，张爱知当场大哭。不一会儿，小区保安打电话叫的救护车赶到，大家赶忙帮着把孩子放到车上，三个大人就跟着车子一起去了医院，陪同的还有小区的热心邻居。

到了医院，医生全力抢救孩子的生命。可惜，不幸的事还是发生了，医生最终宣布患儿死亡。三个大人听到这一消息全都傻了眼，一时间哭成了一团。晚上，好心的邻居开车送张宗泽、李旭阳和张爱知回到了张宗泽家中，三个人泪眼蒙眬，谁也说不出一句话来。突然，李旭阳大喊："都怪你装什么护栏！"张宗泽、张爱知听到声音跟着进了屋，李旭阳指着张宗泽，悲痛里带着愤怒地大声问道："都怪你装这些破护栏，李耀辉一定是登着它爬出去玩儿才出事的！这一切都怪你！"面对李旭阳的指责，张宗泽也不知道到底是不是自己的好心办了坏事，更没有料到自己的外孙会……张爱知看到丈夫指责父亲，内心的痛苦顿时倾泻而出，她向李旭阳吼道："这不是我父亲的错！他也不想！你没有资格指责他！"李旭阳瞪大了愤怒的双眼，紧紧地握着拳头，夺门而出。

过了几天，李旭阳拿着离婚协议书来到张宗泽家，让张爱知签字。张爱知看了一眼协议书，又含着泪看了一眼李旭阳，什么也没说，就在协议书上签了字。临走时，李旭阳对张宗泽说："我一定要让你付出代价！"又过了几天，张宗泽收到法院的传票，原来是李旭阳将张宗泽告上了法院。

开庭那天，张宗泽、张爱知、李旭阳都出现在了法庭上。原告席上坐着李旭阳，被告席上坐着张宗泽，张爱知则为张宗泽的委托代理人。庭上，李旭阳说："自从儿子去世之后，我每天都生活在极大的悲痛之中，精神上遭受沉重打击，虽然已经与张爱知解除了婚姻关系，但是至今仍没有走出丧子之痛。李耀辉在张宗泽处，由其看护，我每个月都会给他 1000 元钱，但是他却没有尽到监管看护的职责，家里安装的护栏反而更方便孩子爬上爬下，是安全隐患，被告不负责的行为是导致李耀辉死亡的直接原因，因此请求法院判决张宗泽赔偿死亡赔偿金 245250 元、丧葬费 3335 元、精神损害抚慰金 50000 元。"张爱知为自己的父亲辩护道："李旭阳虽然和我说过要每个月给我父亲 1000 元，但也只是打算这么做，父亲知道我们生活并不是很富裕，也心疼李旭阳在外赚钱辛苦，就坚决不同意要这个钱。李旭阳从越南回家的时候确实给过我父亲 2000 元钱，但那是唯一一次。我父亲在照顾孩子方面尽心尽力，每天起早贪黑接送孩子去幼儿园，园里的老师和小区里的邻居都知道我的父亲是怎样疼爱李耀辉的，这些法院都可以派人去调查。我的父亲照顾孩子特别细心，怕孩子磕到，父亲把家里的桌子全都换成了圆形的。事发当天，由于我父亲上午一直在忙着帮我们做饭，所以我们中午一走，看到孩子也午睡了，父亲就在客厅睡了一会儿，这有什么错吗？况且，他中间还起来一次确定孩子还在午睡，才又回到客厅继续休息的。发生这样的悲剧，难道他想吗？难道我想吗？"说着，张爱知大哭起来，旁边的张宗泽也开始不停地流泪。法官了解了情况之后，见原、被告的情绪都不太稳定，加之案件需要考虑权衡的因素较多，于是宣布择日宣判。

三天后，三人再次抵达法院，等待法官的判决。开庭后，法官作了如下宣判："首先，张宗泽照看李耀辉，系基于特定的血缘关系，虽然李旭阳主张过给张宗泽金钱，但是现在并没有客观证据证明原告与被告之间就'看护'一事达成协议，也没有证据证明被告从原告或李耀辉其他监护人处固定收取报酬。其次，张宗泽对孩子当日未能上幼儿园没有过错。孩子不上幼儿园的决定是由李旭阳作出的，张宗泽仅是负责在家照看孩子，因此孩子未依通常习惯入园，与张宗泽无关。再次，孩子的法定监护人对孩子被看护地点的安全性是认可的。原告与张爱知作为孩子的法定监护人，都有过在被告处实际居住的经历，并清楚地知道张宗泽在家安装了护栏，但是在孩子被张宗泽照看的一年多时间里，孩子的法定监护人从未提出过异议，应视为认可其孩子所处环境的安全性。此外，被告为家中窗户安装护栏，已经属于大多数家庭没有采取的特殊保护措施，应认为尽到了相应的义务。最后，张宗泽在事件中并无不妥之处。张宗泽为了不打扰孩子睡觉，在确认孩子睡着之后到客厅去睡，符合常理，并无不当。综上，本院认定孩子坠楼是一起极为不幸的意外事件，被告在这次事件中并无过错，原告的主张并无依据，本院不予支持。”宣判后，李旭阳当庭表示要提起上诉。不久后，二审判决维持原判。

故事讲到这里，想必各位读者都会叹一口气，好好的一个家，一次突发的不幸意外使彼此相爱的一家人从此分道扬镳。痛失的生命是两家人的心头肉，故事中的三个人想要从悲痛之中走出来一定需要其他的感情来弥补心中的缺口，而这种感情莫过于亲情。失去儿子、外孙都已是各自人生中之大不幸，彼此的仇恨又能有何用？死者长已矣，希望两家人能够化解心中的仇恨，彼此理解，努力面对未来，重新燃起新的希望。

15. 夫妻之间争吵不断　无辜孩子成牺牲品

黎楠自幼家境贫寒，父母无力供其读大学，只是一心希望他长大后能外出打工贴补些家用。但是黎楠并不甘心就这样一辈子在老家生活下去，他想出去看看，去闯闯外面的世界，也给自己的父母提供一个更好的生活环境。于是，他边读书边打工，终于顺利进入了一所知名大学。在大学里，他也是边读书边在外打工。打工过程中，他误打误撞做起了卖自行车的生意，后来生意越来越好，就自己开了一个小小的车行。这些成就也让他在学校里小有名气。

和黎楠在同一所大学读书的伍云，其家族在当地鼎鼎有名，父亲是一家上市公司的董事长。伍云人长得漂亮，在学校里赢得了很多人的追求，是众多男生心中的“女神”。黎楠当然也不例外，但对于他来说，伍云是那么的可望而不可即。他想等自己干成一番大事业后再向伍云表白。

转眼间毕业了，多少次，他想把自己灌醉以向伍云表白，可是他知道，如果说出口，也许自己以后连见到她的机会都没有了，因此他选择了沉默。

一晃几年过去了，在一次同学聚会中，大家闲聊起来，黎楠得知伍云已经结婚，结婚对象是一家上市公司老总的儿子。黎楠听到这些时，心中特别不是滋味，他后悔自己当初没有表白，但他也明白自己的表白是不会有结果的。现实让黎楠从做了很久的梦中醒来。不久，他也结婚了，结婚的对象是愿意与自己一同创业的林佳愿。生活的残酷只是将青春的冲动抹去，那美好的梦仍在心中，只是被暂时放在某个角落。

虽说在学生时代创立了一个小小的车行，并且经过毕业后几年的发展也有了点规模，但是黎楠明白车行只是他养家糊口的工具，并不是自己的梦想。他的梦想是创立一家设计公司。经历过残酷的现实后，他毅然变卖了自己的车行，用为数不多的资金开始了自己追梦的过程。林佳愿明白这条路的艰辛，但她也清楚地知道这是丈夫多年的梦想。她决定无条件地支持丈夫的选择。

创业的过程是艰辛的。刚开始时，没有太多钱招聘设计师，黎楠只能自己设计，白天寻找客户，与客户洽谈，晚上就加班赶设计稿。并且为了能够使客户满意，黎楠在每次设计时都要查阅大量资料，反复思考，多次修改后才肯交给客户，遇到客户不满意时，又是不厌其烦地进行修改。变卖车行的钱都投进去了，可是短期内自己的公司根本没有名声，也就没有多少客户，黎楠没有办法就只能用价格吸引客户，一个月下来，收入减去支出经常为负值。这些林佳愿都很清楚，为了节省开支，他们住在租来的十几平方米的房子里，冬天不敢开暖气，夏天也不敢开空调，有时候，林佳愿甚至会去集市上捡一些稍微新鲜的菜叶了煮来吃。后来，林佳愿看到丈夫那么辛苦，就开始自学一些设计知识，帮助丈夫进行一些简单的业务处理。林佳愿白天在自己的单位上班，晚上回家后一边做家务，一边还要帮助丈夫完成设计的工作。在黎楠的眼中，林佳愿不仅是一个贤内助，更是一个工作上得力的好帮手。

一个寒冷的冬天，林佳愿在家等丈夫回来，可是左等右等就是等不来，她心想："估计又加班了，我要去看看他。"林佳愿到了丈夫工作的地方，看到丈夫正在盯着设计图思量着什么，一会儿在上面画了些线条，一会儿又搓搓冻僵的双手。看到这些，林佳愿很是心疼，她擦了擦流下的眼泪，摸摸自己的口袋，犹豫了一下，又坚定地转身出去，到楼下买了一杯热咖啡。当她把咖啡递给丈夫时，黎楠充满感激地说："你喝吧，这里怪冷的，你来这里干什么？"林佳愿推过咖啡说："你喝，喝了就暖和了，就可以好好工作了。"黎楠知道自己拗不过妻子，说："那咱们一起喝吧。"林佳愿看着黎楠笑了，笑得非常温柔，两个人你一口我一口地喝着。

果然，"皇天不负有心人"，黎楠的设计公司赢来了越来越多的好评，因此客户也就越来越多。为了扩大规模，公司又招聘了许多优秀的设计师。黎楠看着成长起来的公司，非常感激妻子，心想自己的事业有了成绩，也该让妻子好好享受闲暇时光了。可是黎楠哪里知道，林佳愿跟着丈夫风风雨雨这么多年，已经习惯了奋斗的生活，不习惯也不愿意回到家中安心做一个全职太太，林佳愿看到丈夫已经不需要自己的帮助，又不甘心在家中做全职太太，她想创立自己的事业。于是，林佳愿利用自己积攒的一些资金，与他人创办了一个合伙企业。

合伙企业成立后，林佳愿成为合伙企业的事务执行人，这让稍微清闲些的她又开始忙碌起来，每天为了客户而起早贪黑，为了签订合同往返在各个城市之间。同时，黎楠为了公司的发展也整日忙碌着。两个人见面的时间越来越少，也都无暇顾及孩子。面对这样的家庭生活，黎楠很是不满，他不知道为什么自己奋斗这些年换来的不是一个温馨的家庭，而是空无一人的大别墅。黎楠想让林佳愿辞掉合伙企业那边的职务，安心在家照顾孩子，可是林佳愿不愿意。多次协商没有效果，两个人便升级为无休止的争吵。只是林佳愿不知道，在这样的生活中，黎楠又开始怀念青春岁月里那些美好的回忆，他又想起了他大学时代一直暗恋的伍云。于是，他开始打听伍云的情况，伍云结婚后，刚开始做一些工作，后来在丈夫和公婆的要求下，当了全职太太，全心全意地照顾丈夫的生活。了解到这些后，他开始拿自己的妻子和伍云比较，这也让他和林佳愿之间的争吵越来越激烈。

在父母无休止的争吵中，他们的孩子黎成长大了，并且出国留学。黎楠很爱自己的儿子，也一直为儿子的学业成绩感到骄傲，他希望儿子能够继承他的事业。但是他不知道，自己和妻子无休无止的争吵已经给黎成留下了心理阴影。

一天中午，黎楠正在办公室里分析一份设计，突然电话响了，电话那头传来略带忧伤的声音："爸爸，你和妈妈和好吧！就算为了我，好吗？"黎楠顿了顿，说道："小成啊，我和你母亲已经走到这一步了，你就不要管了。"随后，电话那头就传来"嘟嘟"的声音。黎楠感到有点奇怪，但也没有在意。

到了傍晚，黎楠从座椅上站起来，从办公室的窗子向外望了望，长舒一口气正准备回家时，办公室的电话铃声又响了。黎楠拿起电话，没听几句，只见他突然间站了起来，脸色霎时变得苍白，电话从他手中滑落，他眼神呆滞，猛地一下倒在了座椅上，好半天才回过神来，踉踉跄跄地回到家中。

原来，电话里传来的是黎成的死讯——他的儿子自杀了。他不相信自己的儿子会自杀，也无法接受这样的事实，一向让他骄傲的儿子怎么突然之间就没了。忍住悲痛办完儿子的葬礼，他便派人去调查儿子死亡的原因。

同时，他再也不想和林佳愿一起生活下去了，他的事业成功了，他想要一个温暖的家，希望每天工作结束回家后，有一个人已经做好饭菜等着他回家。家虽然变大了，冬天有了暖气，夏天有了空调，可是家里不再有温馨。之前是考虑到孩子，他和林佳愿虽然一直争吵，但始终没有提离婚的事情，可如今儿子也没有了，他不想再在这个家待下去。同时，他也将儿子的死归在妻子的头上，黎楠认为，如果林佳愿能够好好照顾黎成，他就不会死。于是，他向林佳愿说明了离婚的想法，林佳愿也答应了，并且就财产分割达成了协议，黎楠的公司股份仍归黎楠所有，林佳愿的合伙份额仍归林佳愿所有，不再进行分割，其他的财产平均分割。

这里需要分析一下在离婚时，设计公司的出资额和合伙企业的财产份额应该如何处理的问题。首先，有协议的按照协议处理。我国《婚姻法》第三十九条第一款规定："离婚时，夫妻的共同财产由双方协议处理；协议不成时，由人民法院根据财产的具体情况，照顾子女和女方权益的原则判决。"在黎楠和林佳愿离婚时，他们就设计公司的出资额和合伙企业的财产份额的分割达成了协议，设计公司的股权份额仍然归黎楠所有，合伙企业的财产份额仍然归林佳愿所有，因此就不涉及财产份额的转让问题。但是若双方达成协议或者达不成协议，涉及财产份额的转让时，应该如何处理呢？

《最高人民法院关于适用〈中华人民共和国婚姻法〉若干问题的解释（二）》作出了相应的解释。第十六条规定："人民法院审理离婚案件，涉及分割夫妻共同财产中以一方名义在有限责任公司的出资额，另一方不是该公司股东的，按以下情形分别处理：（一）夫妻双方协商一致将出资额部分或者全部转让给该股东的配偶，过半数股东同意、其他股东明确表示放弃优先购买权的，该股东的配偶可以成为该公司股东；（二）夫妻双方就出资额转让份额和转让价格等事项协商一致后，过半数股东不同意转让，但愿意以同等价格购买该出资额的，人民法院可以对转让出资所得财产进行分割。过半数股东不同意转让，也不愿意以同等价格购买该出资额的，视为其同意转让，该股东的配偶可以成为该公司股东。用于证明前款规定的过半数股东同意的证据，可以是股东会决议，也可以是当事人通过其他合法途径取得的股东的书面声明材料。”第十七条规定：“人民法院审理离婚案件，涉及分割夫妻共同财产中以一方名义在合伙企业中的出资，另一方不是该企业合伙人的，当夫妻双方协商一致，将其合伙企业中的财产份额全部或者部分转让给对方时，按以下情形分别处理：（一）其他合伙人一致同意的，该配偶依法取得合伙人地位；（二）其他合伙人不同意转让，在同等条件下行使优先受让权的，可以对转让所得的财产进行分割；（三）其他合伙人不同意转让，也不行使优先受让权，但同意该合伙人退伙或者退还部分财产份额的，可以对退还的财产进行分割；（四）其他合伙人既不同意转让，也不行使优先受让权，又不同意该合伙人退伙或者退还部分财产份额的，视为全体合伙人同意转让，该配偶依法取得合伙人地位。”

也就是说，在这个故事中，如果黎楠和林佳愿达成协议，黎楠将自己拥有的设计公司股权份额的一半给林佳愿，林佳愿将合伙企业财产份额的一半给黎楠，他们只是双方达成协议但还不能完全实现他们的协议内容。黎楠转让自己一半的出资额给林佳愿，需要经过设计公司一半股东的同意，如果股东过半数同意，那么林佳愿才有可能成为该公司的股东；即使过半数股东同意，如果他们想要行使优先购买权，那么林佳愿仍然不能成为该公司股东，只能获得相应的财产。但是若过半数股东不同意转让，那么其他股东就应该购买该股权份额。若既不同意转让，又不同意购买的，则视为同意转让，林佳愿可以成为该公司股东。

同时，林佳愿将其在合伙企业一半的财产份额转让给黎楠的协议，需要合伙企业的其他合伙人全部同意，即黎楠若想成为合伙企业的合伙人，需要其他合伙人的全部同意。若其他合伙人不同意转让，行使优先购买权的，林佳愿可以将转让所得的财产给予黎楠；如果其他合伙人既不同意，也不行使优先购买权，但同意退还林佳愿部分财产份额的，林佳愿可以将退还的财产份额给黎楠；

若既不同意，又不行使优先购买权，也不同意退还财产份额的，那么视为同意黎楠成为合伙人。

从上述分析可以看出，在离婚时有限责任公司和合伙企业的财产分割规则是不同的。

黎楠和林佳愿离婚后，他们仍然忙着各自的事业，只是黎楠感觉更加孤单，没有了奋斗的动力。一天，他在公司的办公楼里办公，已是中午，他站起身，望着窗外远处的高楼，心里无限悲凉。想到自己奋斗了这么多年，如今房子有了，车子有了，可是不知为什么总是感觉很累。恍惚间回想起那些年，住在十几平方米的地方，吃着剩菜剩饭，两个人共喝一杯咖啡，都不觉得苦，反而觉得很幸福……突然有人敲门，黎楠回过神，说："请进！"只见一位身材高大的人走进办公室，说道："黎总，查清楚了，您的公子确实是自杀的。"黎楠有些不愿意相信地说道："自杀？那查清楚自杀的原因了吗？"那个人说："查清楚了，您的公子去国外后一直没有女朋友，不是因为没有人追，而是不知为什么他一直不愿意交女朋友，后来，也就是在他自杀前三个月，他结交了一位女朋友，自杀的前一天他和女朋友吵架了。从他的朋友那里我们了解到，自杀的那天早上他一直在等他的女朋友，但是没有等到，在中午的时候就跳楼自杀了。"黎楠听了这些，无力地说道："好了，你先出去吧。"

晚上，黎楠无聊地翻看着设计图。突然在翻到一张设计图时，他停了下来，似乎想到了什么。原来这张设计图就是儿子自杀那天他正在修改的那张设计图，他想起了自己接的那个电话。低着的头猛地抬起来，他意识到，自己的儿子不只是因为和女友吵架而自杀的，更是对爱情、家庭绝望了。自己和妻子多年来一直争吵，让年幼的孩子产生了悲观的心理，正是这种悲观让儿子黎成不愿意也不敢去尝试爱情，而自己与儿子最后的通话让儿子彻底绝望了，所以他才选择了自杀。

想到这些，黎楠的心里越发不是滋味，他没有想到自己无意识的行为造成的竟然是儿子的自杀身亡。

16. 抚养权争夺大战　祖孙仨能否团圆

李建国是村里的木匠，为人和善、干活勤快，他的妻子张秀萍是个敦厚老实的农家妇女，两人跟着李建国的父母一起生活。婚后不久，张秀萍就生了大女儿，虽然农村有重男轻女的传统，但是李家人却很开明，小两口和两个老人对大女儿都疼爱有加。一家人的日子不算富裕，却和和美美。白天李建国去县城打工赚钱，张秀萍在地里做农活。公婆老两口就在家忙活做饭看孩子。就这样，顺风顺水的平淡小日子过了一年又一年。六年后，张秀萍怀上了第二个孩子，这一胎生下的是个男孩，大家更是乐开了花。虽然家里添丁是值得高兴的事情，但是大女儿到了上学的年纪，现在又有了儿子，家里的开销一下子增大了好多，一家人心里都有点儿为难。

李建国是家里唯一的劳动力，原本就很有责任感的他提出要去省城多打几份工。家里人都不赞成，张秀萍第一个跳出来反对道："你在县城工作就已经要早出晚归了，身体也不是很好，现在又要去省城这么远，还要多打几份工，还要不要命了！"李建国反驳道："现在村里的年轻人都到外面去打工，干好了每月能挣好几千块钱呢，到时不但能买些书给女儿，还能让儿子吃得好些，大不了我在省城和咱们村的几个哥们儿一起合租个房子，就不用天天往家赶了，我们几个人一起在外面有个照应，你和咱爸妈就放心吧！"张秀萍听出了李建国语气中的坚定，自知拗不过丈夫，便不再作声了。不久，李建国就出发去省城了。果然，李建国在外面打工很是顺利，虽然辛苦，但是每个月都会回来两三天，每次都带回来一两千块钱，还从省城给女儿买书，给儿子买玩具。渐渐地，家里的生活一天天地改善了，家里人也从一开始反对李建国出去打工变得支持他了。

可惜，好景不长，两年后的一天，李建国本来应该在这天回家的，一家人忙活了一个上午，做了一大桌子菜，可是一直不见他的人影。快到中午的时候，与李建国在省城一起打工的同村村民急急忙忙赶到李家，进门就说："你们快去省城吧！李建国出事儿啦！"一家老小慌了神，来不及收拾，张秀萍就和公公一起出发去省城了，留下婆婆一个人在家照顾两个孩子。村民把二人带到省城医院，李建国正在手术室里急救，村民告诉二人：“李建国是在做外墙粉刷时，没有做好安全措施，一个不留神从12米高的地方摔了下来，当时人就昏迷了，还流了很多血，我们赶紧把他送到医院抢救，医生正给他做手术呢！希望能保住一条命啊！”张秀萍和公公在手术室外焦急地等待着，几个小时过去了，手术室外的红色灯灭了，医生从里面走出来。张秀萍赶紧迎了上去，医生摇摇头道了一句：“对不起，我们已经尽力了，请节哀顺变吧！”张秀萍和公公一听，在原地呆站了几秒，然后踉踉跄跄地倒退了几步，瘫坐在椅子上，二人放声痛哭……之后几天，热心村民一起帮着李家忙里忙外张罗李建国的丧事。送走了李建国，李家又恢复了表面上的平静。

李建国去世后，张秀萍带着两个孩子仍然和公公婆婆生活在一起，表面上看起来并没有什么异样。可是婆婆一到晚上就开始和老伴儿嘀咕：“你说咱儿子这一死，万一儿媳妇带着孩子改嫁了，咱们家可就断了香火了呀，我可得想个办法留住我的宝贝孙子！”不久之后，婆婆想出了一条主意。一天，趁着张秀萍没到地里干活，她就把儿媳妇拉到屋里聊天，聊着聊着就跟张秀萍提出了自己这些天一直辗转反侧想出来的“妙计”：“萍啊，建国死了这么久了，我看你一个人干活儿实在辛苦，咱们家里的生活也不如从前了，两个娃儿也跟着受苦，家里没个男人始终是不行，我看要不这样，你跟你小叔子……李爱国……爱国的媳妇儿也死了这么多年了，他自己一个男人带着个儿子，各方面照顾得也不够细致，我想啊……你俩……要不你俩结婚吧！”婆婆磕磕巴巴地总算是说完了自己的想法。“什么！”张秀萍一下子从沙发上跳了起来，她怎么也没想到平时知书达理的婆婆竟然会说出这样荒谬的话：“您是说我和建国的亲弟弟……您是说让我们两个结婚？您怎么能想出这样的主意？这根本不可能！”说完，张秀萍就含泪夺门而出。

婆婆并不甘心，找到了要好的邻居帮忙说服自己的儿媳妇，这些邻居中就有不少嫂子嫁给小叔子，两家合一家的事。这些老邻居一听，都觉得李家婆婆做得对，这个忙得帮，于是便纷纷应下了这件事。打那以后，张秀萍耳根子算是再没清净过，邻居们三天两头借口聊天找到张秀萍，说着说着就提建议让她和小叔子结婚。张秀萍见婆婆把这件事跟这么多人说了，又羞又恼，一开始对邻居们还是有一句没一句地应付着，到后来实在是不胜其扰，只要听到是那几个老邻居登门，就连门都不给开了。婆婆这边也没闲着，她找到了小儿子说了自己的想法，希望小儿子主动找嫂子说说这事儿。令她没想到的是，小儿子一听，马上表示反对，任由她怎么劝说，李爱国就是不肯。

这下子可好了，张秀萍不愿意嫁，李爱国不愿意娶，婆婆也就不敢提了。虽然这事儿暂时告了一个段落，但是张秀萍一出家门，看到邻居三两个凑在一起小声嘀咕就觉得心里很不是滋味儿，她觉得这个地方自己实在是待不下去了，就决定带着孩子离开这里。

几天之后，趁着公公婆婆到集市上买东西的时候，张秀萍把家里所有能带走的东西都收拾了一番，背上包裹就离开了这个让她失望透顶的家，临走时还叫人来折断了屋里的床板，唯独留下了两个孩子。按照当地的说法，折断床板就代表着要和这家人一刀两断。既然已经一刀两断了，平时很爱孩子的张秀萍为什么还把孩子留在婆家呢？原来婆婆早就担心张秀萍会悄悄出走，于是就处处防着她，两个孩子都随时带在身边，婆婆也没事儿自顾自地嘟囔些闲话给张秀萍听："自己走我们谁也管不着，可这孩子是我们李家的，谁也别想带走。"就因为这个原因，张秀萍心想干脆自己先在外面安顿好，再想办法把孩子接出去。公公婆婆回家一看，大儿子那屋什么东西都没了，床板也折断了，惊诧怨恨之余，也暗自庆幸把孩子看得还算紧，只要孙子在身边他们就别无他求了。

张秀萍走后，到省城找了份在餐馆刷碗的工作。虽然辛苦，但是餐馆提供住宿，张秀萍挣的钱还算够花，日子比在村子里宽裕体面些。自己安顿下来后，张秀萍就回到李家要孩子，结果婆婆看到张秀萍进门就赶紧把没去上学的小孙子抱走，不让她见。之后张秀萍又去了李家好多次，一开始婆婆还只是冷言冷语，到后来便是破口大骂，直接把张秀萍推出门口。张秀萍没有办法，每次只能愁眉苦脸地回到宿舍。室友们关心地问她有没有什么需要帮忙的，张秀萍就把自己的遭遇告诉了室友，其中一个懂些法律的室友说："你可以去法院告他们啊，打官司是维护你自己的权利，根本不丢人，我可以帮你写诉状，保证你能把孩子要回来！"张秀萍一听，像是找到了救命稻草，便接受了室友的好意，要她帮忙写状子，教自己怎么打官司。

几天后，张秀萍一纸诉状起诉到了法院，李家公公婆婆收到传票都吃惊万分，他们心想自己一辈子老实本分，怎么老了反而成了被告？但无论怎样，这是法庭的传票，不能视而不见，两个老人也就硬着头皮到了法院。在法庭上，张爱萍和公公婆婆互不相让，都表达了想要抚养两个孩子的强烈愿望。张爱萍向法院陈述道："我现在在省城有固定的工作，还有固定的住所，大女儿上学的地方离省城也近，我有能力抚养我的两个孩子。可是孩子的爷爷奶奶已经很大年纪了，根本干不了重活，家里的活都是小叔子在做，可人家自己也有孩子。我自己的孩子当然要自己养，孩子指着他们老两口是过不上好日子的！"李家婆婆则在庭上反复强调这两个孩子是大儿子的延续，是他们李家的香火，绝不能断，因此怎么也不同意张秀萍把孩子带走。法官听了双方的陈述，心里很快就有了谱儿，法官当庭宣判："我国《民法通则》第十六条第一款明文规定：'未成年人的父母是未成年人的监护人。'第十八条第二款规定：'监护人依法履行监护的权利，受法律保护。'《最高人民法院关于贯彻执行〈中华人民共和国民法通则〉若干问题的意见（试行）》第十条更是规定了监护人的监护职责，只有当父母明显缺乏能力，无法履行监护职责时，才可由《民法通则》第十六条第二款中的第（一）、第（二）、第（三）项中规定的人员来选任监护人。张秀萍年纪尚轻，身体健康，工作稳定，完全有能力承担对子女的监护责任，同时，她平常十分爱护自己的两个孩子，对于抚养孩子也表达了强烈的愿望，她对孩子的监护权是不可被剥夺的，任何人，包括一直与孩子生活的爷爷、奶奶也根本无权与张秀萍争夺抚养权。"法官进一步严肃地阐述道："本院在此要特别提醒李家婆婆，您向张秀萍提出的无理要求是应该受到谴责的，希望您能尊重张秀萍。"

最后，法官宣判支持张秀萍的诉讼请求，将两个孩子的抚养权判给了张秀萍。

虽说是赢了官司，但是孩子一直在奶奶家，张秀萍几次拿着判决书到李家要孩子，都吃了闭门羹。张秀萍不得不又一次向法院寻求帮助，请求法院采取强制执行的办法，把孩子要回来。法院收到申请后，就立即采取行动，将张秀萍的大女儿直接从学校接到了她身边。大女儿回来了，可张秀萍的小儿子还在婆婆那里，法官们经过细心谨慎的调查，发现小儿子被藏在他的姑姑家。得知线索后，法院立即派人去接张秀萍小儿子，到了孩子姑姑家之后，发现屋里的被褥没叠，孩子的衣服就在床上，被窝都还是热的，可偏偏这孩子又被姑姑藏起来了。法院的执行人员不但扑了个空，走到村口的时候，还被孩子姑父带领的一群村民团团围住，他们都替李家鸣不平，都说这是李家的香火，孩子他妈不能把孩子带走。法院工作人员耐心地给村民们讲道理、说法律，可就是说不通。没办法，法院最终只能以妨碍公务为由，将带头挑事的孩子姑父带走。李家婆婆一看法院动了真格的，才明白自己这样强行对抗是不可行的，第二天只好将孙子送到了法院。张秀萍母子这才得以团聚。

事情到此算是暂时告了一个段落，负责的法官对张秀萍和李家婆婆的近况做了回访。回访时得知张秀萍自己存够了钱，租了一间房子，带着儿子和女儿一起生活得很平静，但是李家婆婆却说再也没能见到孙子和孙女，心里很不是滋味。在张秀萍家，法官问孩子们回到妈妈身边开不开心，孩子们异口同声回答："世上只有妈妈好！"法官欣慰地笑了，又问道："那你们想不想爷爷奶奶？"孩子们又同时答道："想！"是啊，毕竟爷爷奶奶也视他们为自己的生命啊，孩子们怎能感受不到，怎能割舍得下？回去后，法官又电话联系到张秀萍，他语重心长地劝说道："两个孩子已经失去了爸爸，大人之间的仇恨只能平添孩子的痛苦，他们现在需要更多的关爱，更多来自亲人的关爱。孩子的爷爷奶奶还是心心念念地牵挂着他们的孙子孙女的，你不妨有空的时候带着孩子回去看看他们，也可以让两个老人常到你家里来做客。你放心，你的孩子谁也带不走，法律可以保护你作为一个母亲的权利。孩子们得到更多的关爱，会更幸福更快乐，何乐而不为呢？”听了法官的话，张秀萍在电话那头只说了一句“谢谢”便挂掉了电话。

几周后的一个周末午后，李家婆婆听到有人敲门，一开门，两个孩子开心地喊着：“奶奶！”

17. 夕阳婚姻遭反对　化解纠纷促团圆

贺老是一位患有糖尿病的70多岁的老人，老伴儿早年去世，有三个女儿、两个儿子共五个子女，现在都已经成家立业，剩他一人居住在原来的老房子里。这天正好是中秋节，五个子女都回家看望贺老，大家聊起贺老的日常生活起居，大女儿说："爸，您身体有病，自己一个人住我们实在是不放心，要不这样，您轮流在我们兄弟姐妹五人家中居住，每人家中住多久您自己来定。"小女儿说："大姐说得是，您老人家在子女家住，还能经常看到孙子女和外孙子女，多好！"贺老不语。大儿子说："咱爸性格就是太强了，总怕拖累咱们，可是老人家吃一辈子苦把咱们养大，现在人老了，让子女赡养是天经地义的，爸您说是不是？您就放下思想负担，跟我们一起住吧。"贺老这下开口了："唉，人老了，行动不便了，跟你们在一起只能增添负担，你们平时工作都忙，我这老头子啊，跟不上你们的节奏。我自己在这儿住挺好的，现在胳膊腿都能动，没啥问题，我有事给你们打电话就行了，你们都别操心了啊。"子女们见说服不了贺老，无奈之下只好不了了之。

贺老养老的事情，子女们提了不止一两次了，但贺老就是不同意跟子女住。子女们也曾想过把贺老送到附近条件好一些的养老院，但是贺老一辈子节俭惯了，说是花钱找别人伺候不习惯，死活不去。一家人吃完晚饭后，子女们一起离开了贺老家。走出屋门后，大女儿说："这样下去可怎么行，老人一个人在家实在是危险，咱们还得多劝劝咱爸。"小儿子说："咱爸这脾气指定不会听咱们劝，不行咱想别的办法。要不我找我家住农村的朋友给介绍个保姆，农村人做事勤快，比家政公司的保姆可强多了，你们看行不，如果大家同意，我明天就托人找。"大家相互看了看，都纷纷点头同意。小女儿说："如果咱爸不同意怎么办？"

小儿子胸有成竹地说："只要你们大家同意，这事儿啊，包在我身上！"

一周后的周六晚上，小儿子带着朋友介绍来的保姆季某站在贺老的跟前。"爸，您看，我人都带来了，您就答应了吧。""不行！我一辈子苦惯了，现在我好好的，你找个人来伺候我，我消受不起。"说着贺老就转过身去。小儿子见不起作用，转念一想，跑到贺老跟前说："您先别急，您听我说，这个季阿姨，她是个苦命人，早年守寡，自己把儿子拉扯大，现在儿子要结婚了，季阿姨家里穷，拿不出什么钱来，朋友好心，托我帮她在城里找个活儿，季阿姨年龄也不小了，又没什么文化，我到哪儿给她找工作去？但不帮忙又于心不忍，于是我就想，让她来给您做饭、打扫卫生，活儿清闲，咱们家也不会亏待她，工资一分不会少，您就当帮助一个困难家庭，您看……"贺老的老伴儿去世得也早，对季某的经历感同身受，沉默一会儿后，说："好吧，你就让她安心待在这儿吧。"

贺老的儿女得知这个消息后都松了一口气，觉得老人有人照顾了，心里踏实不少。这本是皆大欢喜的结局，但不曾想，却在贺家引发了一场轩然大波。

小儿子为让贺老接受找来的保姆，跟贺老说了保姆的身世。贺老人耿直、善良，对这位苦命人很宽容，从不挑错。而保姆又是做家务的一把好手，把贺老家里每样事情都照顾得妥妥当当，还做得一手好菜。除了完成平日里的工作，闲下来时季某就同贺老聊天、拉家常。渐渐地，两位孤独的老人竟然产生了感情。季某周末回到农村老家，对儿子说起这件事情，季某儿子本来就是游手好闲的懒散青年，得知这件事后，心里动了歪念，想要找贺老要钱花。之后，季某的儿子便时不时进城来，到贺老家里"看望母亲"，还总是向贺老哭穷，说家里困难，生活艰难，等等。贺老每次听到这些都会给他一些钱，让他改善生活。时间长了，季某的儿子胆子越来越大，发展到直接跟贺老开口要钱的地步。

又一个周六的上午，贺老的二女儿一家人来看望贺老，碰巧遇到了季某儿子在贺老家，二女儿觉得很奇怪。季某的儿子看到她后，招呼也没打就匆匆离开了。二女儿不解，便问贺老，贺老只是简单地说："这是你季阿姨的儿子，过来看他母亲。"二女儿回到家后，寻思着，这保姆的儿子也太不把自己当外人了，在老爷子家跟在自己家似的。想着想着，她就跟大姐打电话说了这事。大女儿向来比较细心，得知情况后，便跟小弟联系，质问他找的人到底靠不靠谱，小儿子笑嘻嘻地说：“我找的人当然靠谱，季阿姨人好在他们村里是出了名的，不过，她儿子我还真不了解，回头我再打听打听。”

第二天，小儿子到贺老那里看望贺老，顺便问问季某本人到底是怎么回事，碰巧又遇到季某的儿子。原来季某儿子昨日进城后跟季某要了钱，并没有回农村，而是留在城里玩了一天，想周日再去要次钱然后回村。季某的儿子这次又想溜，小儿子立马拽住他说：“嘿！别走！你谁啊？干吗来我家？你给我说清楚！”贺某说道：“让他走！”季某儿子甩开小儿子的胳膊，把兜里快要掉出来的钱往里塞了塞，对着小儿子哼了一声，下楼了。小儿子怒了，心想：“在我家你还敢这么横，我非要教训教训你不可。”跟着也跑了出去。在院子里，小儿子质问他道：“你来我家到底想干吗？你兜里的钱哪儿来的？是不是在我家偷的？你今天得给我交代清楚！不然我就报警！”季某儿子笑了笑，说：“哼！我还用得着偷？上面的老头子都快成我爹了，我跟他要钱，天经地义！”说完大摇大摆地走了。小儿子僵在了原地，也顾不上去追季某儿子了，他想他已经了解事情的真相了。

周日的晚上，贺家开了一个没有贺老参加的家庭会议，地点在大女儿家里。小儿子说：“我这办的是什么事儿，你们说这事儿荒唐不荒唐？俩人居然看对眼了！”大女儿责怪小儿子说：“你还有脸说，当初找保姆的时候也不查清楚她家里人是什么情况，现在说这些有什么用？咱们只能想办法解决了。”二女儿说：“我上次去就觉得奇怪，原来是出了这样的事儿。现在保姆的儿子就这么肆无忌惮，如果俩人真的走到一起了，老爷子那点儿养老金还不被他给败光了。”大儿子说：“咱们也别把事情想得这么严重，也许咱爸只是同情他们。要不这样吧，赶紧给爸换个保姆。老五，你赶紧再找一个，这次可得看好了。”小儿子连忙点头。

没几天，小儿子又找了个保姆，跟贺老说要给贺老换换做饭的口味。贺老没答应，却让小儿子把大家召集来，说是要跟大家宣布一件事情。贺老的子女们知道后大感不妙：最不想发生的事情还是发生了。贺老对子女们说："你们季阿姨这段时间尽心尽力地照顾我，人善良，从不嫌辛苦，我想我们遇到了也是缘分，如果以后能相互照顾也未尝不可，所以想跟你们商量下，我想跟你们季阿姨结个夕阳婚，你们看同不同意。"季某在一个角落里站着，不好意思地低下了头，也深深地担心贺老的子女们不愿意接受自己。贺老的五个子女面面相觑，又吃惊又无奈，吃惊的是事情发展得如此之快，无奈的是他们明白这是不可避免的结局，虽然贺老说是跟他们商量，但他们明白，贺老是认定这位季阿姨了。

这可如何是好，大家都急得跟热锅上的蚂蚁。趁着季某月底回乡的那天，大家又到了贺老家里。大女儿说："爸，这事您想清楚了吗？您要是愿意让她照顾您，那我们没意见，让她待多久都没关系，但真要成为一家人，这可是大事！"小儿子是个急性子，说："您看她儿子那个样子，您真放心他跟我们成为兄弟姐妹啊？到时候坑您的养老钱不说，还不得惦记着您的房产？恐怕您百年之后，我们想来这里怀念一下您都不行了。"大家你一言我一语，说个不停，贺老什么话也没说，只是在吧嗒吧嗒地抽着烟。最后，大家说，要不就做一对事实夫妻，双方以夫妻相待，但是不领结婚证，这样一来，贺家跟季某儿子就没多大关系了。贺老慢悠悠地说："既然要在一起，我就一定要给她个名分，不然这算什么？"

与此同时，季某也在家中跟儿子聊天："唉，我就觉得人家孩子会看不上我，命里没有的，想也是白想啊。"季某儿子说："妈，您这是什么话，他们凭什么看不上咱们？就算看不上，也不关咱们的事，只要贺老爷子能看上就成，对吧？"

第二天，季某的儿子陪季某一起回到城里，季某儿子干脆就住了下来，心想谁再干预这件事，他就跟谁过不去，还催二老赶紧去领结婚证。这下，贺老的子女们来看贺老，一看季某儿子在这长期住了下来，气就不打一处来，尤其是小儿子，跟季某儿子对骂了几句，两人越骂越来气，最后居然动起了手。眼看事情有越闹越大的风险，贺老拉着季某到了社区调解委员会，请求调委会帮他们解决这起家庭纠纷。调解员陆某听完二老的陈述，对二老说："您二位别着急，孩子们也都是因为孝顺才起了冲突，放心吧，这件事保证给您处理好了。"

陆某联系到贺老的子女们，把他们召集到调委会的办公室，对他们说："两位老人找到我这里，想请我帮助调解家庭纠纷，希望大家不要介意。虽说是你们的家事，我作为外人无权管理，但作为调解员，有维护家庭稳定、社会和谐的职责。当局者迷，旁观者清，希望你们能坦诚地告诉我你们的想法。"大儿子首先开口说："不是我们要干预老爷子的婚姻自由，而是季阿姨那个不争气的儿子实在是让人受不了，如果我爸跟季阿姨结婚，那她儿子结婚买房的事不都得我们家管啊？再说了，季阿姨的儿子整日游手好闲，也没有正经工作，就知道要钱花，我爸多了这样的儿子，怕是晚年生活都不能保障了。"其他子女纷纷应和着说大儿子说得有道理，就是这个原因大家才不同意贺老再婚。陆某听完大家的意见，已经明白了其中的主要矛盾，对大家说："我已经了解了，你们都是非常孝顺的子女，平日里不仅关照贺老的生活，还经常来看望他老人家，这是非常值得表扬的，也是非常值得其他人学习的。但是，每个人都有婚姻自由，这是我国法律保护的个人权利，你们应该也清楚。纵使季阿姨的儿子身上有诸多你们忍受不了的毛病，也不能因此阻碍两位老人得到幸福，你们说是吧？人生难得老来伴，其实最大的孝顺就是让老人能得到精神上的安慰，现在难得贺老与季老太产生了感情，你们忍心拆散吗？"大家都低头不语，觉得真要因为季某儿子而不让两位老人结婚，确实是委屈了两位老人，可大家又为难，不知该如何是好。

后来，陆某又到了贺老家里，对季某的儿子展开了教育："小伙子，你为了母亲的婚姻幸福如此卖力，也是难得的一片孝心。"季某的儿子听了反而有些不好意思了。陆某接着说："可是，你就这样贸然住到贺老家里，让贺老的子女们怎么接受呢？你已经成年了，都快要娶媳妇了，却连个固定的工作也没有，换成是你，你愿意让这样的人成为你家庭中的一员吗？"季某的儿子说："我从小家里就穷，没钱上学，村里的年轻人如今都到城里来了，我也不想留在村里种地，也想出来打工，但就是找不到工作。”陆某继续说：“有想法是好的，但你不积极去争取工作机会，就靠你母亲养着，等两位老人结婚了，你岂不是又要靠着继父过活？”季某儿子说：“那我还能有什么办法？又没有单位要我。”陆某说：“这样，我给你介绍份工作，咱们社区现在缺少一名清洁工，每天早晚打扫路面，清理垃圾桶，包吃住，每月工资 2000 元，你愿意做吗？”季某儿子想了想说：“我愿意！”

将贺老子女们最大的心病解决后，陆某又把所有人召集到一起，说：“今天把大家召集起来，是要商量二老结婚后涉及的财产问题。我建议，让贺老大女儿帮贺老先保管养老金，每月给贺老、季老太固定的生活费，需要额外支出的，随时告知大女儿。你们还有什么意见吗？”贺某的子女们看到调解员陆某已经帮季某儿子找到了固定的工作，也有了自己的住处，可以自食其力，不用再住到贺老家，已经放心了一大半。如今又建议由大姐来管理贺老的养老金，贺老的生活有了长远保障，更是感到欣慰。季某的儿子现在有了固定的工作、稳定的生活来源，同时也拥有和其他人一样的遗产继承权，心里自然很开心。至于贺老和季老太，喜悦之情更是难以言表，他们终于可以步入婚姻的殿堂了，重要的是，双方的子女也都同意了他们的婚姻。

不久后，贺老家中贴上了喜字，一家人热热闹闹地给贺老办了婚礼，还邀请了解决这次纠纷的大功臣陆某。一起因老年人婚姻所引起的纠纷就这样圆满解决了。

叁

出行交通和旅游

18. 交通肇事莫逃逸　法网恢恢终有时

一天早晨，天气格外好。在城郊一家不起眼的体彩投注站内，一个上身穿着褪了色的夹克衫的中年男人正全神贯注地注视着室内壁挂显示器上的中奖号码走势图。正在这时，几个身穿便衣的男子突然从外面冲进投注站，迅速扑向这名中年男人，将他按倒在地。“别动！我们是费县交警大队的。”其中一位男子一边出示证件一边对中年男人说。被扑倒在地的中年男人脸上先是闪过一丝惊恐的表情，随即便不再挣扎，嘴里还不住地叨咕着：“我知道早晚有这么一天……”被扑倒的中年男子名叫张贵。可是这一幕究竟是怎么回事呢？这还要追溯到六年前发生的一起交通事故。

张贵是高村镇的村民。六年前，张贵因为一次偶然的机会认识了从事木材贩运生意的老板王钢材。王钢材的木材厂正缺一个运货的司机，张贵就答应给王钢材开车拉货，每月工资 1200 元。张贵本以为这是个好差事，没想到王钢材的木材生意那时也刚起步，为节省开支就只雇了张贵一个司机，这样一来，张贵白天要开着老板的“跃进”货车出去装木头，装完车后晚上还要连夜运送到外地。这样没日没夜地干，没多久张贵就觉得有些吃不消了。尽管张贵觉得这钱挣得不容易，可家里实在太穷，又没有别的来钱的门路，为了挣口饭吃，苦不堪言的张贵也只能在王钢材那儿继续干。

六年前的 7 月 21 日是张贵老岳父的生日，20 日一大早，张贵就跟王钢材商量，想请一天假回去给老丈人祝寿。没想到王钢材死活不同意，硬说让他当天再往费县送一趟木头，等赶回来之后再去岳父家也不迟。

见老板没有准假，张贵没有办法，只好开着那辆“跃进”货车跟老板去木材厂装货。这次的货装得格外多，核载只有一吨半的货车竟然装了满满一车木头，足有十多吨重。张贵大汗淋漓地干了一上午，等装完货已经是下午 1 点多了。没等休息一下，张贵就开着车和老板上了路。

7 月的骄阳炙烤着大地，张贵和王钢材上路的时间正是一天中最热的时候，这个时间，狭窄的乡村小路上行人并不多，只有两旁杨树上的知了伴着白花花的日头拼命地叫着。搬了一上午货的张贵强打精神开车赶路，一路上呵欠不断，王钢材见他止不住地犯困，只好让他停车休息一会儿。可是只睡了半个多小时，张贵就被王钢材催促着继续赶路。

一上午的辛劳，加上 7 月下午毒辣的阳光和湿热的空气，半个小时的休息对于连日劳累的张贵来说根本无济于事。由于休息时间太短，向前开了不到一会儿，张贵就感到困意又上来了，连眼皮都睁不开。王钢材此时也早已倦意难忍，在副驾驶位子上打起了呼噜。两人就这么迷迷糊糊地开着车赶路。当货车沿着公路前行时，张贵隐约发现前面不远处有个人影。再仔细一看，的确是个行人！等回过神来，张贵的货车距离那个人也只有十多米远了！见此情景，张贵一下子清醒过来，一边刹车一边向左猛打方向盘。可是由于货车车速过快，而且车载木头超重太多，张贵的急速刹车并没起到多大作用。同时，由于那辆货车并没有助力转向，打起方向来很沉，尽管张贵猛打方向盘，最终也没有避免不幸的发生。货车右前方那个行人“咚”的一声被撞得飞了出去，倒在了血泊中。

被撞倒的行人名叫孙庆宗，是当地的村民。当时孙庆宗是想到村南头一个电焊铺里办点儿事，可能因为着急赶路，并没有留意到身后有货车的动静。没想到走到距电焊铺只有 100 米远的时候，被突如其来的货车从后面撞了个正着。

撞击产生的巨大冲力也把王钢材从睡梦中给撞醒了。王钢材醒来正要大骂张贵，一看前面撞了人，也蒙了，两人赶紧停了车下去查看被撞行人的伤情。两人走到跟前，只见血泊中的孙庆宗已经昏迷不醒，更是吓破了胆，两人慌张地拿起王钢材的电话报警后，又打电话叫了救护车来救人。不一会儿，交警队派人来到了肇事现场，救护车也随后赶到。受伤严重的孙庆宗被送到医院进行抢救，虽然保住了性命，却落下了严重的残疾。后经法医鉴定，孙庆宗下肢多处骨折，左小腿至左踝关节功能完全丧失，属于重伤。

肇事的张贵则与老板王钢材一起怀着忐忑不安的心情跟随办案的交警来到费县交警大队，准备接受处理。本就因家境贫寒又无其他经济来源，张贵才接了这苦累不堪的开车的工作，没想到却出了这档子事。因为担心赔偿的事，张贵在出事之后，心里一直七上八下的，整日愁容不展，尤其在前往交警大队的路上，老板王钢材跟他小声嘀咕道："如果没有钱赔偿伤者，交警队就会扣人。"张贵听了这话，更是惊恐万分，唯恐被抓去"坐牢"。

张贵心里忐忑，王钢材这边也不好过。"再怎么说，张贵开的这辆车是我的。张贵这小子穷得叮当响，哪有钱赔给人家！到时候这笔赔偿万一追到我头上，那我可不就亏大了？还是得赶紧溜！"王钢材越想越觉得不对，于是趁张贵与民警做笔录的时候就要先走。然而转念一想，要是不把张贵也拉走，到时候自己还是脱不了关系。于是又扯了个谎说要去医院看伤者，赶忙把张贵也扯着一起从交警队里脱了身。

从交警队出来的当天下午，他们就坐车回去了。因为心里有事儿，两人一路上话也不多，尤其是在张贵试探着跟王钢材提出这次事故可以走保险之后，王钢材竟然告诉他自己并没有给这辆肇事的货车上保险。此后两人便再也无心交谈，各怀鬼胎地往回赶。

车到了县城，下车后，王钢材说要回他租住的地方，张贵则直接回家了。

过了几天，张贵听王钢材传话说，费县交警打电话要张贵去处理事故。可张贵心里也犯嘀咕，心想："尽管当时是我开着车出了事，可是这事儿根本不赖我！要是你当老板的雇两个司机开车，我哪里还会因为疲劳驾驶出事啊？而且这车也没有上保险，现在没钱赔人家完全是王钢材的错！没钱赔就要被扣人，我现在去处理事故岂不是自动送上门了？一定要让王钢材跟我一起去，让王钢材赔钱给伤者！"这么想着，张贵就打电话给王钢材，提出要跟王钢材一起去处理事故。王钢材在电话里没有正面答应出钱赔偿的事，但是说可以跟张贵一起去费县交警大队处理事故。

可是没有想到，张贵第二天再打电话给王钢材的时候，对方竟然关机了，张贵又拨打了好几次也未能联系上他。张贵见状立刻到王钢材租住的地方去找人，却发现租住地早已人去楼空，王钢材已经不知去向了。张贵这时才明白：王钢材是被吓跑了。“既然你做老板的都跑了，我为何跑不得？”张贵左思右想，心一横，回到家里和家人也一起躲了出去，这一躲就是六年。

张贵因为涉嫌交通肇事犯罪逃逸，被列为在逃犯。在此后的六年时间，办案民警曾多次来到张贵的家乡，均未能找到他。后来借助“清网行动”的契机，专案组办案民警通过对网上在逃犯张贵的信息进行核实，全面细致摸查张贵的重要关系人、去向、联系电话等有关情况，提取有用信息，最终定位行动轨迹，把张贵的工作地点锁定在云南省一家水矿集团。专案组民警在当地警方的配合下，于城郊一家体彩投注站内将张贵抓获，这起长达六年之久的交通肇事逃逸案终于告破。

据当初负责处理这起事故的费县交警介绍，造成这起事故的原因主要有两个：一个原因是货车驾驶员张贵疲劳驾驶。发生事故时，张贵因过度疲劳，开车时打瞌睡，未能注意观察和及时发现前方路面行人情况，未能进行有效的紧急处置，导致货车撞到了行人。另一个原因就是货车严重超载。车辆严重超限会使车辆的技术状况大大降低，车辆的行驶稳定性、刹车性能、悬挂承荷能力、转向可靠度趋差，轮胎爆胎可能性增大，极易引发交通安全事故。这起事故中，由于货车严重超载，遇紧急情况后，刹车疲软失灵，造成有效制动距离加大，最终导致车祸发生。

由于机动车超载、超速等交通违法行为造成的交通事故频发，全国各地都在开展“三超一疲”（超载、超员、超速，疲劳驾驶）整治行动。可是有许多人认为超载并不是多么严重的违章行为，殊不知事故往往发生在一念之间，任何一种违法行为都可能造成重大的交通事故。

张贵被抓后追悔莫及，原来费县交警大队办案民警曾多次联系到张贵的女儿，向其讲解法律知识：1. 张贵的行为应为“交通肇事逃逸”，交通肇事逃逸是指发生交通事故后，事故当事人为逃避法律追究，驾驶车辆或弃车逃离交通事故现场。在主观上是故意，即明知自己发生了交通事故而逃离现场。如果他自己不知道发生了交通事故，因主观上缺乏故意，则不构成逃逸。逃逸的目的是逃避法律追究。2. 交通事故肇事司机为侵权人，与车主无关。随着我国《道路交通安全法》实施，取消了“车主负责垫付”的规定，等于车主垫付的责任已经被废止。那么在 2004 年 5 月 1 日以后受理的道路交通事故人身损害赔偿案件中车主的责任是没有法律依据的。我国《民法通则》第一百零六条第三款规定，“没有过错，但法律规定应当承担民事责任的，应当承担民事责任”，意思是说，无过错的，只有法律有明确规定应当承担责任的，才承担法律责任。因此，若没有进一步的规定或者解释，根据民法的“侵权负责”的原理，应由侵权人即交通事故的民事责任人自己赔偿受害人的损失，而在道路交通事故中，车辆在驾驶人的控制下，侵权人就是事故肇事者（一般为车辆驾驶人），车辆所有人若不是交通事故车辆的驾驶人或者现场指挥驾驶，就不应当视为侵权人，交警部门只要确定谁是交通事故的肇事司机，那么人民法院也只能判决交通事故肇事者即驾驶人直接承担民事赔偿责任。本案中张贵是本起事故发生时的车辆驾驶人，应该接受交警处理，而车主王钢材与发生交通肇事无关。所以，张贵因为老板逃跑，不仅拒绝到交警部门接受处理还外出躲藏，这些行为非但不能免除，反而会加重他所要受到的法律责任认定和处罚。3. 机动车不买保险，赔偿风险加大。车辆保险有很多种，一般指的是车辆强制险，即 2006 年 7 月 1 日开始实施的机动车交通事故责任强制保险（以下简称交强险），这是我国首个由国家法律规定实行的强制保险制度。《机动车交通事故责任强制保险条例》规定：交强险是由保险公司对被保险机动车发生道路交通事故造成受害人（不包括本车人员和被保险人）的人身伤亡、财产损失，在责任限额内予以赔偿的强制性责任保险。拥有车辆强制险的车辆，一旦发生车祸，可以将赔偿损失责任转嫁给保险公司，从而使驾驶人所承受的经济损失降到最低。货车没有买保险，若老板王钢材又不愿拿钱替张贵赔偿，张贵只能自己出钱赔偿受害人，才能够争取被害人家属的谅解。办案民警还向张贵女儿讲解法律法规中对肇事逃逸者投案自首宽大处理的政策，希望张贵的女儿能够及时劝父亲投案自首。如果张贵不是继续心存侥幸，能听从民警和家人的劝告，主动自首的话，会受到警方宽大处理的。

“现在后悔死了……”张贵对办案民警讲出了自己的心声，“我想跟所有司机说一句：开车要小心，不能疲劳驾驶，万一出了事，要及时到交警部门接受处理，千万不能逃跑，跑是跑不掉的……”

19. 高速飙车酿险情　黄泉路上无输赢

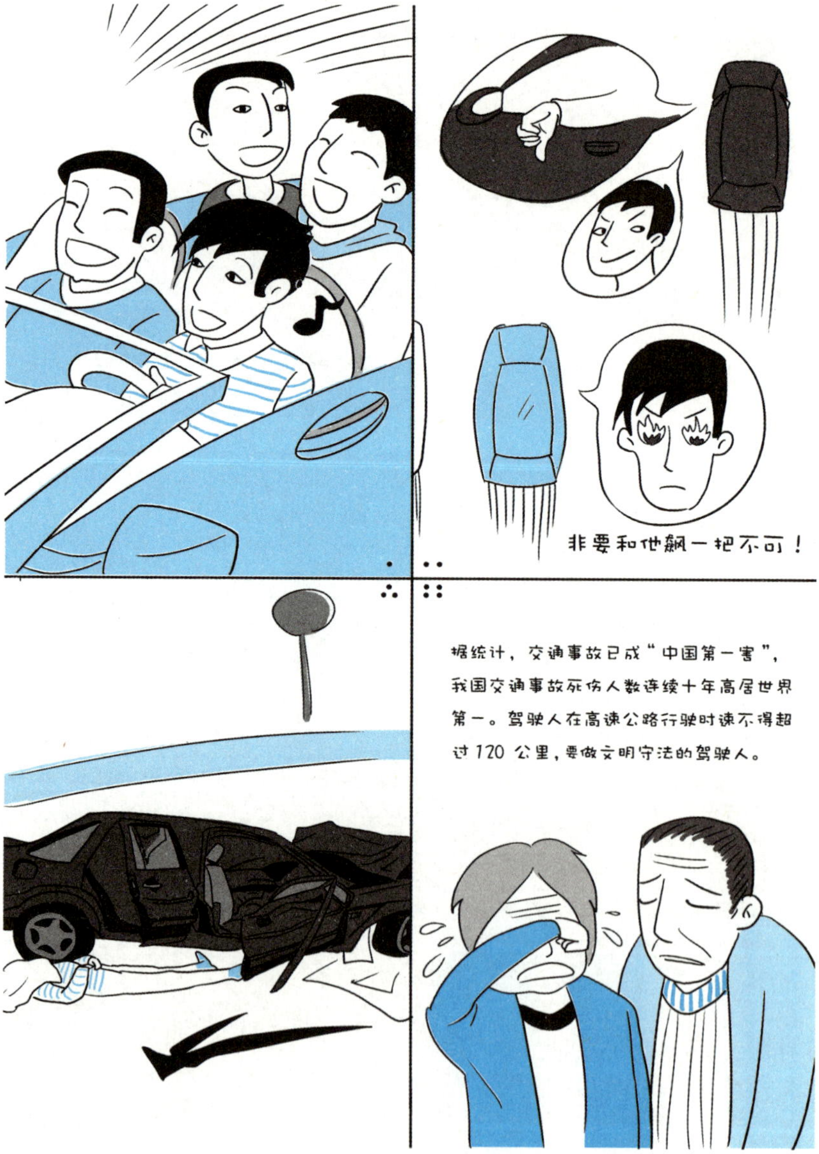

二十出头的孙远程在出事前是北京一家改装车店的老板，也是个地道的北京人，说话大大咧咧，无论办事还是为人，都透着一股北京爷们儿的豪爽与仗义。孙远程从小就爱玩车。改革开放之初，孙远程的爸爸抓住机会从北京南下深圳辛苦打拼，20 世纪 90 年代初就已事业有成，有房有车。在良好的家境影响下，孙远程的兴趣爱好都跟别的小朋友不太一样，他 8 岁就能熟练认出十大汽车品牌。暑假到深圳玩的时候，强烈的好奇心让他总是压不住自己想开着车跑起来的冲动！禁不住他的反复要求，孙爸爸只好让他试试，8 岁的孙远程在深圳的黄泥地上驾着爸爸的老皇冠，兴奋之情自是不言而喻！从那时起，孙远程就深深地爱上了开车，爱上了方向盘，爱上了马达的轰鸣与排气管的黑烟。孙远程对车的狂热让家里人完全拿他没办法。不论家里人怎么说危险，怎么将车钥匙藏起来，他总是能想办法顺利地拿到车钥匙，然后偷偷将车开出去玩。好在每次开车出去玩，孙远程都能稳稳当当地将车开回来，没有发生过什么意外。

18 岁时，孙远程有了自己的第一部车——一辆前驱动右方向盘的丰田佳美。之后，他先后换过十多部车。从自己买第一部车开始，孙远程对车的感情更是与日俱增。

长大以后的孙远程对玩车的兴趣当然已经不再仅限于一辆接一辆地换新车和日常的驾驶，因为兴趣的驱使，他开始渐渐接触改装、飙车、漂移……在玩车的过程中，孙远程陆续结交了一大批跟他有着同样兴趣爱好的车友。都是一群二十出头的年轻人，正是血气方刚、年轻气盛的年纪，他们对极速与刺激有着同样的痴迷与渴望。几个年轻人隔三岔五就要约一场凌晨时分的飙车赛，在夜色笼罩下来一回速度与激情的比拼。而白天的时候，他们则喜欢玩原地漂移转圈，也因此常常能引来周围很多人的尖叫和惊嘘。

孙远程和朋友飙车的事儿，家里是极力反对的。毕竟这项活动危险性极高，飙车地点常常是在大马路上，尽管时间多选在夜半时分，但是也难保会有行人突然出现。而且他们还常常相约一起弯道竞速，在过弯的时候，由于速度极快，发生事故的概率非常高。因此这几年，孙远程没少因为自己飙车的事与孙爸爸产生矛盾，有几次两人甚至大打出手。不过随着年龄慢慢增长，孙远程听进了家里人的劝告，玩车渐渐不再那么狂野，兴趣重心也从飙车飘移转向了改装行业，最后干脆自己开了个改车行，生活也算逐渐安定下来。不过，他骨子里追求刺激的冲动与不服输的倔劲儿倒是一点儿没减。虽然不再经常半夜飙车，但是孙远程平时开车的时候也十分不喜欢被别人超车，一旦遇到有车从他身边超过，他一定会立即加速反超。也仗着曾经的飙车技术好，孙远程倒是每次都能反超成功。这时候他心里感觉就一个字——爽！

2011 年的 6 月，天气热得让人无心干活，在改装车店忙碌了将近一个月的孙远程决定给自己放一个长假，开车去外地游玩几天。他把店里的生意交代给一个可靠的朋友之后，就打电话给几个哥们儿，约着一起去承德玩两天，来一趟避暑之行。几个人一拍即合，商定从下午就出发，由孙远程和另一个朋友分别开着自己的车一起奔赴承德。

这天下午，京郊的公路难得的通畅无阻，笔直空旷的大马路在面前延伸，又激起了孙远程心底里对速度的渴望。他深踩油门，车速一路飙高，出发不久就已经上了高速。车上的几个年轻人见孙远程车开得飞快，也都纷纷一边大叫刺激，一边给孙远程叫好。孙远程表面上一言不发，依旧认真地开着车，好像对这些夸赞无动于衷，心里却觉得痛快极了。这么久以来头一回这么飙车，确实很痛快。孙远程的车一路飞快地上了高速，车上几个人的话题又绕到了改装车上，大家你一言我一语地夸耀自己最近又入手了什么装备，又对车子的什么性能进行了提升。突然，只听得后面响起了一阵急促的喇叭声，孙远程从倒车镜一看，是一辆黑色新款奔驰，看样子是要超车。孙远程的车一上高速就把时速飙到了 180 公里左右，一路上基本没有车超他们，所以他们的车一直在超车道上行驶着。这会儿看到有人要超车，孙远程心想：人家速度快，让道吧。于是把方向盘一打，进入了行车道。那辆奔驰即刻从后面追赶了上来，但是并没有超过孙远程他们，而是基本上和孙远程的车保持并行。孙远程车上的几个年轻人一看，可气坏了！都是玩车出身的，怎么能让别人藐视自己的速度！开奔驰车的是一个和孙远程他们年龄差不多的男生，旁边坐着一个漂亮姑娘。大概是身边有漂亮姑娘的缘故，开奔驰的男生瞪着眼朝孙远程的车上望着，一脸嘲讽，嘴里不知道说着什么，旁边的女生则轻蔑地朝孙远程的车笑着。

孙远程对俩哥们儿说："他们是不是在骂我们啊？可能是怪我占用超车道了吧？""超他小子！挤他！"一个哥们儿替孙远程愤愤不平。孙远程想了想，不能冲动行事，而且这样超车确实不安全，就说："算了，甭惹事儿了，别理他了。"说着将时速降到了150公里。没想到孙远程这一降速度，这辆奔驰也不着急了，慢慢悠悠地挡在孙远程的车前面不远处，保持基本一样的速度行驶着。更可气的是，车上的男生居然从侧窗把手伸了出来，做出了一个下流的手势。这下可把孙远程车上的一群年轻人给气坏了。"这不知天高地厚的家伙，成心跟我们过不去！让他停车！""远程哥，超过他！""对！非要和他飙一把不可！不然他小子还不反了天了！"孙远程自打开始玩车，飙车就没有输过谁，这次被一个小奔驰蔑视，心里也十分不爽。在一车哥们儿的鼓动下，孙远程一脚油门"轰"的一声超过了前面的奔驰，又狠狠地从奔驰车头前面过去，逼到了奔驰的前头。正好这时前面出现了几辆大货车，孙远程几个摆方向，就从大车中间窜了过去。几个惊险动作下来，孙远程把奔驰狠狠地甩在了大车后面，车上几个人齐声给孙远程叫好。

没想到这奔驰车也挺有两下子，一个提速左摆右拐地不停换车道，居然又绕过几个大货车杀到了孙远程的车跟前，并行了几秒，又缓慢反超到前面。车上孙远程的几个朋友沉不住气了，扬起拳头气愤道："必须教育一下他！也是为他好，教教这小子今后怎么做人！"孙远程心里也憋着一股劲儿，心想："能超过我的人，还没生出来呢！今儿就让你小子看看我是怎么灭了你的！"于是把油门踩死。只听得车的发动机低沉地咆哮起来，160，180，200，220……仪表盘上的数字一路攀升。孙远程目不转睛地盯着前方，双手死死地把住方向盘。他的两个朋友更是在车上开始找起家伙来了，看样子等下截停了那辆奔驰车，又是一场麻烦。孙远程这时再一看时速，235！这可是他有史以来的最高速！这时的油门已经到底了，速度再也上不去了，而那辆奔驰车也就在孙远程车前方 200 米左右的地方保持着这个距离，看样子也是到了极限速度。两辆车一前一后，僵持不下，在车辆并不稀少的高速公路上飞驰。

正在这时，两辆车前方出现了几辆车，占用了三条车道，只见前方的奔驰车丝毫没有罢休的意思，稍微减速后，居然胆大地从一辆大车右侧的停车道冲了过去。孙远程一看，心想开奔驰这小子真胆大！停车道前面的路况被眼前的这辆大货车挡得严严实实，根本看不到，在这样的情况下，奔驰车还敢冒险从停车道超车，真是拿命在飙车！孙远程便和哥们儿说：“算了吧，车已经以最高速撑了好长时间了，而且停车道那边路况都看不见，那小子真是胆大！”几个朋友正对奔驰不服气，一听孙远程这话，嘲讽道：“是你害怕了吧，你车技还是不行啊！”孙远程一听，心想：豁出去了！这次既然飙上了，就飙到底！想罢，便把手心的汗往裤子上一抹，也往停车道那边冲过去。不料，车头一转到停车道那边，孙远程就发现，停车道前方不远处果然有辆抛锚的轿车正停在路边，原来刚刚的奔驰车正是从大货车跟抛锚轿车之间的缝隙钻过去的，而此时由于自己左侧的大货车已经逼近抛锚车辆，两车之间的空隙根本不足以容一辆车通过。面对被逼进死胡同的境况，孙远程立刻乱了阵脚，大叫一声：“不好！不好！要撞上！”情急之下慌乱地一脚踩到刹车上，一个猛刹车。车上人一片惊呼声还未落，孙远程又下意识地把方向盘往右一扳……

只听得“砰”的一声，刚刚还在高速上飞驰的车狠狠地撞到了右边的隔离带护栏上，由于惯性作用，转瞬间又被弹开，转着圈向高速路中间弹射出去，扫翻了一片车辆。紧随其后行驶的两辆小轿车避让不及，也接连撞上。现场瞬间乱作一团，数辆车横七竖八地横亘在高速中间，刚刚还高声轰鸣的马达此刻都已冒着黑烟。一时间，多辆车被撞毁，哭喊声一片。孙远程车上的四人全部当场死亡，车辆报废，其他人员共计 3 死 12 伤。就这样，一场生死飙车，就在刹那间以这样惨烈的方式落下了帷幕。高速公路上车辆的最高速度应该是每小时 120 公里，孙远程以两倍的速度在路上狂飙，置自己与他人的宝贵生命于不顾，终于酿成了如此大祸。不仅自己命丧黄泉，也牵及周围无辜的人受到伤害，更让自己及无辜伤亡者的家人痛不欲生。

据统计，交通事故已成“中国第一害”，我国交通事故死伤人数连续十年高居世界第一。而这其中，超速行驶又是引发交通事故的主要原因，超速行驶会造成各种问题，从而产生事故隐患。驾驶员在高速行驶时注视点前移，视野狭窄而不清晰，对事物难以辨认：在复杂路段、匝道、岔口超速行驶时，驾驶员无法及时观察，不能获取足够的道路信息，难以对路面情况作出准确判断；超速行驶时，驾驶员对意外情况的处理时间缩短，接近或者超过生理反应时间极限，容易造成事故。因此，驾驶人在高速公路行驶时速不得超过 120 公里，有限速路交通标志或其他限速标志时，要严格按照标志规定的速度行驶，做文明守法的驾驶人。

20. 疲劳驾驶酿悲剧　积极赔偿得谅解

程小斌是个勤劳的小伙子，作为一个“80后”，他性格开朗，为人和气，虽然高中毕业后没能顺利考取大学，但是他并不气馁。程小斌从小就喜欢汽车，这可能与爸爸是一名公交司机的影响有关。他高中毕业后积极学习驾驶技术，考取了驾照。经过面试与培训，程小斌顺利被聘用为西安市大众医药有限责任公司的一名司机。由于平时送货准时又高效，同事和客户都很喜欢他。2013年以来，公司生意非常好，司机们都忙得不可开交，由于业务需要，经常加班送药。

2013年6月12日，公司接到一单业务，要去甘肃省灵台县的一家药店送药。这家药店相对比较偏僻，程小斌没有跑过这条路，而且他中午12点多刚刚送完货回到公司，下午又到灵台县送药会很疲惫，可是其他司机也都在送药的路上。为了不使公司损失这单业务，他还是决定去送，于是请了自己的一位好朋友也是同事小路帮忙，陪自己一起去送一趟。小路是公司的业务员，曾经去过灵台县，对路况还算比较熟悉，有他来做程小斌的副驾驶，大家觉得比较放心。出发前，大家还一再叮嘱他们路上要小心。

初夏的北方有点闷热，程小斌驾驶公司的轻型厢式货车，从出发到现在已经有两个小时了，由于路途比较远，又有一段路堵车，后一段路上程小斌将车开得比较快。小路提议靠边停车休息一会儿，他对程小斌说：“再有一会儿就快到了，我们停车休息一阵吧，你已经累了。”程小斌很珍惜这份工作，再加上单位最近进了几个新司机，他压力也比较大，急于表现，于是非常肯定地对小路说他没问题，可以一直开到目的地以后把药送了再休息。小路想了想，也就同意了。

没想到，当车辆由东向西行至灵台县独店镇庙背村薛家塘社路段时，与同向行驶的杜鹏骑的自行车尾随相撞，程小斌慌乱中猛地打方向盘，货车顿时失控，冲向路边，将一棵柳树撞断后停了下来，副驾驶室严重变形，造成杜鹏和小路受伤，小路伤得特别严重。事故发生后，程小斌在自己也已受伤的情况下，仍然忍住伤痛，及时报警并拨打120，杜鹏和小路被送往灵台县人民医院。不幸的是，小路经灵台县人民医院抢救无效死亡。经甘肃明证司法物证鉴定所鉴定：小路系重型颅脑损伤伴脑疝形成，导致中枢性呼吸循环衰竭死亡。后来，交警出具了事故责任认定书，认为事故的主要原因是程小斌疲劳驾驶，没有注意同向的自行车，未保持必要的安全距离，未确保安全车速，处置不当造成事故。

小路在事故中死亡，程小斌倍感心痛，他对小路的家人感到深深的愧疚，之前他为了买房子，还向小路借了30万元，当时小路四处向亲戚借钱才帮程小斌凑够了30万元。程小斌主动向小路和杜鹏的家人提出赔偿，但是由于程小斌本来工作时间就短，没什么积蓄，还买了房子，一段时间以来钱都很紧，程小斌父母的养老积蓄也很少，手头没有多余的钱，所以程小斌提出的赔偿数额并没有让小路和杜鹏的家人感到满意。面对小路家人提出的100万的赔偿要求，程小斌感到无能为力。小路的家人说，如果程小斌不能赔偿，他们将向法院起诉，到时候法院拍卖程小斌的房子，也要把这个钱凑齐。另外，杜鹏的家人非常气愤，扬言说要么赔100万，要么法庭上见。

程小斌和他的家人真诚地希望能尽自己最大的能力赔偿小路和杜鹏，但是他们的赔偿能力确实非常有限，达不到小路和杜鹏家属的要求。程小斌的妈妈还专门找到了街道的调解委员会，希望人民调解员能帮助他们了解小路和杜鹏家属的诉求。调解员杨永负责这次调解。程小斌的妈妈看了看杨永的工作证，略带疑惑地问他："我家小斌的事你们真能帮我吗？"杨永看她一脸的茫然，热情地解释道："阿姨，您既然找到了我们，肯定是相信我们。这人民调解委员会是咱们街道自发设立的一个组织，国家有专门的《人民调解法》，人民调解委员会就是根据这个法设立的，我们虽不是政府工作人员，只是一个群众性的组织，但是我们的调解结果是受法律保护的，对解决您的纠纷有很大帮助。"程小斌的妈妈觉得看到了希望。

这天，程小斌的妈妈和人民调解员杨永来到杜鹏家，想先和杜鹏的亲属坐到一起聊聊赔偿的事儿，杨永主动介绍自己。介绍程小斌的妈妈，并说明了来意，杜鹏的家人情绪非常激动。杜鹏的妈妈指着程小斌的妈妈喊："就是你儿子干的好事，你还有什么脸来我们家！”杨永赶紧说道：“阿姨，您消消气，我们也很难过，所以今天我们来……”“你们有什么用啊，你们不是调解吗？跟姓程的说，现在 100 万不行，要 200 万，要不然我们就法院见。”杜鹏的妈妈粗暴地打断了杨永的话，程小斌的妈妈扑通一声跪在杜鹏的妈妈面前：“杜鹏妈妈，都是母亲，我了解您的感受，我给您道歉，是我儿子的责任，我们倾家荡产愿意赔，可是真的能力有限，我给您道歉了……”场面顿时安静下来，杨永赶紧去扶程小斌的妈妈，杜鹏的妈妈也平静下来，态度缓和了一些，说道：“你别这样，你先起来。”杨永把程小斌的妈妈扶起来。杜鹏的妈妈说：“我心里很乱，我家杜鹏还在医院，最终会落下什么残疾什么后遗症都不知道，你们先走吧。”杨永看到杜鹏妈妈坚定的样子，就说：“阿姨，那我们先走，等杜鹏的情况稳定了，我们再谈。”程小斌的妈妈虽然还想再说点儿什么，但还是跟杨永一起离开了。出了杜鹏家的门，杨永关心地问程小斌的妈妈：“阿姨，您还好吗？我自己去小路家吧。”程小斌的妈妈说：“我还好，我们一起去吧，我也想看看小路的家属。”杨永说：“小路家属虽然联系时没有那么激动，但是心情也很低落，我自己去的话，身份比较中立，有利于事情的解决。”程小斌的妈妈一听也有道理，说：“好吧，我回家等你消息。”

到了小路家门口，杨永敲了敲门，小路的妻子小王开门后，杨永说：“您好，我是咱们街道人民调解委员会的调解员杨永，这是我的工作证，我提前跟您联系过，想和您聊聊你们家和程小斌的事。”小王看起来很憔悴，对杨永说：“请进吧。”杨永忙进门坐下后，说：“逝者安息，生者坚强，你们要好好地生活，这样才是小路希望看到的呀！”小王点点头，不再说什么了。过了一会儿，见她平静了些，杨永接着说：“你们家和程小斌的事，我听说了些，他家主动找到了人民调解委员会，希望我们出面帮你们调解此事，他和他家人也挺愧疚的，希望尽其所能地补偿你们。”听到程小斌的名字，小王突然又有些激动起来，她说：“都是因为他，才把我们害成这个样子，还不愿意赔偿……”杨永说：“您先冷静一下，您这样说也不准确，程小斌是主动提出要赔偿的，你们两家只是对赔偿的数额没有谈妥。”他顿了顿，接着说：“这事发生后，你们也接触过，程小斌对此也是十分内疚，这你也是知道的。毕竟他和小路原来是非常好的朋友，他也不希望看到这样的意外事件，他感到非常的痛心，也没有说不管或是逃避责任，所以最好双方都冷静下来，好好处理这件事情。”小王叹了一口气，说：“我知道……”小王不说话，其实，杨永已经从程小斌妈妈那里了解到，小王要求的赔偿数额是100万，远远超出程小斌家提出的50万的数额。杨永想这只是一个数额的问题，如果两家都让一步，应该可以谈妥，于是他说：“程小斌家现在手头没有特别多闲钱，您也知道，他买房子都是四处借的钱，现在把房子卖了，再借一下，也只能凑够50万。”小王说：“人都没了……”杨永看小王的情绪没有很激动，态度也没有很对立，就接着说：“您看，我已经说过，程小斌应当进行赔偿，人家也愿意赔偿，生活还要继续。”他接着说：“根据《最高人民法院关于审理人身损害赔偿案件适用法律若干问题的解释》第十七条的规定，受害人死亡的，赔偿义务人除应当根据抢救治疗情况赔偿，还应当赔偿丧葬费、被扶养人生活费、死亡补偿费以及受害人亲属办理丧葬事宜支出的交通费、住宿费和误工损失等其他合理费用。根据《最高人民法院关于确定民事侵权精神损害赔偿责任若干问题的解释》第一条的规定，还可以主张精神损害赔偿。但是这些钱算下来，30万到头了。他现在提出了50万的赔偿数额，你为什么还不接受呢？”小王听杨永是依据法律计算得出的赔偿数额，她所主张的100万也是得不到法律支持的，想了想，对杨永说：“那程小斌必须先归还小路生前借给他的30万元。”杨永说：“这个不用担心，我还正要跟你说，程小斌家主动说，卖了房子，就是要先还你家的钱的。”小王点点头，表示接受。后来，程小斌的妈妈和小王一起来到位于街道办事处旁边的人民调解委员会，达成最后的调解协议。

时间转瞬即逝，杜鹏终于出院了，这次事故给他造成的伤害也很大。他第一次住院77天，花费医疗费107718.46元。出院诊断为：“一、重型颅脑损伤：1. 右颞部硬膜外血肿，2. 右颞部硬膜下血肿，3. 蛛网膜下腔出血，4. 右颞骨骨折；二、汗疹；三、右侧动眼神经挫伤；四、头皮坏死。”出院医嘱：全休一个月，陪护一人。后来，杜鹏伤情反复，在中医院住院治疗，住院22天，花费医疗费10792.53元。杜鹏住院期间，程小斌预交住院费13900元。后来，经西安市公安局交警支队委托金剑司法鉴定所对杜鹏伤残等级、后续医疗费、误工损失日、护理期限进行评定，金剑司法鉴定所出具鉴定意见书，鉴定结论为杜鹏损伤构成四级伤残和十级伤残、后续医疗费20000元、误工损失日为193日、护理期限为150日。而且，杜鹏独自抚养一子现年两岁，压力很大。

后来，程小斌的家人和杨永几次登门拜访，终于打动了杜鹏和家人。特别是程小斌的妈妈，自己买了很多法律相关的书籍，不仅咨询杨永，还专门咨询了相关的律师，律师给出了意见，根据《侵权责任法》第十六条的规定，侵害他人造成人身损害的，应当赔偿医疗费、护理费、交通费等为治疗和康复支出的合理费用，以及因误工减少的收入。造成残疾的，还应当赔偿残疾生活辅助具费和残疾赔偿金。造成死亡的，还应当赔偿丧葬费和死亡赔偿金。根据《最高人民法院关于审理人身损害赔偿案件适用法律若干问题的解释》第二十条的规定，误工费根据受害人的误工时间和收入状况确定。误工时间根据受害人接受治疗的医疗机构出具的证明确定。受害人因伤致残持续误工的，误工时间可以计算至定残日前一天。受害人有固定收入的，误工费按照实际减少的收入计算。受害人无固定收入的，按照其最近三年的平均收入计算；受害人不能举证证明其最近三年的平均收入状况的，可以参照受诉法院所在地相同或者相近行业上一年度职工的平均工资计算。程小斌还应按照当地在岗职工上年度平均工资，赔偿杜鹏误工费。另外，相关案例中，一般还要赔偿陪护费用，通常也是按照在岗职工平均工资计算，结合杜鹏所受伤害程度，酌情还要赔偿营养费和被扶养人生活费、交通费、住院伙食补助费等。计算下来，也是30万元左右。

程小斌的妈妈把每项费用的计算标准列得清清楚楚，还找了相关的案例，她跟杜鹏的妈妈说：“大姐，我们都是当母亲的，我们不求儿女飞黄腾达，但求儿女健康平安，出了这样的事情，我们都很难过，我们一定尽最大的努力来弥补我们小斌的过错。这些计算标准都是我跟律师咨询过，我自己也查过的，如果您坚持上法院，对于我们两家来说，真的是费时费力，还要聘律师交诉讼费，如果您愿意，我愿意一次性赔偿您家 40 万元。如果杜鹏有后续治疗费用，我愿意到时候再跟您协商赔偿。”看到程小斌妈妈的真诚，也看到了白纸黑字的法律依据和科学有据的计算标准，杜鹏家同意了程小斌家提出的赔偿方案。

虽然民事赔偿得到了较好的解决，但是灵台县人民检察院仍然对程小斌提起了公诉，指控程小斌违反道路交通安全法规，发生重大事故，致一人死亡，其行为已触犯《刑法》第一百三十三条之规定，应当以交通肇事罪追究其刑事责任。

法院经审理认为，程小斌已构成交通肇事罪。公诉机关指控程小斌犯交通肇事罪的事实清楚，证据确实、充分，指控罪名成立。程小斌在肇事后能主动报案、及时抢救伤者、保护肇事现场，并如实供述其犯罪事实，具有自首情节；赔偿了被害人及近亲属的经济损失，确有悔罪表现，可以从轻处罚。最终法院判决程小斌犯交通肇事罪，判处有期徒刑六个月，缓刑一年。

21. 醉酒逞能硬开车　赔钱坐牢丢工作

小田家住在重庆市渝北区，是个“90后”。别看这小伙儿年纪不大，却有一项拿手的好活儿——开车。在亲戚朋友中间，小田开车的技术好是出了名的，谁家遇上个急事儿需要司机帮忙，小田都是大家心中的不二人选。平时跟朋友们一起喝酒聊天的时候，小田的开车水平也常常是朋友们挂在嘴边的谈资。原来小田早年间在部队当兵的时候是汽车兵出身，部队熔炉般的艰苦环境让小田练就了精良的开车技术，无论是小轿车、客车还是大货车，对这个年纪轻轻的“90后”来说都不在话下。前年从部队复员回家以后，凭着精良的开车技术，小田轻松地在渝北区空港一家修理厂找了份开货车的工作。因为开车水平过硬，小田拉货比别人快出许多，一天总能多拉一两个来回，再加上机灵能干，做起事来手脚也利索，老板因此十分器重他，给他的工资待遇也比一般的司机要高。复员后能轻轻松松地找到这样的工作，小田算是让家人省了不少心。

除了这份不错的工作，田家又添了另一件大喜事——小田结婚了！两年前，刚刚复员回家的小田经朋友介绍，认识了在市里一家高级大酒店工作的乐乐。两人一见钟情，恋爱谈了一年多，终于在“五一”趁着好日子把喜事给办了。婚后没多久乐乐就怀孕了，小田让乐乐把工作辞掉，专心照顾家庭，这样一来，自己一个人干活儿养家虽然辛苦点儿，心里倒也踏实。一年后，乐乐顺利地生下了一个大胖小子，小田看着两人的爱情结晶一天天茁壮成长，心里乐开了花。为了让妻子和孩子过上好日子，小田工作更加干劲儿十足，起早贪黑地帮着修理厂拉货。早早地结婚生子，组建了幸福美满的家庭，这让小田成了朋友们羡慕的对象。

可是，世上没有十全十美的人，也没有十全十美的事。虽然小田掌握了吃饭的家伙——过硬的开车技术，但也有一个坏习惯，就是没事儿就爱喝两口小酒。因为小田的工作是跟方向盘打交道，喝酒太多十分危险，乐乐为此没少说他。小田倒是觉得一来自己酒量挺大的，一斤白酒下肚都没事儿。二来自己也从来不在工作的时间喝酒，顶多是周末朋友聚一聚才有机会来两口。因此，每回乐乐一说他，他总让乐乐把心放到肚子里。

这一天，一大早小田又来到了修理厂。早上帮老板收拾了一下厂里的杂物，老板就让他出去拉两批货。“今天这两批货挺多的，离厂子也不近，”老板跟小田说道，“看今儿个天气也挺热的，这样吧，你把这两批货拉回来卸到厂子里，你就早点回家吧。”小田听老板这么一说，连忙道谢，喜滋滋地上了车。刚把车开出厂子，小田就接到一个陌生的电话，电话一接通，那边就传来一阵爽朗的笑声：“哈哈哈哈！小田，听说你小子现在混得不错啊！老婆娃儿都有了！还记得我吗？”小田一听，这不是自己在部队的铁哥们儿强子的声音嘛！小田乐了：“你小子这声音，这两年都没变！我就算死到鬼门关里头去了，听到你这个声音，也要睁开眼瞧你小子一眼再走啊，哈哈哈哈！”强子那边笑道：“哈哈哈！算一算日子也过得挺快的，一转眼，我们都两年没有见面了嘛！你老婆孩子热炕头都有了，还晓得想我们吗？！”“想！咋个不想！这两年有时候半夜睡不着，想起以前在部队的日子和哥儿几个潇洒的时候，心里就特别想念你们啊！”“想我就让你见见我！”强子在电话那头道，“其实我昨天晚上就到重庆了，想着时间太晚了，就没有打扰你们。怎么样，今儿中午哥几个出来聚一聚吧？好久没在一起喝酒摆龙门阵了，还真是怪难受的！”听说强子已经身在重庆，小田又惊又喜：“你小子到重庆了也不早告诉我，我都没有去接一下你！那好，今天中午我一定要尽一下地主之谊！我叫上几个朋友作陪，咱们中午 11 点，五月花酒店不醉不归！”“好！那等一下见面再聊。”

挂了电话，小田一路把车开得飞快。一路上几次超速，但因为惦记着战友的重逢，小田也没有把道路交通安全放在心上，短短两个小时就跑了个来回，把第一批货拉回了厂子。卸完货，小田心想着等中午吃完饭回来再拉第二批货，于是一边掏出手机叫上几个经常在一起的好哥们儿，一边掉头就出厂子直奔定好的聚会地点去了。

在餐馆见到阔别两年的好战友强子的那一刹那，小田的心情一下就高涨起来，热血沸腾，仿佛回到了当年在部队的那些激情燃烧的岁月。几个朋友一到，小田迫不及待地向大伙儿介绍道：“这是当年我在部队的时候，关系最铁的铁哥们儿——强子！”因为年纪相仿，又比较容易有共同话题，几杯啤酒下肚，几个年轻人很快就熟络了。小田的朋友当中也有在其他部队当过兵的，大家一聊到当兵的日子，话匣子就打开了，你一言我一语，热辣辣的火锅就着冰凉清爽的啤酒，不一会儿，刚刚叫来的一打啤酒就被喝了个精光。

小田刚坐下的时候，心里还隐约惦记着下午开车拉货的事儿，所以尽管兴致高涨、谈兴大发，但面对朋友们给自己添满啤酒的酒杯，他还是很自觉地推到一边。强子不解："小田！你这不是不给我面子嘛！咱俩好几年没见了，一见面你就给我来这个？连啤酒你也不沾，是看不起我呀！"小田连忙解释："不是不是，强子你瞧你，咱俩谁跟谁啊，咱俩之间还能有谁看不起谁？你有所不知，我现在是在一个修理厂给人家帮忙开车，老板今儿交代我有两批货要拉。这上午我刚出厂子门，你一个电话就来了。我一听是你，撂下活儿中午就来给你接风了！这是看不起你？"看强子的脸色渐渐舒缓，小田看了看眼前满满的酒杯，咽了口口水接着说："不是我不给你面子不喝酒，看着这酒，哥们儿我也馋啊！但是我下午还有开车拉货的任务，实在是怕喝了路上出事儿！"强子这才明白。这时，小田的一个朋友忍不住插嘴了："小田，俗话说有朋自远方来，不亦乐乎。咱强子哥跟你也是好久没见了，这么难得的机会，不喝两杯不像话吧？再说了，你酒量好，我们大家都知道，少来两杯，没关系的！"大伙儿一听，也纷纷附和道："对啊，小田，你酒量出了名的好，少来两杯，少来两杯！哥几个都盯着你，不让你喝超过三杯，怎么样？出不了什么事儿的！"小田一听，低下头犹豫了。强子这时候端起小田的杯子，把它跟自己的杯子一碰，递给小田说："来吧，哥们儿也不让你多喝，就这一杯，咱们俩这么多年头一次见面，一杯不过分吧？"小田见状，心一横，端起杯子仰脖就把酒干了。

要说酒这个东西，还真是有意思，不喝也就罢，一喝起来还真就止不住。也怪这天正是秋老虎发威的时候，再加上火锅的热气在面前扑腾，小田这会儿吃得正是浑身冒汗暑热难耐，在大家的劝让下一杯酒下肚，立刻感觉周身都清凉了许多，禁不住心里暗叫一声"爽！"有了这第一杯的畅快，后面没待大家怎么劝，小田反倒是自己主动地端起了杯子。接下来随着聊天的进行，大家越吃越嗨，越聊兴致越高，酒也是一杯接着一杯不停地往肚子里灌。不一会儿，小田就把下午还要去拉货这事儿忘得一干二净了，只见他酒杯举得比谁都快，比谁都高，喝得当然也是比谁都多。剩下的几位朋友兴致上来，也喝得东倒西歪，早忘了盯着小田不超过三杯的事儿。这顿饭一直吃到餐馆里都没什么人了，几个人才意犹未尽地埋单离开。

出门看到自己的大货车，小田和朋友们才想起拉货这回事儿。强子虽然喝多了，但是心里并不糊涂，知道耽误了小田的正事儿，他有点不好意思了："小……小田……实在是不……不好意思……今儿你们……你们几个……陪我……喝酒，喝得有点儿多！都忘了你下午……还有正事儿……要干呢！这……这样吧……你……你给……你给你们老板，打……个电话，请个假！我……我替你跟老……老板讲讲情。这车……你……你就……千万……千万别开了！"其他朋友也说："田儿，你小子今天喝得是不少！不过今天有特殊情况，老战友见面嘛，跟老板说一声，他肯定能理解。但是这车，你可千万不能碰了，八瓶啤酒刚下肚，这开车可不是开玩笑的！"身后的朋友们也都随声附和，纷纷劝小田不要再开车了。

可是小田心想：我在朋友们中间出了名的酒量好，又是出了名的开车好手，要是这回八瓶啤酒就把我给拦在车门外了，我以后可就没法儿跟大伙儿面前牛气了！不行，我一定得把车开走！就算不为别的，强子这老战友面前，我可得露一手！想罢，小田开口道："不用担心我！你们不还夸我是一斤不倒呢嘛，这八瓶啤酒还能奈我何？！放心吧，我现在拿这车给你们来个漂移都不在话下！"接着，小田不顾朋友们的劝阻，一猫腰就钻进了货车的驾驶室里，熟练地点火、发动引擎，在朋友们的叫喊声中开车上路了。

直到货车驶离了朋友们的视线，小田才觉得有些后悔。虽然自己酒量是不错，但是八瓶啤酒下肚，他的脑子也不由得有点晕了。再加上天气格外燥热，午后的阳光照进驾驶室内，不一会儿，小田就在高温驾驶室里变得有些昏昏欲睡了。要是这时他能够及时悔改，将车停靠在路边，那么后面的一切也就不会发生……可是他仗着自己酒量好，醉得并不厉害，就觉得应该不会出事，于是减了点速度继续向前开去。当他驾驶的货车行至渝北区渝邻高速路口附近时，货车前方出现了一辆奥迪车。可是因为小田喝酒后虽然不醉，但是却十分困顿力乏，脑袋反应也变慢了，不停地打盹。等到一个盹儿醒过来睁开眼，奥迪车已经近在眼前了。小田一个激灵赶紧将刹车踩到底，可是大货车还是“砰”的一声跟前面的奥迪车车尾来了个“亲密接触”！

看着前面的奥迪车后保险杠被自己撞得深深凹进去，小田当时就吓傻了，心想：“我开车这么多年，还真没出过事故。今天刚逞了一次能，就惹出了这么件大事儿！”正愣神的工夫，前面奥迪车上的两个人顶着一脑袋的血下了车，骂骂咧咧地把小田从货车上拉了下来。一打开驾驶室，一股浓烈的酒气就扑面而来，奥迪车上的两人见状更是气不打一处来，当即就报了警。小田见自己惹了这么大的祸，也没敢多说什么，老老实实地等着交警的到来。

报了警之后没多大一会儿，渝北分局交巡警支队的民警就赶到了现场。民警们一看小田满身的酒气，立即就对小田进行了酒精测试。这一测才发现，原来他血液内酒精含量已经达到了每百毫升 179.9mg，远远超过国家法律规定的醉酒每百毫升 80mg 的标准，已经达到了醉驾入刑的标准。小田一听“入刑”二字，当场就傻了眼。

这次事故，小田不仅撞坏了奥迪车，也撞坏了修理厂的货车。虽然修理厂的货车是上过保险的，但是由于小田属于醉酒驾驶，依法不属于保险公司的理赔范围，小田只能自己掏腰包进行赔偿。所幸当时小田的车速并不快，所以尽管刹车不及时撞上了小轿车，轿车上的两个乘客伤势也不算严重，没有造成不可挽回的生命损失。被撞的奥迪车主见小田年纪不大，又是初犯，家里还有嗷嗷待哺的孩子，便主动免去了医药费的赔偿，只要求赔偿修理费即可。可尽管如此，两辆车的修理费还是达到了七八万元。

出了这事，小田被渝北分局交巡警支队处以扣 12 分、吊销驾驶证、禁驾 5

年以及罚款等行政处罚。小田的老板本来就因为小田明知自己工作的特殊性还放纵自己喝酒这事十分不满，再加上货车被撞坏以后严重耽误了修理厂的业务，所以在小田被吊销驾驶证又被禁驾以后，修理厂就直接把他辞退了。小田的妻子乐乐早已经辞掉了工作专职在家看孩子，可爱的儿子才几个月大，全家的开支都靠小田在修理厂拉货维持。可是这一出事故，不仅让小田丢了维持全家生计的饭碗，还带来了额外的七八万元的债务。当民警前往小田家对他以危险驾驶罪执行逮捕时，小田哭了，他的老婆抱着孩子在一旁也以泪洗面。一个曾经人人羡慕的美满家庭，就这样被一次冲动的醉酒驾驶毁了。

22. 年终团体旅游遇台风　律师游客自助解难题

转眼马上要到 2014 年了，上海金牌律师事务所即将迎来建所 30 周年。2013 年年底，律所主任和合伙人律师除了照常安排年会以外，还合计着组织律所成员到境外旅游一趟，费用全部由律所来承担，此次旅行，一方面是为了庆祝律所建所 30 周年，另一方面是因为到年底了，也给律所成员放个短假，感谢他们对律所的付出，并借此加强律所的凝聚力、增强律所成员的归属感。旅行时间初步定于 1 月中下旬，为期四天或五天。元旦过后，律所主任将组团出境旅游的初步计划告诉办公室职员刘旭，由他负责组织安排律所成员出境旅游。

考虑到时间有些紧张，接到任务后，刘旭赶忙在网上搜集了三个出境旅行方案供大家选择，包括：普吉岛六天五晚自由行、巴厘岛六日团队游、长滩岛四天三晚团队游。午休过后，上海金牌律师事务所的每个成员都收到一份邮件，主题是："关于 1 月中旬律所组团出境旅游方案征集及报名"，要求于当天下班前将个人出行建议和报名以邮件的形式进行回复。

第二天一大早，刘旭到办公室开始查收邮件，汇总律所成员的意见及报名情况。在结合律所成员意见后，上海金牌律师事务所的年底组团出境旅游地点定为菲律宾长滩岛，时间安排在 1 月 20 日至 1 月 23 日，不占用周末双休时间，报名总人数为 32 人。在与领导沟通后，刘旭联系了上海大西旅行社，由旅行社负责出境旅游的具体行程安排，费用先交付 16 万元，待旅行结束后再统一核算，多退少补。在出行前，刘旭还细心地为同事们整理了一份"出行小贴士"，包括整个行程安排介绍和出行必备的物品，以便律所成员们提前做好准备。此外，他还找了财务部门的同事李佳帮忙，协助他记录和处理旅程中的相关费用。

1 月 20 日清晨 5 点，上海大西旅行社派车到达上海金牌律师事务所办公楼下。律所 32 名成员整装待发，统一搭车抵达上海浦东国际机场。经过几个小时的航班飞行后，在上海大西旅行社导游李林俊的带领下，上海金牌律师事务所一行 32 人终于抵达了被世界旅游杂志评定为世界上最美丽的海滩，且享有"日光浴天堂"美誉的长滩岛。

抵达长滩岛后，律师们都不禁感叹空气的清新和阳光的灿烂，大家边走边聊天，一路上欢声笑语，都期待着可以借此旅行一扫一年以来工作的疲惫，迎接美好的新年。在搭车和乘坐快艇后，他们终于到达了酒店，并办理了入住手续。稍事休息后，便开启了长滩岛之旅。这一天，他们的行程安排主要是D-mall、圣母岩礁、星期五沙滩和风帆出海观日落奇景。在导游李林俊的陪同和讲解下，他们观光了专卖各种纪念品的D-mall和矗立有圣母像的圣母岩礁，眺望着整片白沙海滩以及清澈见底的海水，开心地拍照留念。随后，他们又前往长滩岛沙质最细、最柔、最白、最美的沙滩地段——星期五海滩。一些同事下海游泳，一些同事在岸边漫步，一些同事悠闲地躺在椰林沙滩上，享受着海天一色、碧海蓝天。到傍晚时分，上海金牌律师事务所的同事们又一同搭船出海，观看日落奇景。看着夕阳西下，景色美不胜收，同事们都静静地眺望着远方，被美景深深地陶醉着。见同事们都满脸喜悦，负责安排此行的刘旭也深感欣慰。这一天的旅程也就圆满结束了。

第二天上午，按照原来约定的时间早上8点，刘旭、李佳等26位同事在酒店大厅集合。正当刘旭在清点人数时，合伙人李律师打来了电话："刘旭，你好！我是合伙人李浩。""你好！李律师，我刚说给您打电话，我们在酒店大厅等您和您团队的成员。你们要过来了吧？我们差不多快要出发了。"刘旭打过招呼之后，赶忙问道。"刘旭，情况是这样的，我昨晚接到客户电话，客户的上市项目临时有些紧急情况要处理，所以很遗憾，我和我团队的六个人需要赶回上海一趟，就没办法参加之后的旅行了。昨晚太晚了，怕打扰你休息，就没跟你说。我们现在已经在机场，准备登机了。你们好好玩，也辛苦你了，小刘。"听完电话那边的解释，刘旭在惋惜之余，只好答复道："好的，知道了，李律师。毕竟工作重要，那祝你们一路顺风！"说罢，就挂断了电话。

这时候，刚好导游李林俊也到了酒店大厅，见刘旭刚挂完电话就说："今天的旅游行程主要是海底世界和浮潜，只要大家到了就可以开始玩了，我作为导游也没什么要讲解的，所以我就不去了。你们在这里等着司机过来就好。"说话间，导游就要转身离去。刘旭赶忙追上前说："李导游，我们这人生地不熟的，而且团队人还多，你还是跟着我们过去吧，这样我们也心安些。另外，我们有六个同事因为单位临时有事，先回去了，后面的行程就不参加了，酒店也已经退了。"没等刘旭说完，导游李林俊就不耐烦地答道："反正你们钱已经交了，想走也可以。今天的行程，我去了也是干等着，我就先回酒店休息了。"说罢，导游头也不回地转身向酒店的房间走去，撂下律所的26位游客在酒店大厅等着司机。

可是，半个小时过去了，司机师傅还没过来接他们。看着同事们都等得有些不耐烦了，刘旭只好再给导游李林俊打电话，询问司机的情况。等他接通电话，只听见电话那边李林俊声音含糊地说："再等会儿吧。"他还没来得及回话，电话那边就已经挂断了。刘旭无奈地转身跟同事们解释说："今天导游没办法跟我们一同出行，司机师傅也晚了一会儿，大家请再耐心地等待一下。"一听刘旭这话，律师王强有些按捺不住了，说道："导游为什么没办法跟我们一同出行？是身体不舒服吗？刚才他过来不是还好好的？怎么就不带团了呢？我们还以为他是回房间取东西了。""导游跟我说，今天的行程主要是浮潜和逛海底世界，不需要他讲解，所以他就不跟着我们了。"刘旭答复道。"哪有这道理？怎么可以把我们撂这边，他自己回去睡觉？你把旅行社电话给我，我来跟他们旅行社打电话反映一下情况，讲讲道理。"王律师向来性子比较急，说着话就跟刘旭要了旅行社电话并拨通了，而接电话的刚好是旅行社负责人李东。

电话接通后，王强就拿出他日常工作谈判的架势，说："您好！我是上海金牌律师事务所的律师王强。您那边是上海大西旅行社吧？""是的，请问您有什么事情？"李东听着是律师打来电话，也一本正经地回答道。"我和我同事这几天来长滩岛旅游，报的是你们旅行社的团。但是，刚到第二天，你们旅行社安排的导游就撂下我们游客不顾，自己休息去了。哪有这个道理？"王强迅速地说明问题，然后接着说："根据我国《旅游法》，旅行社组织团队出境旅游，应当按照规定安排导游全程陪同。像导游现在的做法，在一定程度上已经违法了。您看您是联系导游协调一下，还是我们自己跟消费者协会反映一下情况？"王律师一口气把问题和相关法规讲给对方听了。打完电话不一会儿工夫，导游李林俊就再一次来到酒店大厅，还拉着脸说："下回有问题，直接找我就行，不需要再打电话联系我们旅行社了。我刚才只是回去拿了些东西，我们10分钟后出发。"见导游又重新带团出发了，同事们也没再多说什么，都心想幸好我们这群人都是懂法律的，要不然还真得吃哑巴亏。

经历这个小风波后，剩余的26位同事再次踏上了旅途。先是游览了梦幻的海底世界，然后乘坐菲律宾人智慧结晶的螃蟹船，一人一组浮潜用具，饱览了色彩缤纷的珊瑚和2500多种海洋热带鱼。晚餐的菲律宾烧烤海鲜餐更是让同事们吃得不亦乐乎，给这一天的旅程画上了圆满的句号。

1月23日，旅程第四天，旅行社没有特别多的安排。上海金牌律师事务所一行的二十多名同事约着起了个大早，一同去欣赏长滩岛的日出美景。初升的太阳，清静的白沙滩，绵延的椰林，璀璨的朝阳，浪漫的沙堡，海天一色，水波连连，如诗如画……映入眼帘的满是诗情画意的美景。律师们都不禁感慨，美好的时间总是过得太快，下午就得搭上返程的航班了，真想在这边小住一段时间，慢慢享受惬意的海边生活。

然而，这样美好的愿景却被突如其来的台风给破坏了。到了当天下午，超强台风袭击了菲律宾，交通和通信均陷入了中断，当地所有航班停飞。庆幸的是，当时旅游团的26人都在酒店内准备集合，并无人外出，也没有人受伤遇难。但是，接下来的遭遇却让他们难以接受。因为他们的旅程是四天三晚，所以住宿也只安排到23日当天。到了24日，室外天气依旧恶劣，台风暴雨不断。见天气一直没有好转，24日一早，刘旭就赶忙联系了导游李林俊，希望他能帮忙和酒店协调住宿。但是，令他们气愤的是，他们得到的答复竟然是必须缴费才可以入住。因为他们所带的现金缴不齐房费，而当地停电又无法刷卡消费，导游李林俊就对他们说："非常抱歉，我已经跟酒店沟通过了，因为各位没办法缴纳房费，所以需要在中午12点之前办理退房手续。恕在下也无能为力。"

听到导游的说法，在场的律师们都十分气愤，纷纷抱怨说："外面还有台风暴雨，我们能去哪里啊？”“难不成让我们露宿街头？！”这时候，王强赶忙走上前，跟李林俊严肃地说道：“李导游，希望您能理解我们，尽快协助我们解决住宿的问题。作为游客，出来旅游遇上台风，是我们意料之外的事情，和您一样，也非常不情愿。如果我们所带现金够的话，或者可以刷卡消费，我们一定按酒店规定缴费入住。但是，现在情况的确有些特殊。另外，对于面临这种特殊情况时，旅行社和游客当如何处理，法律是有明确规定的。根据我国《旅游法》第六十七条第（四）项的规定，因不可抗力或者旅行社、履行辅助人已尽合理注意义务仍不能避免的事件，影响旅游行程的，造成旅游者滞留的，旅行社应当采取相应的安置措施。也就是说，像我们这样出行遇到台风，是属于法律规定的不可抗力情况，对此，旅行社负有‘采取相应的安置措施’的义务。”

看着游客们情绪都有些激动，又觉得王律师说得有理，李林俊就勉为其难地说：“既然这样的话，我就再去问问酒店，看可否特殊情况特殊处理一下，毕竟我们旅行社跟他们合作也比较多。费用的话，你们再想想办法。”说罢，李林俊就转身走向酒店大堂经理，去沟通协调了。

在等待导游协调结果的同时，律师们也围坐着开始合计解决费用的问题，毕竟从目前情况看，他们可能还需要在长滩岛继续留宿两三天。“虽然法律规定旅行社有‘采取相应的安置措施’的义务，但是法律同时也规定，因不可抗力导致滞留而增加的食宿费用，由旅游者承担。看外面的天气情况，我们至少还得在酒店再住两晚，再加上这两天的用餐费用，也是不小的一笔费用。咱还真得想想办法，毕竟就算酒店通融也只能解决部分费用。”王强说道。这时候，财务李佳灵机一动，突然提道：“我们律所和上海大西旅行社签约时，关于费用的结算约定是‘待旅行结束后再统一核算，多退少补’，所以费用这块儿我们跟导游说明一下，他可能不是特别清楚。”“对对，我也记得是这么约定的。对了，王律师，你对《旅游法》的规定更熟悉一些，就想问问您，像前两天李浩律师他们六个人因为工作提前回去了，那旅行社是不是也应该把部分费用退还咱所？”一旁的刘旭也想起了当时签合同时关于费用的约定，连忙补充说道。

“小刘，你不说我差点给忘了。《旅游法》第六十五条的规定，赋予了旅游者在无须征得旅行社同意的情况下，享有单方解除包价旅游合同的权利。在旅游者行使单方解除合同的权利时，旅行社应当在扣除必要的费用后，将余款退还旅游者。这里的必要费用就包括两个部分：一是组团社已向地接社或者履行辅助人支付且不可退还的费用；二是旅游行程中已实际发生的费用。考虑到咱们此次出游，算是单位集体活动，李浩等六位同事的剩余旅游费用应该统一退还给咱们所，所以说，这笔费用也可以暂时用来填补我们之后两天不足的食宿费用。这样的话，我们这两天的食宿问题就应该能解决了。”王强盘算了一下，耐心地答道。听了王律师的说法，其他同行的律师也松了一口气，觉得这下问题总算有解决的办法了。

刚好，李林俊也与酒店沟通回来，跟各位律师说道：“各位律师朋友们，我刚和酒店特别申请了一下，考虑到外面台风暴雨，酒店可以让各位再住两晚。但费用的话，等信号好些了，可能还需要我和旅行社再确认一下。”“好的，谢谢您，李导游，给您添麻烦了。”听着导游已经与酒店打好招呼，同事们的住宿问题也初步解决了，刘旭连忙答谢。在同事们都收拾行李再回房间休息的同时，刘旭和王强又单独将导游叫到一旁，将之前商讨出来的费用解决方案跟李林俊细致地说了一下。听完刘旭和王律师的说明后，李林俊说道：“两位放心，如果按照两位说明的情况，这两天的食宿费用问题应该不大，等信号好了，我再跟旅行社李东先生确认一下就好。如果费用还差一些的话，我们也可以回到上海后统一结算。”听了导游的话，王强和刘旭总算放心了，也和大家一样回房间休息，期待着天气尽快好起来，以便尽早返程。

终于，两天过后，天气转晴，航班也恢复正常。在导游李林俊的带队下，26 名律师搭乘 CZ6046 航班返回了上海，结束了长滩岛之旅。作为活动组织负责人的刘旭回想起来，感觉虽然此行因遭遇台风略带惊险，但还好同行的律师同事熟悉旅游法律法规，在与旅行社和酒店的沟通上省去了很多麻烦，顺利化解了诸多难题，才保证长滩岛的团队旅游得以圆满结束。

23. 为母庆生泰国游　消协调解化纠纷

近年来，随着人们生活水平的不断提升，出境旅游已经不是什么新鲜事了。眼看着就要国庆了，正好母亲的生日是 10 月 2 日，走上工作岗位半年的李馨开始寻思着带着母亲出境旅游，换种方式给母亲庆祝生日，也算自己工作以来送给母亲的礼物。

下班回家后，李馨就跟母亲说了自己的想法。李母听后，觉得出境旅游倒是挺好，但担心费用太高，就跟李馨说："出国旅游费用太高了，咱就在家一起聚聚就挺好的。"李馨看出了母亲的顾虑，知道母亲一辈子节俭，就答复说："妈，您放心，咱就选择去泰国旅游，那边费用不高。再说，正好我也有七天长假，可以陪着您出去走走。您老这些天就好好休息，养精蓄锐，行程、酒店、航班我来负责。"看着女儿一片孝心，李母也没再多说什么，欣慰地笑了。

时间总是过得很快，赶上季度末，李馨这些天总是加班，忙着汇总数据、跑客户。转眼就到了 9 月 20 日，李馨才意识到自己和母亲的泰国旅游还没安排。在网上搜了几个旅行社的行程安排，并打了几个电话咨询，得到的回复都是"我们的团已经报满了"。正当她垂头丧气时，坐在一旁听到她打电话的同事提示她说："咱办公楼下有家旅行社，你可以过去问问。"李馨听完同事的建议，心想也只能寄希望于办公楼下的旅行社了，希望这家旅行社还能有到泰国旅游的团。

午饭过后，李馨赶忙去了办公楼下的北京 NC 旅行社。负责接待她的是一个叫郭蕊的工作人员，一见她进门，就笑盈盈地迎上来。李馨简单跟她说了自己打算国庆期间和母亲到泰国旅行的安排。听李馨说完，郭蕊就赶忙把她带到签约区，说："李姐，您真是太幸运了，我们国庆去泰国的团基本都报满了，赶巧上午有个客人家里有事，没办法去了，腾出了三个名额。而且这三个名额不仅是泰国六天五晚的豪华旅游团，团费还是特价的，每人仅需 2500 元。您要不要考虑一下？"李馨听了工作人员的介绍，也觉得 2500 元的团费的确很划算，比网上的报价基本能优惠将近一半。她也担心错过这个团就很难再找到合适的，直接答复郭蕊说："好的，郭女士，那我就定您这个团吧。考虑到我母亲睡眠不太好，在安排住宿时，麻烦您选一个稍微安静点的房间，以方便她休息。"郭蕊就立马带着她去签约付款，还特别强调说："李姐，您放心，这些都是小问题。只要您交了团费，出国就可以好好玩了，不需要花别的钱了。"签完约、付完款后，李馨高兴地回到办公室继续上班了。

转眼就到假期了，李馨和母亲两人抵达首都机场。搭上了国际班机飞往泰国首都曼谷。很快，北京 NC 旅行社的泰国六天五晚的豪华旅游团就抵达了泰国首都曼谷。一下飞机，就有漂亮的泰国小姐为她们献花，李馨和李母真是心花怒放。随后，她们搭车抵达酒店。入住的酒店差不多是国内四星级的水平，整体环境还是比较让人满意的。李馨和李母也感到很欣慰，心想：这 2500 元的泰国游还真划算。

第二天，两人跟团乘车前往曼谷金碧辉煌的大皇宫，并膜拜了泰国的第一国宝——金装翡翠玉佛，随后享用丰盛的泰式风味餐，然后前往阿南达沙玛空皇家御会馆。室内全以彩色大理石装饰，有泰国历史演进的壁画。下午的时候，她们又乘坐昭帕耶公主号豪华游轮在具有"泰国母亲河"之称的湄南河上欣赏沿岸美丽的夜景并在上面享用晚餐。一天的行程安排得很满，李母虽然有些累，但心情还是非常愉悦的。

可是接下来的几日，李馨和李母就高兴不起来了。旅行社将计划内的景点明显减少，即使到了景点，时间安排也十分紧张。有限的时间被节省出来了，这时导游廖强来了精神，他拿出一张"自费项目明细表"，给大家传看，该列表有自费项目 A 项、B 项、C 项三套，分别标价 10400 泰铢、8600 泰铢、7200 泰铢。导游热情地向大家介绍了自费项目的活动内容，见大家反应冷淡，前几日笑容可掬的脸一下子拉长了，并明确地讲，每个人必须选择参加自费项目。

李母问导游："出国之前旅行社说出国后不用再花一分钱，怎么又出来那么多自费项目，即使要参加也应该是自愿的。"李母话音未落，廖强立即让旅游大巴停下，指着李母厉声说："你马上下车。"身处异国他乡，受到年龄与自己子女相仿的导游的斥责，李母气得浑身发抖。看到导游这样对待自己的母亲，站在一旁的李馨生气地走上前跟导游说："请注意您的语气！我母亲说得没错，我们参团报名时，旅行社的工作人员郭蕊承诺过，说旅行没有自费项目！在泰国我们不需要再支付任何费用。现在为什么又有这么多项目需要自费呢？”听着李馨义正词严地跟导游反映问题，车上的其他游客也纷纷开始抱怨起来。

廖强不耐烦地解释说：“你们的团费才 2500 元，连飞机票都不够，哪有那么便宜的好事呀？”在导游、领队百般劝说下，最后全团旅游者都选择了自费项目。领队向李馨和李母推荐一个叫“气功表演”的项目，介绍说是“人体科学”“艺术表演”。两人进去一看，才知是令人作呕的色情表演，李母十分气愤，马上退场，找到导游要求退钱，却遭到拒绝。无奈之下，李馨只好带着母亲自行回酒店休息，期待旅程最后一天安排的 SPA 能缓解李母这两天的疲惫。

第二天早上，旅客们刚上大巴车，导游廖强就拿着喇叭说：“由于国庆期间旅客过多，原来安排的泰国 SPA 只好取消，否则会影响返程的航班。但是，大家放心，我们已经安排了新的去处。”一听导游这么说，李馨和李母再次感到了些许无奈，还好有新的景点可以观光，两人也算松了一口气。岂料，等大巴车停下时，他们到达的并非景点，而是一个小型购物市场。“各位，我们现在到了泰国之旅的最后一站，请大家自行选购所需的纪念品，三个小时后我们统一在门口集合。”说罢，廖强就径自去休息了。见导游语气强硬，无奈之下，李馨和李母只好随同其他游客在市场选购一些商品，包括工艺品、香薰和泰丝等。李馨还精心为母亲选购了一款玉手镯作为生日礼物，虽然价格有些不菲，但李馨觉得只要母亲开心就好。就这样，掺杂着些许的无奈和不愉快，李馨和李母的泰国之行总算告一段落，两人返回了北京。

在返京后的第三日，李母逛商场时，顺便到销售玉石的专柜查验自己的手镯是否为赝品。对方仔细查验后，明确告诉李母她的手镯为假货，并提示她尽快找销售方退换货。李母一听，赶忙给女儿打电话说明情况。李馨拿着手镯到办公楼下的北京 NC 旅行社找工作人员交涉。接待她的还是当时报团时的郭蕊，一听李馨要退手镯，郭蕊立马拉下脸来，说：“李姐，我们这里是旅行社，你手镯是在泰国商店里买的，怎么能找我们退货呢？”“可是，我买手镯的地方是你们旅行社指定的购物场所，你们和那购物市场一定有联系，这手镯是假的，你们旅行社应该协助我退货。”“不好意思，李姐，我这边没办法负责。我还很忙，您再有问题可以找当时带团的导游。”说罢，郭蕊就忙着去接待其他顾客了，把李馨晾在了一旁。没办法，她只好打电话给当时负责他们的导游廖强。廖强一听说要退货，就立马挂了电话。等李馨再拨打过去时，对方已经关机了。

和北京NC旅行社协调无果，经朋友建议，李馨找到了消费者协会，工作人员赵雪热情接待了她。在详细了解她和李母整个旅行经历后，赵雪对李馨说：“李女士，为了更快地解决你和北京NC旅行社之间的纠纷，我们消协会尽快安排您和对方调解，具体时间和地点会电话通知您和旅行社。请放心！”

过了没两天，赵雪安排李馨和北京NC旅行社的工作人员郭蕊以及廖强到消费者协会，就双方之间的纠纷进行调解。“李女士、郭女士和廖先生，你们好！首先感谢三位能到我们办公室来，配合我们的调解工作，看得出来双方都是非常有诚意解决这个问题的。同时，也感谢双方对我们消费者协会调解工作的信任。我们会在尊重双方自由意志的基础上，依法对你们之间的纠纷予以调解。”李馨和北京NC旅行社工作人员点头称是，并表达了谢意。

在简单地说明会面的用意后，赵雪直接转入正题，说：“结合我之前跟双方了解到的情况，在李女士和其母的泰国旅行中，北京NC旅行社曾安排她们到具体的购物市场购物，而李女士要求退货的手镯就是在该市场购买的。廖先生，这个情况属实吧？”廖强赶忙解释说：“是这样的。但是，她是在购物市场买的，需要退货的话，得找泰国的购物市场，而不是我们旅行社。您说对吧？”“那市场在泰国呢，我要退货的话，岂不是要再去趟泰国？再说了，那个市场是你们旅行社指定我们游客去的，所以你们应该负责任。”听着北京NC旅行社导游廖强一副推卸责任的架势，李馨没等消协工作人员回话，就起身回应道。

看着双方情绪都略微激动，赵雪赶忙安抚李馨坐下，并说道：“两位，请不要着急。对于你们所遇到的这个问题，我们国家的法律已经有了相应的规定。”停顿了一下，她接着说：“我国《旅游法》第三十五条第一款、第二款明确规定，旅行社不得以不合理的低价组织旅游活动，诱骗旅游者，并通过安排购物或者另行付费旅游项目获取回扣等不正当利益。旅行社组织、接待旅游者，不得指定具体购物场所，不得安排另行付费旅游项目。但是，经双方协商一致或者旅游者要求，且不影响其他旅游者行程安排的除外。结合此次李女士及其母亲的泰国旅游，北京NC旅行社存在以不合理的低价诱导旅游者报名参团且隐瞒购物场所、自费项目真实情况的嫌疑。所以，北京NC旅行社在安排旅行过程中，一些行为明显欠妥。”“这样啊，赵同志。这个可能是我们旅行社在运行中的一些不规范，我们今天回去就跟领导反映这个问题，尽早做出调整。”郭蕊听到消协工作人员说得有理有据，赶忙连连点头，并表示愿意将问题反馈给单位领导。

“赵同志，如果在旅行中确实面临这样的问题，我们应该怎么办？真的不能找旅行社吗？”李馨一边听一边思考地问道。赵雪回答道：“我国法律对此也作了明确的规定，如果旅行社在经营过程中，确实存在指定具体购物场所和安排另行付费旅游项目的情况，旅游者有权在旅游行程结束后三十日内，要求旅行社为其办理退货并先行垫付退货货款，或者退还另行付费旅游项目的费用。”赵雪接着说：“结合李女士的此次出行情况，她购买的手镯为假货，需要退货，可以向旅行社提出申请，旅行社有义务为其办理退货并先行垫付退货货款。这也算是法律对旅行者的特殊保护。”

“赵同志，按照法律的规定，我是可以向北京NC旅行社申请退货退款，对吧？”李馨听完赵雪的说明，心中有了些底气。“是的，李女士。另外，除协助李女士退款外，郭女士、廖先生，北京NC旅行社还需要退还付费旅游项目的费用。请两位转达旅行社的相关负责人，尽快协助李女士办理。两位看如何？”在跟三人解释清楚法律规定后，赵雪结合李馨的情况，要求北京NC旅行社协助李馨办理退款相关手续。郭蕊赶忙转向李馨说：“李女士，非常不好意思，由于我们对法律知识的欠缺，经营过程中确实存在不规范的地方，给您的旅行带来的困扰，我们深表歉意。等我们回去后，会尽快把这个问题反映给领导，也会协助您尽快办理退款。”看着旅行社工作人员已经承诺办理退款，李馨赶忙起身，握着消费者协会工作人员的手，连声致谢。“不用谢，这是我们的工作职责。既然咱们的问题都已经解决了，那你们就赶紧回去上班吧。旅行社这边的话，廖先生和郭女士你们就帮忙盯一下，尽快协助李女士退款。同时，也转达我的话给你们旅行社领导，对旅行社存在的问题尽快做出整改，标准就是新出台的《旅游法》，否则旅行社将面临被处罚款和吊销旅行社业务经营许可证的风险。”临走，赵雪也不忘再叮嘱旅行社一句尽快办理退款，并给予了北京 NC 旅行社严厉的警告。“好的，辛苦您了，赵同志。”郭蕊连连点头称是，同时承诺一定将消费者协会的指示转达领导。

调解后，没过两天，李馨就接到了北京 NC 旅行社的电话，并于当天办理了退款。李馨和母亲的这次泰国庆生旅游，也总算在消费者协会的调解帮助下，告一段落了。

24. 漠河看雪跨年遭甩团　旅管部门助力平风波

与往年不一样，2013 年北京的冬天一直没有下雪。这对于刚刚到北方工作的南方姑娘袁海莹来说，多少有些遗憾。从出生到读大学，她一直生活在南方，见过为数不多的下雪都是雨夹雪，雪还没落地就已经融化了。2013 年 7 月，她大学毕业，不顾家人的反对，毅然决然选择来北京工作。除更多的发展机会外，她心想着今年冬天她一定能在北京见到自己期待许久的大雪天。令她失望的是，眼看着到年末了，这雪还一直没下起来。

一天，她约自己的朋友吴小雨和马超越小聚，顺嘴提到了自己这一年可能看不到雪的遗憾。听着袁海莹略带遗憾的叙说，北京姑娘马超越赶忙说道："看雪有啥难的？要不我们元旦去漠河逛逛吧，顺便休个年假，那里肯定有你想见的大雪纷飞。"听了马超越的提议，袁海莹和吴小雨也有些心动了，赶巧三人的年假还都没休，说着就开始拿手机搜索漠河的旅游攻略。几番合计之后，三人就达成合意，准备元旦去漠河看雪跨年。当天晚上，三人就回家分别在网上订购了北京昌盛旅行社从北京到哈尔滨，再到漠河的旅行团。同时，三人纷纷购置冲锋衣裤、雪套、保暖护膝、大背包、保暖水壶、保暖衣物、防水登山鞋或旅行靴、高热量零食、帽子、手套、头巾等，满心期待着去漠河感受冰雪文化。

但是，眼看着就快到元旦放假了，吴小雨突然接到领导安排去外地出差的任务，没办法和袁海莹、马超越一同去漠河了。在惋惜之余，袁海莹也帮忙联系别的朋友，看有没有可以元旦同去漠河的。赶巧的是同事杨萌有时间，正好可以代替吴小雨，省得浪费名额。说罢，杨萌就给北京昌盛旅行社打电话，得到的回复却是旅游的名额不得转让。这让吴小雨和杨萌都有些疑惑，毕竟旅游行程还没有开始。

正当吴小雨和杨萌犯愁时，一旁的袁海莹已经拨通了 12315 热线，寻找人工客服咨询："您好！请问我们作为游客，在旅程开始前，可以将自己的旅行名额转让给其他人吗？"电话那边的客服人员热情地答复道："女士，您好！根据我国《旅游法》第六十四条的规定，旅游行程开始前，旅游者可以将包价旅游合同中自身的权利义务转让给第三人，旅行社没有正当理由的不得拒绝，因此增加的费用由旅游者和第三人承担。也就是说，在旅行正式开始前，旅游者是可以与旅行社协商，将原来的名额转给他人。所以，建议您及时跟旅行社沟通。""好的，谢谢您！"袁海莹挂了电话，就赶忙叫着吴小雨和杨萌去北京昌盛旅行社。到了北京昌盛旅行社后，接待三人的是工作人员王鑫。在她们说明来意后，王鑫却冷冷地说了一句："不能换人，这个网站上已经特别说明了。"这时，袁海莹就将咨询消费者协会的情况告诉对方，并拿出手机，指给对方看《旅游法》的相关规定，说："我们作为游客，只要旅游行程还没有开始，就有权利转让给他人。"王鑫见这袁海莹理直气壮的，还拿法律来说事儿，也就没再跟她们辩解，直接把她们带到了签约处，协助办理了转让手续。等她们三人临走时，王鑫还嘟囔了一句："这次是特殊情况，下不为例啊！"袁海莹、吴小雨和杨萌想着事情已经办妥，也没再跟对方计较，就乐乐呵呵回家等着元旦之行了。

转眼就到了元旦，袁海莹、马超越和杨萌三人背着行李，跟着北京昌盛旅行社的旅行团，乘机奔赴美丽的冰城哈尔滨。刚下飞机不久，随行的北京昌盛旅行社工作人员王鑫就跟游客们说："各位游客，我们已经顺利抵达冰城哈尔滨，马上开始我们的哈尔滨、漠河之旅。这位是漠河山水旅行社的石磊先生，之后的旅程将由石先生来跟团。祝大家旅途愉快！"说话间，漠河山水旅行社的工作人员石磊就招呼着各位游客去坐大巴车了。袁海莹她们也就跟着上车了，心想反正有导游跟着就好，管他是哪个旅行社的。

刚上大巴车，石磊就跟各位游客说："由于元旦游客过多，原来预订的普通标间已经住满了，只能临时调整为豪华商务套房。因此，每位游客需要补交房费 500 元。”听到这个消息后，车上的游客都有些不满意，抱怨说：“为什么之前没有协调好呢？多出来的费用怎么还需要我们自己承担呢？”“非常不好意思，各位旅客。酒店方面协调临时出了点问题，给各位带来的不便，请谅解。但是，豪华商务套房的房间的确很好，客卧分开，洗浴条件也更好。虽然各位需要多支付 500 元，但是这个价位是我们跟酒店协商后的，是内部价位。所以说还是很物超所值的，非常值得大家尝试。”看着游客们情绪有些波动，导游石磊赶忙解释。听了导游的解释后，游客们也觉得勉强可以接受，再加上如果不补差价就没地方住，大家也只好作罢，纷纷补了差价。袁海莹、马超越和杨萌也随大家补了差价，入住了豪华商务套房。

休息一晚后，三人跟着旅游团来到哈尔滨冰雪大世界，参加了各类室内外活动，包括大型冰雪景观展示、国际冰雕、冰雪活动、实景演出、花车巡游、歌舞表演、互动游戏、焰火燃放、现代三维立体灯光展示等。一天下来，三人虽然有些疲惫，但玩得不亦乐乎。感受最深的还是袁海莹，对于她一个南方姑娘来说，这个冰雪大世界真是非同凡响，让她大开眼界。

然而，之后两天的漠河旅游却让这三个姑娘很是失望。在哈尔滨市内游览观光一天后，在漠河山水旅行社导游石磊的带领下，整个旅行团乘坐火车抵达漠河。刚下火车，冷冷寒风袭来，冻得袁海莹、马超越和杨萌三人直打哆嗦。正当她们兴奋地感慨马上就要开始漠河的神秘之旅时，石磊把游客们都召集到了一起，把着喇叭说：“各位游客，非常不幸，我刚接到通知，由于北京昌盛旅行社未能如期支付我社相应款项，我们之后的旅程被迫取消。请大家自行安排旅游或返程。”石磊的话音刚落，游客们都炸开了锅。袁海莹她们也很气愤，赶忙问导游：“啥叫自行安排？我们这大老远的过来，难不成就把我们都搁在这里不管了。”石磊一听这话，立马就翻脸了，态度蛮横地说：“你们那北京的旅行社都没给我们钱，我们怎么给你们服务啊？”“问题是我们作为游客，已经付钱了，要不您再跟旅行社核实一下情况？”旁边的一名游客提示道。“已经没啥好核实的，你们就自谋生路吧！要找就去找你们北京的旅行社。”说罢，石磊就扭头走人，径直消失在人海中了。看着导游完全甩团而去，游客们也都傻眼了。这时候，马超越突然想起给石磊打个电话，再问问看有没有别的办法，谁料想对方已经关机。再打给北京昌盛旅行社的王鑫，对方也一直无法接通。

眼看着就天黑了，游客们都聚在火车站候车室里，冻得来回转。但是，两三个小时过去了，也没见旅行社派人来处理，两边的旅行社都联系不上。看着情况不妙，袁海莹主动站了出来："各位游客，看情况旅行社是不会来人安排我们了。如果有游客要自助游也可以，想直接返京也可以。但是，回到北京后，我们必须联名投诉北京昌盛旅行社，只管收钱，不管服务。""对，说得有道理。""是啊，这也太过分了。"其他旅客也都点头称是。无奈之下，袁海莹、马超越和杨萌三人只好和其他几个游客一同买票，在火车站候车长达 8 个小时后，终于搭上了返京的火车。返京途中，可能是由于这两天来回奔波有些辛苦，外加在火车站滞留时间过长，袁海莹、马超越和杨萌三人都有些着凉和咳嗽。而到了后半段车程，杨萌更是感觉恶心不舒服，有些发烧。等火车到站后，杨萌赶忙冲去洗手间，呕吐了一番。袁海莹和马超越见杨萌体温很高，就带着杨萌去了火车站附近的医院。经检查，杨萌发烧是因为急性胃炎引起，医生建议输液治疗。在输完液后，杨萌才感觉好些了，体温也降了下来。这时候，袁海莹和马超越才放心地带着杨萌回家休息了。

第二天，袁海莹和马超越一同去探望杨萌。见杨萌气色还好，三人就坐在客厅的沙发上，开始闲聊。袁海莹不禁叹气说："你们说，咱这好好的旅游到最后咋整成这样了？住酒店加钱就不说了，到后来竟然遭遇旅行社甩团。杨萌更是可怜，还搭上了身体！""是啊，我是够倒霉的。"坐在一旁的杨萌边咳嗽边说。这时候，一直没吭声的马超越也按捺不住了，站起身说："这怎么行？话说我们可是交了旅游团费的，这只玩了三分之一的景点，就灰头土脸地被甩团了。咱是不是得找个地方评评理啊？""也对，漠河山水旅行社和北京昌盛旅行社的做法对我们游客太不负责了，咱可以投诉他们。"说罢，袁海莹就拨通旅游投诉受理机构的电话，并如实将她们旅行的遭遇告诉了对方。旅游投诉受理机构的工作人员在耐心地听取袁海莹说明情况后，建议她们下午约其他同行的游客到营业厅与北京昌盛旅行社沟通交涉，到时候旅游投诉受理部门也会派工作人员到场。挂了电话，袁海莹就赶忙在旅游团的微信群里通知各位同行游客下午到北京昌盛旅行社的营业厅谈被甩团赔偿的事情。

下午 2 点左右，袁海莹、马超越和杨萌三人一同到了北京昌盛旅行社的营业厅。等她们到了之后，看见已经有几位同行游客在大厅等候了，就上前跟大家聊了聊。不一会儿工夫，旅游投诉受理机构的工作人员赖晓莉也赶到了现场。在向大家出示工作证件后，在赖晓莉的建议下，旅行社工作人员将游客们安排到了会议室。等游客和旅行社的负责人王文静都到齐后，赖晓莉面向大家说："各位游客，你们好！我是北京某区旅游投诉受理机构的工作人员赖晓莉。上午接到游客袁海莹的投诉电话，据她和她同事反映：元旦期间，各位报团参加了由昌盛旅行社组团的赴哈尔滨和漠河的旅行。在旅行期间，北京昌盛旅行社存在酒店加价和甩团的情况，严重侵害了在座各位游客的切身利益。所以，今天在此安排碰面，就是想具体听听大家的意见，也听听旅行社这边的说法。大家可以分别说说自己的看法。"

听完赖晓莉的简单说明，游客就开始纷纷发表意见。其中一名游客气愤地说道："北京昌盛旅行社太不负责了，刚去哈尔滨就把我们转给漠河山水旅行社，然后就不再过问。刚开始，漠河山水旅行社还算负责，带着我们在哈尔滨市内进行观光。但是到了漠河火车站后，导游就翻脸不认人了。据导游说，是因为我们团的旅游费用没能给到漠河山水旅行社，所以他们就不再负责我们的行程安排了，然后就弃我们于不顾。我们这些游客大老远地折腾过去，结果还要自己排队买车票回北京，还不够折腾的呢！我们今天来就是想要个说法，要求旅行社赔偿我们的损失。毕竟我们都是按照报名时候的约定，按时缴纳了团费，非但没能享受应有的旅游服务，还被甩团。还有很多游客，因为在漠河火车站滞留时间过久，都感冒生病了。希望赖女士您能为我们做主，替我们讨回公道。""就是。""说得有道理。"其他游客也都点头称是。

赖晓莉一边听着游客讲话，一边拿笔记录着，并扭头邀请坐在台下的北京昌盛旅行社的负责人王文静女士给大家上前解释。“各位游客，首先我代表北京昌盛旅行社给大家道个歉。非常抱歉，由于我社和漠河山水旅行社之间的款项问题，影响大家的旅行。在一定程度上，还给各位带来财产和人身的损失。对此，我社表示非常抱歉。今天，我们旅行社愿意接受各位游客的意见，在旅游投诉部门工作人员的协调下，尽快协助各位退还费用，弥补各位的损失。”见游客们情绪激动，旅行社负责人在安抚大家情绪的同时，诚恳地做出了愿意赔偿损失的承诺。

见旅行社负责人态度诚恳，赖晓莉紧接着说道：“既然旅行社这边对咱们游客所反映的情况没有异议，同时也承诺愿意赔偿各位损失，我在这里就简单把涉及的赔偿费用说一下，也请王女士和各位游客认真听。”

“刚才我简单记录了咱们游客反映的问题，主要涉及旅行中酒店加价、剩余团费退还和医疗费这三个方面的赔偿。先说酒店加价的问题。我国《旅游法》第七十五条规定，住宿经营者应当按照旅游服务合同的约定为团队旅游者提供住宿服务。住宿经营者未能按照旅游服务合同提供服务的，应当为旅游者提供不低于原定标准的住宿服务，因此增加的费用由住宿经营者承担；但由于不可抗力、政府因公共利益需要采取措施造成不能提供服务的，住宿经营者应当协助安排旅游者住宿。根据各位游客出团的情况，酒店从普通标间更换为豪华商务套房，是由于旅行社之前未能与酒店协调好，因此而增加的费用应当由酒店来承担。旅行社应当协助联系酒店，退还每位旅客补交的500元房费。这个没有问题吧，王女士？”赖晓莉说到这里，稍微停顿了一下，扭头向王文静问道。“没问题，我随后就联系哈尔滨酒店那边，协助退款。您放心。”王文静赶忙回答道。

“另外，关于甩团的事情，虽然是漠河山水旅行社所为，但是北京昌盛旅行社也是要对游客负责的。关于这一点，同样是有法律依据的。我国《旅游法》第七十一条规定，由于地接社、履行辅助人的原因导致违约的，由组团社承担责任；组团社承担责任后可以向地接社、履行辅助人追偿。由于地接社、履行辅助人的原因造成旅游者人身损害、财产损失的，旅游者可以要求地接社、履行辅助人承担赔偿责任，也可以要求组团社承担赔偿责任；组团社承担责任后可以向地接社、履行辅助人追偿。考虑到漠河山水旅行社在异地，同时造成甩团的问题与两个旅行社之间的结款有关，所以，北京昌盛旅行社作为组团社应当赔偿此行给游客造成的损失，主要包括退还剩余的团费和医疗费。其中，需要旅行社承担医疗费的游客，需要将看病的医疗证明和收费凭证给旅行社。当然，昌盛旅行社在赔偿完后，可以依据具体情况，再向漠河山水旅行社追偿。各位游客，你们看关于赔偿这方面，还有什么要补充的吗？”

听着赖晓莉的解释，在场的所有游客纷纷点头称是。这时候，王文静站起来说：“谢谢您，赖女士。此外，各位游客，除了赔偿各位上述损失以外，我们旅行社会再额外支付每位游客 500 元，算是对各位的赔偿。最后，我代表旅行社对这次旅游给大家带来的不愉快，再次道歉。希望各位能谅解！”听了旅行社负责人的话，在场的游客也就没再多抱怨什么，纷纷表示理解。袁海莹也扭头跟马超越和杨萌说：“这旅行社还算讲理，愿意赔偿我们的损失，还主动额外给赔偿金。总体说，旅行社还算靠谱，我们这次旅行出行可能刚好不顺，下次还是可以考虑这家旅行社的。”“是的，能够主动承担责任的旅行社还是可以信赖的。”杨萌补充道。

“各位游客，既然大家都没有其他疑问了，就请各位跟随旅行社工作人员去办理退款和赔偿手续。王女士，这边就劳烦您找同事协助一下，尽快帮各位游客办理。”赖晓莉见大家都没有什么疑问了，就协调旅行社去安排赔偿的事情了。

最后，在旅游投诉受理部门工作人员赖晓莉的协助下，包括袁海莹、马超越和杨萌在内的 30 位游客均顺利从北京昌盛旅行社获得赔偿。一场地接社甩团的风波也总算得以平息。

25. 七旬老人草原骑马遭骨折　文明旅行社友好协商化纠纷

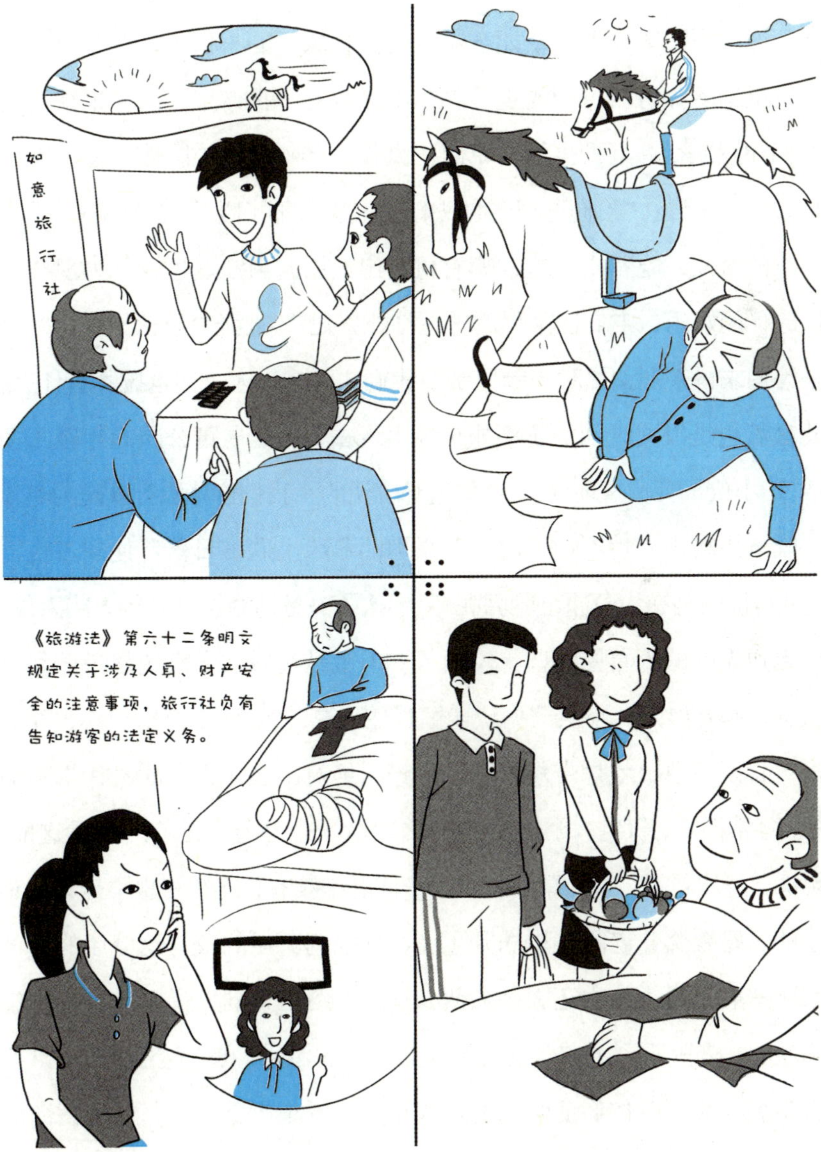

老陈已经70岁了，老伴儿早年去世，儿女们也都已经成家立业。平日里老陈自己一人居住，没事就在小区里散散步、遛遛鸟，天气好了还总是去附近公园里跟朋友们一起打牌、踢毽子，日子过得逍遥自在。老陈年轻的时候当过兵，到现在身体都很硬朗，他的朋友们对此都相当羡慕。老陈也爱炫耀，在和朋友们一起踢毽子的时候总是表现得最活跃，玩的时间也最长。

这几天，公园里来了一个如意旅行社推销旅行的小伙子，在公园里支了张桌子，桌上铺着如意旅行社的宣传图，上面放着一摞传单，向来来往往的人们推销他们如意旅行社近期主打的草原三日行。老陈和他的同伴们在公园看到这个信息后，老王说："咱们这把老骨头，哪里也去不了喽。"老赵说："是啊，年轻有力气的时候，吃都吃不饱，哪有机会出去旅游啊？这也就是为现在的年轻人提供的休闲娱乐，咱们还是踢毽子、打扑克吧。"老张对小伙子说："小伙子，你还是等周末再来吧，平时公园里都是我们这些老年人，你也拉不着什么客户，在这儿坐着也是浪费时间，还不如正经上班去，等周末逛公园的年轻人多了再来摆摊。"小伙子笑嘻嘻地说："看您这几位说的，我们这草原行就是为老年人准备的，既不用爬山，也不用下海，在平坦的草原上欣赏日落、住蒙古包，要是愿意，还可以骑马在大草原上驰骋呢。"小伙子一番话令这群老年人陷入了遐想，想象着无边无际的大草原和蓝天、白云。但沉默过后，大家还是考虑到自己的身体状况，都要离开。小伙子见状连忙拦住，说："各位千万别担心，我们这行程安排得特别简单，就是带您看草原风景，绝对不会让大家的身体吃不消，况且，你们经常锻炼，气色一个比一个好，"小伙子指着老陈说道："我看这位大爷，精神矍铄，身体硬朗，参加草原行是一点问题都没有，连骑马也不是什么难事。"小伙子的这番夸奖让老陈心里乐开了花，他最为骄傲的就是这健康的身体，运动起来比一般年轻人体力还强。大伙儿一听，纷纷赞同，说老陈参加这旅游是最没问题的。老陈听到大家都这样夸奖自己，一激动，就对小伙子说："好！我现在就报名，我要向你们证明，老年人也是可以走天下的！"说完就潇洒地填了报名表，交了定金。

两周以后，老陈接到了如意旅行社的通知，明日就要出发。老陈兴奋极了，想着这次去要多拍些照片给他的老伙伴们看看。在出发的前一天，老陈准备好了运动衣、运动鞋、洗漱用品和照相机。第二天，在指定地点集合后，老陈就和旅行团的其他成员一起，坐上了去往大草原的旅游大巴。这次带团的是一位名叫小米的导游，小米刚入行不久，年纪轻轻，性格活泼，态度友善，在大巴车上又是唱歌又是讲笑话，逗游客开心。老陈一路上心情都十分舒畅，想着公园里面的老伙伴们仍旧像往常一样生活，他觉得自己报这个旅行团真是太正确了，不趁着腿脚还能动到处走走，以后就真没机会出门了。

经过一路的颠簸，大巴车终于驶入了大草原，此时已到了傍晚。时值 9 月，秋高气爽，略带凉意的晚风缓缓吹过，远远望去，一轮又红又大的夕阳正逐渐靠近地平线，在广袤的天空中映衬出一道道红色的晚霞，美得让人心醉。老陈看着眼前的风景，旅途的劳顿一下子烟消云散了。小米带游客们到了草原边上的一家蒙古包院内，并告诉大家此后两晚都在这家住宿。

到了第二天，小米一大早就把大家叫了起来，说是吃过早饭后带大家去骑马。初秋，草原早晚温差较大，老陈起床后感觉一阵哆嗦。因为准备行李太不用心，都没有带厚点的外套，但老陈丝毫没把这事放在心上，想着挺挺就过去了。跟着大部队进入草原后不久，看到了一家牧民的蒙古包外拴着七八匹马，另外有一块牌子写着：骑马 100 元一人。老陈看到，心里就有些不高兴，想着骑马是旅游团的活动之一，应该包括在团费里面，为什么又要单独交费呢？他找到小米询问，小米答复道："陈大爷，咱们的团费价格很低，基本也就只能够路费和食宿费，如果说要求骑马项目花费包括在团费里面，那就只能提高团费标准了，否则我们真要亏本了。这对游客来说也不划算，这马不是人人都敢骑的，如果我们统一收费了，那不参与骑马的游客岂不是亏了？"老陈听着觉得也有一定的道理。他想，不管怎么说，人已经到这儿了，这马是一定要骑的，他还要回去跟他的老伙伴们炫耀呢。于是，老陈就交了钱，挑了一匹自己喜欢的棕红色马，在马主人的帮助下，脚踩着马镫，一跃坐到了马背上。猛地一坐上去，老陈感觉头一阵眩晕，可能是早上衣服穿得少着凉了，他有些担心，问小米和马主人骑马是否安全。小米非常确定地说："我们社都组过好多团了，一点问题都没有，您就放心玩吧。"看小米如此确定，老陈放心了。

刚开始，在马主人的牵引下，马一步一步走着，老陈在马背上晃晃悠悠一会儿就适应了，这时马主人将骑马的要领告诉了老陈，就离去帮助别的游客了。老陈刚开始有些害怕，手心里都出了汗。通过慢慢摸索，老陈感觉骑马也不是什么难事，而且这些马都是主人训练过的，比较听话，就大着胆子夹了下马肚子，马立刻跑了起来，老陈在颠簸的马背上既兴奋又紧张。眼看着离人群越来越远，老陈想停下来，不料马这时不听话了，一个劲儿地往前跑。老陈感到害怕，心里慌乱起来，加上早上受凉头晕，一不小心，从马背上摔了下来。顿时，腿钻心地疼。老陈一面喊救命，一面"哎哟哎哟"地叫着。不多会儿，众人赶了过来，发现老陈腿部已经骨折，立马找车把老陈送到了距离景区最近的县城医院。

在经过医院拍片检查后，医生张强走到老陈的病床前，说道："老陈师傅，通过给您拍的片子看，您骨折的情况比较严重，是粉碎性骨折。我们先给您打个石膏，过两天安排手术。"老陈一听医生这么说，瞬间就急了，答道："什么？还需要手术？我这身体硬朗得很，不就是一个小骨折吗？您给我打个石膏，我休息一下，还要跟着旅行团去逛草原呢！"张强听了老陈的话，赶忙劝说道："您可不能再折腾了，更别说去逛草原了。您需要静养，之后要安排手术的话，您最好找家人来陪床。"

正当这时候，小米走进了病房，跟张强了解了一下老陈的病情，顺势扭头跟老陈说："老陈师傅，我刚跟医生了解了一下您的情况。考虑到您年事已高，外加粉碎性骨折本来也比较严重，您还是联系一下您的子女，过来陪护。草原的旅行您也就别参加了，要不然出了啥问题，我们如意旅行社也负不了那个责任。"周围来看望老陈的其他游客也先后劝老陈说："陈大哥，还是身体要紧啊，您先在医院看病，等身体好了，再出来玩。毕竟伤筋动骨一百天，还是得好好休息一阵子。"听着大家的劝说，老陈自己也紧张起来，外加这大腿的疼痛确实难以忍受，他就只好拨通了女儿陈静的电话："静儿，爸现在在外面旅游，骑马的时候摔了下来，粉碎性骨折，可能得做手术，还得住院一段时间。本来想回去再看病，但是医生建议我在这边看病，不太方便来回折腾。你看你工作时间允许不？能过来一趟吗？"电话那边的陈静答道："爸，您出门也不跟我们说一下。您放心，我做律师的，工作时间自由，这就开车过去找您。"听了女儿的话，老陈多少心里有些安慰了，就转头跟小米说："小米，那你赶紧带着其他游客去逛草原吧。不用管我了，我女儿下午就过来了。大家玩得开心啊！记得拍照发给我。""好的，老陈师傅，您好好休息。下次再出来玩，再找我们如意旅行社。"小米见老陈的女儿要过来看护他，就跟老陈打了声招呼，放心地带着其他游客继续观光草原了。

当天下午，老陈的女儿陈静就赶到了医院，见父亲大腿已经打上了石膏，赶忙凑到床前，问道："爸，您现在情况还好吗？"见女儿来到身边，老陈一改之前要强的姿态，像个小孩儿一样地跟女儿抱怨说："静儿，你总算来了。爸我不怎么好，这大腿疼得要命，连翻身都不方便。""爸，您别担心，这段时间我都可以在您身边陪着。咱就听医生的安排，好好看病，做手术。用不了多久，就能好了。但是，您不是就逛逛草原吗？怎么会摔伤呢？上午电话里没听见您说什么。"陈静看着老陈疼痛难忍，一边安慰父亲，一边询问着父亲受伤的原因。"是这样的，静儿。我就是参加了一个骑马的自费项目，心想着来趟草原不容易，怎么也得感受一下骑马。像我这么大年纪的人，出来一趟，就想着好好玩一次。刚开始的时候，有个人带着我骑马，后来那人就走了，我就自己骑着，可一不小心就摔了下来，结果就成现在这样了。"老陈细致地给女儿讲着摔伤的经过。

听完老陈讲述来龙去脉，陈静冷静地问道："爸，那导游没跟你们游客说骑马的危险吗？像您都这么大年纪了，导游应该不建议您骑马才是啊？""这个倒没有，导游说，他们经常组团让游客骑马，没出现过问题。但这头一次出问题，就被你老爸我赶上了。"老陈坐起身来说道。"爸，像您这种情况，如意旅行社是得负责的。"陈静一听，就略带气愤地说。"静儿，爸知道你是担心我，但是，骑马是我自己选的，人家如意旅行社又没有强迫我，人家是不会负责的。从马背上摔下来，也都怪我自己不小心，我就自己认命吧。”看着女儿一副要去跟别人理论的架势，老陈就劝她说：“还是多一事不如少一事吧。”“爸，您好好休息，这事就别操心了。把如意旅行社的电话给我，我去跟他们领导反映一下这个问题，咱这个不光是为了自己，也得提醒如意旅行社下次再组团旅游时，得照顾好同行的老人。”说罢，陈静就走出病房，打电话给如意旅行社。

电话拨通后，接电话的是如意旅行社负责人王开。王开热情地问道：“您好！这里是如意旅行社。有什么可以帮助您的？”“您好！我是报名参加你们旅行社草原行的游客老陈的家属，给您打电话是想反映一下情况。在旅行过程中，我父亲因为参加了骑马项目而受伤，造成了大腿粉碎性骨折。在此之前，关于骑马的危险，随行的导游并没有提示包括我父亲在内的所有游客。所以，旅行社需要对我父亲受伤的事情承担部分赔偿责任。”陈静在接通电话后，将父亲受伤的情况跟对方说明了一下。“陈女士，关于骑马的危险，成年人都知道的，我们旅行社根本不需要再提示各位游客。”王开听了电话那边陈静的投诉，心想，就算旅行社导游没有提示游客，这也不构成赔偿游客损失的理由。

听着电话那边旅行社负责人漫不经心的答复，陈静严肃地说道：“王先生，法律有规定，关于涉及人身、财产安全的注意事项，旅行社负有告知游客的法定义务。而且，这种法定义务的履行既包括在订立合同时，也包括在履行旅游合同的过程中。这个要求是咱们国家《旅游法》第六十二条明文规定的，您可以上网查阅一下相关规定。也就是说，导游是应该告知游客们骑马项目存在的危险，尤其是在游客特别询问的情况下更应说明。旅行社在这方面是存在明显过错的，相应地需要在过错范围内承担一定的赔偿责任。当然，我父亲作为完全行为能力人，理应意识到骑马具有一定的风险，而且在身体欠佳的状态下仍参与骑马，自身也有一定的过错。所以，我跟您反映这个情况，也不光是要求旅行社赔偿我父亲的损失，主要是提示旅行社以后避免类似的情况再发生。您说对吧？”

听完陈静有理有据的分析，王开也意识到，她所反映的这个问题可能的确是旅行社在经营过程中需要改进和完善的地方，于是就态度诚恳地答道："陈女士，谢谢您给我们旅行社提出的意见。随后，我会认真查阅相关法律规定，也会再和我们随行的导游核实具体情况。不管出于什么原因，首先我对于给您父亲旅行带来的不便表示遗憾和抱歉。如果的确是我们旅行社导游没有履行相应的告知义务，请您放心，对您父亲的医药费等损失，我们旅行社会自愿承担相应的赔偿责任。您可以把您父亲的治疗凭证保存好，我们随后协商解决赔偿问题。此外，在今后的经营过程中，我们也会多加注意，避免类似的问题再发生。"

挂了电话，陈静不禁感到欣慰，觉得如意旅行社的确是一个负责任的旅行社，能够耐心听取游客所反映的问题，并且愿意主动承担责任。事实证明，如意旅行社的确值得信赖。在老陈接受完治疗返京后，如意旅行社负责人王开和导游小米不仅亲自登门看望老陈，还主动承担了部分医疗费用。见旅行社的两位工作人员态度如此诚恳，老陈也点头承诺说："两位放心，如意旅行社是懂法讲理的文明旅行社，下次出门旅游，我还是会选择你们的旅行社！"至此，老陈这趟草原行也画上了一个圆满的句号。

肆

义务责任和理想

26. 成功戒毒　走向新生

张琳是一名报社记者，在国际禁毒日来临前夕，报社要做一个“学习《禁毒法》，拒绝毒品，构建和谐社会”的专栏。最近她采访了一名叫余丽（化名）的成功戒毒人员。面对记者，余丽倾诉了她自己从创业成功到染上毒瘾痛不欲生，最后成功戒毒走向幸福生活的经历，她的经历让张琳感慨颇多。张琳感觉报社开设这样一个专栏，对《禁毒法》进行普法宣传，用相关人员的亲身经历给大众以警醒，是很有意义的。

余丽对张琳说：“那样的经历，说实话我一点都不愿去回忆，那几年真的是暗无天日，生活全被毁了。我要感谢父母，感谢戒毒所民警，帮助我成功戒毒，给了我新生。我把这些经历告诉大家，希望能让大家知道毒品的危害，也希望能帮助更多的人成功戒毒。”

在接受张琳采访时，余丽忍不住多次落泪。余丽说，她的童年非常幸福，有疼爱自己的父母、哥哥，父亲对她非常溺爱。也许正是因为这样，养成了她娇生惯养、叛逆和刁蛮任性的性格。

“初中毕业以后，就感觉不想念书了，觉得念书没意思，太累，父母怎么说都没用，就那么辍学了。”余丽说，那一阵子自己跟家里人闹得很僵，父母怎么说都要让她继续读书。母亲性格温柔，见劝不动她，整天以泪洗面。而父亲的反应更为激烈：“不读书怎么在社会上立足，你看看你的同龄人哪个辍学了，你不想上学也甭走出这个家门，咱家丢不起那个人！”一向宠爱她的父亲暴跳如雷，他是生意场上的人，非常喜欢有文化有学识的人，不能容忍余丽浪费掉好好在学校学习的机会，这么早步入社会。女儿还太年轻，正应该是在学校里汲取养分的大好年龄，他想不通余丽怎么就这么不懂事。父亲找了好多亲戚和朋友来劝她，但是她性格非常倔强，怎么都不肯妥协。那一阵子，她绝食了，一开始是父母生气，做好了饭见她不过来吃也不理会她，但是好几天僵持下来，疼爱女儿的父母也心软了。最终父母无奈地顺从了她，虽然她的辍学让父母特别伤心，但是家里还是托关系给她找了一份很不错的稳定工作。余丽说：“现在想想，中学辍学真是一个错误而任性的决定，十几岁的年纪坐在明亮的教室里上课学习是多么美好的一件事情，可是当时没有珍惜。”

工作后的余丽很快结婚了，丈夫工作稳定，两人生下了一个可爱的女儿，小日子过得很幸福。“当时真的很幸福，我们两口子工作不错，生活条件也不错，可是，因为一些琐事和性格上的分歧，本来幸福的婚姻没几年竟然走向了尽头。那些问题其实本来都还可以克服，可是年轻的两个人都不肯低头，就这样离婚了。”孩子判给了丈夫，离婚给余丽带来了人生中第一次最残酷的打击。余丽说，当时孩子还小，不知道父母离婚了，她跟孩子说自己要去出差，强忍住眼泪赶紧离开了，她怕自己多耽搁一会儿眼泪就会夺眶而出。

“我刚离家时，感觉无比的绝望，不知道自己还会有明天吗，不知道自己怎样活下去，天天躺在床上以泪洗面。天永远是黑的，暗无天日。不想吃饭，每天无心梳洗，也没有动力上班。”余丽含着眼泪说。

后来，自强的余丽走出了离婚的阴影，独自来到一个新的城市，从业务员干起，终于拥有了自己的工厂，销售服装，资产达到数百万元。

然而，正在生意非常好的时候，一次经营决策失误，在签供货合同的时候对对方的资质没有审核清楚，被骗走了几十万元。余丽非常郁闷，感觉不再像以前那样相信别人了。虽然做生意有赔有赚是正常的事，可是自己这样轻信别人一下子被卷走这么多钱，她还是非常自责也很痛恨那个骗子。而且当时给员工发工资都成问题，下班回到家以后自己孤零零的一个人，想到以前有老公，有孩子，一家人其乐融融的日子，余丽心里更是酸楚得很。那一阵子，她下班以后也不愿意回家，而是去一家酒吧里“借酒消愁”。

“其实当时虽然生意受挫，每天情绪低落，但是还没有到绝望的地步，因为毕竟自己还有个规模不小的工厂，所以我认为自己能够重新站起来。”余丽说。去酒吧只是希望去消遣一下，忘掉自己的烦恼和挫折，说不定也能认识点新朋友，缓解一下独自一人创业的孤独和压力。但是万万没想到去酒吧以后竟然接触上了毒品，从此自己的生意、自己的人生都发生了如此大的转折，毒品接触以后就是一条不归路，余丽希望她的经历能给大家以警醒。

去酒吧玩了几天后，她的确认识了几个新朋友，但是没想到这几个“新朋友”都是不折不扣的损友，不务正业的他们将余丽带上了吸毒的道路。“那年 7 月 20 日，我永远也忘不掉。就是从那一天开始，我的人生都改变了。”回忆起第一次吸毒，余丽记忆犹新。那一天，她和几个朋友到歌厅玩。酒后，朋友们拿出一些白色粉末在锡纸上吸食，个个都很陶醉的样子，她知道，那就是毒品。

“刚开始是好奇，确实不敢碰，也害怕、排斥，可见多了、听多了，就从恐惧变成好奇了。那天，在朋友的劝说下，我就吸了几口，他们说一次不能上瘾，其实冰毒一次就上瘾，我现在明白，他们就是为了让我吸毒，好卖给我毒品赚我的钱！”余丽说。

从那天开始，余丽的生活完全变了样，从积极创业到为购买毒品四处筹钱，原本还可以东山再起的事业更是一落千丈，公司欠了一屁股债，最后连厂房也被银行收走了。余丽说：“那是黑暗的日子，什么都没有，什么都不想，就在吸毒之后用幻想来麻痹自己。”

那段时间之前，她还是非常想念孩子，会时不时地和孩子通个电话，有时候也去幼儿园接着孩子和孩子一起吃饭。可是自从接触毒品之后，事业抛之不顾，孩子也完全顾不上了。女儿璐璐在幼儿园里见到别人的妈妈去送，也总是哭闹着要妈妈，前夫不忍心，而且本来他们离婚就是因为琐事，现在随着年龄的增长，不再那么任性，所以前夫打电话约她见面，希望能跟她复婚。这曾经正是她期盼的呀，在梦里，前夫牵着孩子的手，来到她的身边，跟她说：“回家吧，亲爱的。”她在梦里都流下了激动和幸福的泪水。可是这都是以前，自己现在这副状况怎么配拥有幸福呢？自己现在这种状态怎么能回到女儿身边呢？余丽痛苦地断然回绝了前夫的复婚请求。

清醒时，余丽也知道自己这样下去就完了，于是就想戒毒，可个人的意志力根本无法抵抗毒品的侵蚀，毒瘾发作时，身上如蚂蚁啃咬般的痛苦令她一次次放弃。每当她戒了又开始吸的时候，心里就充满了绝望的感觉，看着这样不堪的自己，她感到悲愤，就想，这辈子就这样吧，自己救不了自己了。

身无分文的余丽开始去找自己的父母要钱，借口是自己做生意需要周转资金。她的父母并不知道她吸毒的事，也不知道她的工厂已经破产了，她回到家以后，母亲还像以前那样唠叨个不停："你也不小了，生意固然重要，可是个人问题你也得抓点紧，已经离过婚的人了，眼光也不要太高，能过日子知道疼你最好，有合适的就带回来看看，还有我也想璐璐了，什么时候带她过来住几天。"余丽以前不管多忙，对母亲的唠叨都要听着然后跟她聊一会儿，现在的她催促着母亲拿钱，根本无心搭理，也一句话都听不进去。母亲拿钱给她后，看着她说："你现在怎么这么瘦啊，多吃点营养的，生意太忙了吗？"余丽生怕自己毒瘾发作了，说自己有事忙就赶紧走了。

可是这样的情况有几次之后，她的父母就感觉不对劲了，余丽做生意一直比较顺利，以前几乎没有回家要钱的情况，现在的她没几天就回来要钱，而且每次也不吃饭，也不怎么说话，非常异常。父亲不让她走，一定要问清楚是怎么个情况，可余丽什么都不说，执意要走。

她走了之后，她的父亲来到她的工厂，惊诧地发现工厂早已不在，来到她的住处后发现她也不在，而且她住的地方一团乱，不像正常生活的样子。余丽的父亲吃了一惊，以前的余丽不是这样子的，她把自己的生活打理得还算井井有条，基本上不让父母操心。余丽的父亲感到很疑惑，好久没到余丽住的地方看一看了，她最近那么反常，老两口都没有往其他方面想，他感到一阵晕眩，赶紧坐了下来，他想自己就这样一直等待余丽回来，看看她最近到底是在做什么。过了一会儿，余丽的父亲接到了老伴儿打来的电话，对她说了这边的情况后，她也很快赶来了。余丽的母亲过来以后就想，不管怎样，先把家里收拾一下。老两口一起行动打扫了起来，没想到他们在打扫的过程中发现了一包毒品。一切谜底都揭开了，他们的女儿吸毒了。

一直到晚上 10 点多，余丽才跌跌撞撞地回来了。面对父母的质问，她坦白了一切。余丽告诉父母，自己也想戒毒，可是过不了心理上这一关，自己也很痛苦，可是已经难以自拔了。余丽痛苦地哭了起来："爸，妈，我对不起你们，你们这个年纪了还要为我操心。我也对不起璐璐，我不配做妈妈，我没脸见她。可是我管不了自己啊，你们不要管我了，就当没我这个女儿吧。”余丽的父母见此情况，商量后决定将余丽送进禁毒所进行强制戒毒。

我国《禁毒法》针对吸毒成瘾的不同情况，分别规定了自愿戒毒、社区戒毒和强制隔离戒毒。国家鼓励吸毒人员自愿到有戒毒治疗资质的医疗机构接受戒毒治疗；对吸毒成瘾人员，公安机关可以责令其在户籍所在地或者现居住地接受社区戒毒，负责社区戒毒工作的城市街道办事处、乡镇人民政府可以指定有关基层组织与吸毒人员签订社区戒毒协议，落实有针对性的社区戒毒措施；对于有拒绝接受社区戒毒，在社区戒毒期间吸食、注射毒品，严重违反社区戒毒协议，经社区戒毒、强制隔离戒毒后再次吸食、注射毒品等情形的吸毒成瘾人员，由公安机关决定予以强制隔离戒毒。余丽的情况虽然可以进行自愿戒毒和社区戒毒，可是她靠自己的意志力根本无法戒毒，所以家里商量将她送到戒毒所进行强制戒毒。余丽也深知如果不去戒毒所，自己还是会时不时地去跟那些损友在一起，戒了又吸，自暴自弃。

看到父母那难过的样子，她心里的痛苦无以复加，父亲感觉比以前老了十几岁似的，她想到了以前因为中学辍学跟父母闹的那一场风波，自己就是这样，总是不能让父母省心。她早已过了任性的年纪，再让父母为她操心真是感觉自己很不孝。她诚恳地对母亲说自己也希望去戒毒所，远离这帮损友，她让父母放心，自己一定会挺过来，要成功戒毒。

余丽所在的戒毒所是全省唯一一个二级所，是级别最高的，管理比较规范，要求管教要和学员谈心，还安排他们每天进行康复劳动。这里环境也比较好，远离市区，山清水秀，这样能激起他们对美好生活的热爱。直接对余丽负责的管教民警是个很和善、关键时刻又有威严的人，大家都叫她黄警官，这么多年来她从事戒毒民警的工作总是踏踏实实，从不歧视戒毒人员，她的体贴和耐心教导让戒毒人员感受到春风般的温暖。

戒毒期间，由于身体素质差，加之毒品戒断后的反应，余丽病倒了。戒毒所管教民警坚持每天到病室嘘寒问暖，给余丽送水送药，经常耐心地找余丽谈话，安慰她、劝解她。戒毒所的教导员还亲自下厨为余丽开小灶。黄警官无微不至的关心和入情入理的教育引导矫治了余丽扭曲的心灵，让她重新拾起了生活的勇气和信心。渐渐地，余丽戒掉了毒瘾，心态也开始健康起来。

余丽说，在戒毒所里，她竟然胖了很多，脸色也好看了，最主要的是，心态好了。以前自己的心里有很多抱怨和不满，有一阵子甚至对生活都绝望了，但现在自己明白，世界也不是那么可怕，还有真情在，还有这么一群人在用心地挽救自己。所以她重新有了对美好生活的信心，想着一定要抛弃可怕的过去，开始过正常生活。

两年之后，余丽成功戒毒，经过评估可以离开戒毒所了。余丽离开戒毒所之前，眼含热泪，对着黄警官深深地鞠了一躬，黄警官急忙把她扶起。“黄警官，让我叫你一声大姐吧，我真的很感谢这两年来你们对我的教育和付出。我现在成功戒毒了，我感到自己有了第二次的新生命，这次新生是你们给我的，你们真是我的恩人。我现在想的就是，出去之后，一定好好生活，离开那些损友，远离毒品，把失去的一切都找回来。”余丽说。黄警官很欣慰，她对余丽说：“回去好好生活吧，这些年你也受了好多苦，现在终于可以正常地生活了。我知道你这两年很想念你的女儿，有一次我看到你在对着她的照片流泪，可是你又觉得自己不敢面对女儿。快回去见见她吧，祝愿你幸福。”

余丽成功戒毒后，心里充满了感恩之情，几年来社会和戒毒所民警共同努力，用真诚和热情让她感受到了人间的温暖。她决定将这种温暖传递下去，她去做了一年的禁毒志愿者，去向大家宣传毒品的危害，也要帮助更多的吸毒人员成功戒毒。《禁毒法》第十条规定，国家鼓励志愿人员参与禁毒宣传教育和戒毒社会服务工作。地方各级人民政府应当对志愿人员进行指导、培训，并提供必要的工作条件。余丽这种回馈社会的志愿服务行为是值得赞赏的。

张琳在采访了余丽之后，为她曾经的那段苦难生活感到难过，为她现在走向幸福新生而高兴。她连夜加班把采访稿写好，在采访稿的结尾她这样写道：

“三年来，为了帮助余丽戒毒，余丽的家庭、社会和戒毒所民警共同努力，用真诚和热情奏响了一曲社会和谐音符。毒品已经成为严重危害人民群众身心健康、影响社会治安稳定和社会主义现代化建设的重要因素。《禁毒法》的实施对预防和惩治毒品违法犯罪行为，保护公民身心健康，维护社会秩序，具有重要的作用。贯彻实施好《禁毒法》是全社会的共同责任。”

27. 地狱到天堂的转身

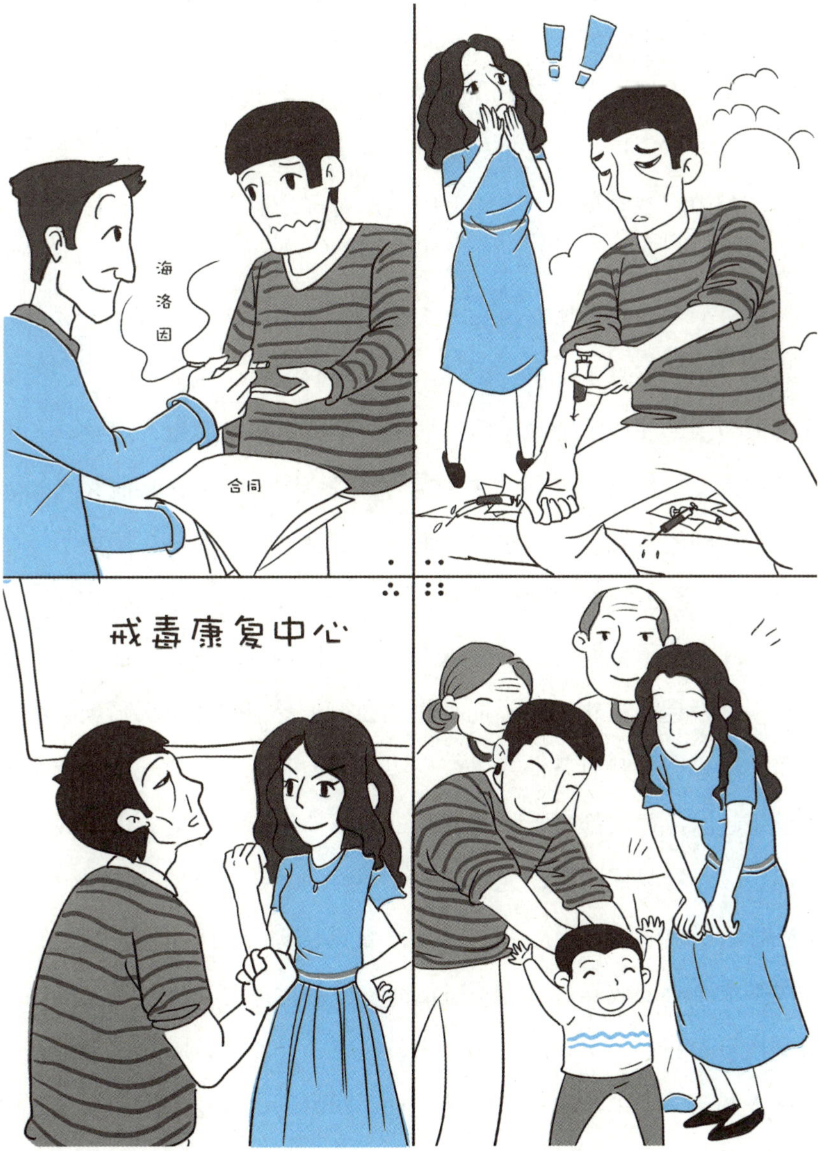

王军从小品学兼优，高中毕业后顺利进入重点大学，一直以来都是父母的骄傲、邻居羡慕的对象。杨丽是王军的大学同学，大二时，两人成为男女朋友。两人常常一起憧憬毕业后要一起创业，一起经营公司，一起孝敬父母。

大学毕业后，杨丽跟随王军来到了王军的家乡汕头开始了两人的创业之路。在双方父母的帮助之下，两人创办了一家小型的物流公司。两人踏实努力，公司也慢慢步入了正轨。2003 年两人结婚，很快买了房也买了车。2004 年两人有了爱情的结晶，于是夫妻俩商量开始分工协作，王军主要负责公司的运营，杨丽则做全职太太，负责照顾儿子和家庭。有了妻子和儿子的支持，王军更加努力地工作，公司的规模越来越大，业绩越来越好，但随之而来的是应酬也越来越多。

一天，王军和五六个朋友一起吃饭，商谈一笔生意，随后几人又去宾馆打麻将。其间一个朋友给了王军一根烟，问王军有没有胆量尝试一下。王军知道烟中含有海洛因，便挥手拒绝。但是朋友却嘲笑王军没胆量，连尝试一下都不敢，并且许诺王军如果抽了烟，两人立马就签合同。耐不住其他几人的煽风点火和可以签合同的诱惑，王军想一根烟应该不会怎样，便拿起烟抽了一口试了试，感觉只是味道和平时的香烟不一样，也没什么，很快便把一根都抽完了。

随后合同是签了，但是王军也越来越想念抽烟时的快感。抽了几次后，王军看见别人抽就越来越想抽，不抽身体就会很难受。然而每次回到家中，看见妻子把家里照顾得井井有条，儿子在身边亲切地叫爸爸时，王军的罪恶感和愧疚感就越来越深，每次都暗下决心要把毒品戒掉，绝对不能让毒品毁了自己的生活。但是吸毒容易戒毒难，光有决心是不够的，要身体力行才行。有一次在陪儿子玩时，王军的毒瘾发作，害怕被妻子发觉，便谎称有工作要处理急忙离开。

每次都下决心要戒毒，再也不碰毒品，但每次毒瘾发作时又没办法控制自己，就这样日复一日，王军的毒瘾越来越厉害，发作的频率也越来越高。因为害怕家里人知道，王军每次都去宾馆里抽，回家的次数也越来越少，每次都谎称自己要加班、有应酬、工作很忙。

杨丽发现丈夫回家的次数越来越少，而且回家也是不停地抽烟，就提醒王军注意身体，生意适当就好，不用强求。但是王军却没有任何改变，而且随着吸毒时间的变长，最初的含有海洛因的烟已经不能满足王军的需求了。王军开始寻找其他的吸毒方式。就这样，王军的支出也越来越多，他便谎称自己要谈生意，要请别人吃饭。但是长此以往，这些钱根本不足以支撑王军吸毒，于是王军便开始从公司的账上提款，这些钱也是有去无回。

杨丽觉察丈夫不太对劲，于是煲了汤去公司看丈夫，但是秘书告诉杨丽王军已经两天没来公司了。杨丽看到公司的状况也不如王军说的那样好，工作人员都懒懒散散、无精打采的。杨丽问秘书王军干什么去了。秘书说王军最近总是自己提取公款，说是去谈生意，也没带其他人，具体谈什么生意她也不知道。杨丽给王军打电话，王军说在应酬，杨丽指出王军不在公司的事实，王军说杨丽监视自己，于是两人大吵了一架，杨丽生气地挂了电话。以前每次两人吵架，王军总会想办法和好，但是这次杨丽等了好久，王军都没有打电话给她。杨丽越想越委屈，又疑心丈夫有了第三者，于是想跟踪丈夫看看究竟。

一天下午，王军告诉杨丽他有些工作还在处理，晚上不回家吃饭了。杨丽答应后将儿子送到爷爷奶奶家，在丈夫出门后悄悄跟上。后来杨丽看见丈夫进了一家宾馆，杨丽担心的事情终于发生了，在宾馆外等了数小时后，杨丽看见丈夫从宾馆出来，冲上前去质问丈夫。杨丽在宾馆外拉着王军大声哭喊，自己一心一意为这个家，王军为什么要这么做……王军看到妻子误会了自己，但又害怕妻子发现真相，于是默认自己有了第三者，并提出要和杨丽离婚。

杨丽自然不肯，两人从最初的什么都没有奋斗到现在有房有车，儿子也在一天一天地长大，生活本来是越来越好的，她不明白为什么现在都变了。王军不想与妻子过多地谈论，甩开妻子就独自离开了。王军越来越害怕父母、妻子知道真相，与此同时，为了不连累妻子，不让儿子心中的爸爸的形象破裂，他下定决心要和妻子离婚。

在和杨丽说了要离婚后，王军索性自己租了一套房子搬出去住。这样既方便他吸毒，也告诉杨丽自己要离婚的决心。杨丽说王军如果要离婚，不但孩子要归她，家里的一切都要归她，否则她绝对不会离婚。本想吓唬一下王军，但杨丽压根也没想到王军是真的要和她离婚，她很不甘心，想看看到底是“谁”夺走了她的丈夫。王军的父母也前来劝说二人，但王军态度坚决，不肯退步，婚一定要离。任凭父母怎么打骂，王军都很坚定地要离婚。看着鬼迷心窍的儿子，父母失望地回家了，随他怎么折腾吧，一个好好的家就这么散了。为了避免碰见杨丽，王军聘请了律师来处理离婚事项。杨丽几次想见王军亲自面谈，均被王军冷冷地拒绝了。

一天，杨丽在公司门口等王军下班，想看看王军到底和谁在一起。杨丽远远看见王军瘦了很多，整个人也显得很没有精神。杨丽一路跟着王军到了租的房子。在王军进入家门后，杨丽跟上前去敲门，敲了很久王军才开门。杨丽冲进了房间，但是只有王军一人，屋子里有很浓的烟味，而且乱七八糟的。杨丽问王军在做什么，王军不回答，让杨丽快点走。杨丽看见几个月没见的丈夫瘦了很多，而且脸色很差。杨丽非常心疼，但是又感觉很不对劲，就说自己不走，除非王军告诉自己到底怎么了。王军感觉毒瘾又要发作了，害怕妻子看见，就骂杨丽，让她快点走。看见杨丽不肯走，就将她往门外推，拉扯中杨丽看见了王军胳膊上的针口。杨丽一下子呆住了，她大声地问王军：“这是怎么回事？你说啊。”王军说：“我的事你就别管了！”杨丽想想满房子的烟味加之王军胳膊上的针口和他所有的症状，就问王军该不会是染上毒品了吧。王军见妻子识破了真相，边否认边推妻子出门，但是毒瘾使他越来越不能控制自己，身体开始慢慢抽搐起来。最后实在忍不住的王军不管杨丽在一旁，拿出针管开始给自己注射。

杨丽被面前的一切吓呆了，一边哭着一边拉着丈夫喊不要打、不要打。看着不断抽搐的丈夫在注射完后慢慢恢复平静，杨丽抱着丈夫大哭。王军看着妻子说：“现在你都知道了，我已经完了，不想耽误你，你好好照顾儿子，我们离婚吧。”

杨丽哭着说一定有办法的，她愿意帮助王军一起戒毒。王军说没有用的，他也想戒毒，但是做不到。杨丽说不试试怎么知道不行，杨丽劝王军去戒毒所戒毒。王军不肯，去了戒毒所，父母、邻里就会知道，他不想让父母担心，觉得这是很丢人的事情，难以启齿，而且去了戒毒所公司就没办法再经营了。杨丽说她一定会陪着王军的，只要他能下定决心。两人商量了很久，决定将儿子送到父母家，杨丽陪王军在家戒毒。

杨丽从网上、书上查找了多种戒毒的方法，王军也下定决心这次一定要成功。但是过程并不是那么容易。刚开始，王军只是会出现打哈欠、流鼻涕、流眼泪、出汗、呕吐这些比较轻微的症状，但是随着毒瘾的逐渐发作，他时常会出现撞墙、摔东西、自残等行为。为了防止自残，毒瘾发作时，王军让杨丽把自己绑住、锁在房间里。本以为只要有信心离开毒品就一定能够戒毒成功，但是看到丈夫毒瘾发作时的痛不欲生，杨丽不知该怎么办，想在丈夫身边安慰丈夫，但是总会被王军打伤，并且王军忍不住时会央求杨丽让自己尝试最后一次。杨丽常常会不忍心想给丈夫一点，但又害怕这样会毁了先前的努力。

看着日渐消瘦的丈夫，杨丽咨询了数位专家后，专家都建议让王军前往戒毒所接受系统的戒毒安排，自己在家戒毒有时不会成功反而会有生命危险。于是杨丽回家劝说王军："我们不必在乎别人的眼光，能把毒瘾真正地戒掉才是最重要的。公司没有了还可以重新再来。而且这样下去父母肯定会知道的，不如告诉他们，去戒毒所彻底戒毒。"

当两人把王军吸毒的事告诉王军的父母时，王军的父亲怒吼自己没有这样的儿子，拿起笤帚就要打王军。杨丽拦住父亲说："爸爸，您原谅王军吧，他已经知道错了，现在最重要的是戒毒呀。"母亲看着面前骨瘦如柴的儿子，怎么也不敢相信这是事实，抱着王军痛哭流涕，不断地说："怎么会这样？怎样会这样？"哭着哭着就昏了过去。一家人赶紧将母亲送到医院，还好母亲没有事。

王军父母的情绪慢慢平稳后，虽然责怪王军怎么会走上吸毒这条路，但还是希望王军能去戒毒所将毒瘾戒掉。就这样，王军在家人的陪伴下来到了戒毒康复中心。戒毒康复中心的工作人员为王军制订了专门的戒毒治疗计划。初到戒毒中心，王军除了回答必要的问题，几乎不和任何人说话。面对医生的体质监测、戒毒治疗，王军都是尽量配合，除此之外，基本上是无声以对。相比其他人而言，王军是重点大学毕业的学生，从小就是父母的骄傲，是邻里羡慕的对象，原本一辈子都不会与毒品有任何联系，但是现在却要努力去戒毒。同时，现在而立之年的他，本来应该是奋斗孝顺父母，努力为家人创造良好生活，努力当儿子心中的英雄，现在一切都因为吸毒而毁了。王军心中的自卑感很强，觉得其他人都在嘲笑自己，看不起自己。虽然在戒毒上王军非常努力，毒瘾发作时尽量地忍耐，积极配合一切的戒毒活动，但是心里对于吸毒这个坎似乎怎么也过不去。

细心又体贴的杨丽在得知情况后，经常来看望王军，每次都陪伴着他，同他聊天，她希望能用家人的鼓励温暖王军的心，让他更有动力戒毒。“你记得以前在学校的时候，你打了饭总是把肉留给我，我坚持要你吃，咱们俩还在食堂里争执了起来。那时候生活虽然清苦了些，可是心里总感觉甜蜜满满。那时候最喜欢去看你打篮球，帅气的你在球场上挥汗如雨，你每进一个球我就会为你欢呼，感觉坐在场边等你多长时间都不会枯燥。毕业前，你有了创业的打算，别人都对你说创业太难，劝你打消这个念头，可是我支持你，我知道你有多少能量，知道你是个有才干又踏实勤奋的人，我相信你对你想做的事一定会做到成功。”听着妻子温柔的话语，默默不语的王军眼眶湿润了，有这样一位贤惠的妻子在这种状况下还对他不离不弃，他是多么幸运啊！他对自己说，一定要努力戒毒，找到曾经的那个自信又勤奋的自己，要对得起老婆和孩子呀！

在王军状态良好的时候，杨丽会带着儿子来看望他，告诉他家人没有放弃他，他也一定不可以放弃自己。王军的父母也经常会来戒毒中心和王军交流。杨丽告诉王军虽然公司垮了，把以前的房子卖了，买了更小一点的房子，但是没有关系，他们可以从头再来，只要王军能够成功戒毒，一切都有机会。父母告诉王军不要在乎别人的眼光，他人如何评论就随他人去，只要他能成功戒毒，一切都值得。父母只有他一个儿子，他一定要好好生活，面子没有那么重要。

就这样，在戒毒中心的治疗和家人的帮助下，王军对于毒品的依赖感越来越小，状态也越来越好，人也慢慢胖了起来，话语也多了起来。而后王军也主动地和公安机关联系，告知其经常买毒品的人和地点，帮助公安机关侦破贩毒案件。终于，王军成功戒毒，离开了戒毒所。为了使更多的人能够有信心戒毒，王军在工作之余还前往戒毒中心做志愿者，他希望通过自己的切身体验帮助更多的人回归正常生活。

如今王军已经成功戒毒两年多，提到吸毒这件事也淡然了很多。他说自己再也不想碰毒品了，毒品差点毁了他的生活，他要和毒品一辈子说再也不见。但是王军又说自己是幸运的，很多人因为吸毒而家破人亡、妻离子散，相比而言，自己现在已经很幸福了。

他要感谢他的妻子和家人，如果不是他们的支持，他不一定能够成功戒毒，是家人的力量让他没有放弃自己，让他没有在一条错误的路上越走越远。王军说虽然他事业没有了，一切都要重新再来，但他很感谢现在的一切。他更加知道什么该做什么不该做了，要懂得抵制诱惑，约束自己的行为，同时也要谨慎地结交朋友，知道什么样的朋友该交，什么样的朋友不该交，成年人要有更强的自控力才行。另外，王军说自己现在开的公司虽然规模小了很多，但他相信他能把它再次经营起来，并且经营得更好。

同时，他也招聘那些成功戒毒的人来他的公司上班。因为他知道可能吸毒这件事情在记入档案后，很多人在求职的路上会遇到很多歧视，他希望通过自己的一己之力给大家一个平台，公平、平等地看待他们，让他们能够重新获得生活的勇气，防止很多吸毒人员因为得不到社会的认可而再次复吸。王军说，虽然吸毒这件事是他人生不可抹灭的一笔，但他现在懂得，吸毒这件事或许会使很多人看不起自己，但是自己能战胜毒瘾，把毒戒了，别人也会佩服。自己犯了一个错误，勇敢改正就能获得尊重。最后他说，为了儿子，他要做儿子心中的好爸爸，要做儿子的榜样，所以他要知错就改。为了妻子，他要做一个好丈夫，谢谢妻子的不离不弃。为了父母，他要做一个好儿子，成为能够照顾父母的可靠人。现在的王军虽然房子、车子没有以前的好，但是因为这件事情，他也更加感恩，更加努力，更加热爱生活。

杨丽也说虽然初次得知丈夫吸毒时很震惊、很无措，但是作为家庭的一分子，她自己也有责任。同时，她相信丈夫一定能戒毒成功，而家人肯定就是戒毒成功的钥匙。所以她愿意做出牺牲，不离不弃地陪伴丈夫。现在他们的生活平淡而温馨，她相信丈夫会更爱这个家。同时，她也想告诉吸毒人员的家属，别因为这一个错误而放弃他们，此时的他们更需要家人的谅解和支持，家人平等的眼光是他们能够成功戒毒的动力。

11 月的汕头天气已经逐渐变冷，但是王军和他的家人心中却是越来越温暖，相信在此次挫折之后，他们的生活一定会越来越好。重生来得不容易，王军说他一定要坚持下去，不轻易放弃自己，不再让自己沦落。

28. 无心过失致人伤　男子汉敢作敢当

5 月的一个下午，天气晴朗，微风轻拂。家庭主妇陈莉点开 iPad 放着音乐，开始整理晚上做饭需要的食材。最近老公怕她在家无聊，特意买了最新款的 iPad 让她在家里消遣，这下子干活的时候，陈莉也更加心情愉悦了。

时间一分一秒过去，晚上 6 点钟的时候，饭菜准备得差不多了。“哈，都是浩浩喜欢吃的。”这么想着，开门的声音响了，随之是儿子李浩的声音：“妈，我回来了。”

“咦，儿子的声音不对劲啊，平时回来打招呼都很欢快的，今儿怎么听着软塌塌的？”陈莉觉着奇怪，就赶紧放下手头的活儿，跑出厨房去看儿子。只见李浩一边卸下书包一边咧着嘴，拿右手捂着眼睛。“浩浩！眼睛怎么了这是？”陈莉惊呼道。

李浩从书包里摸出一瓶眼药：“下午课间，我们班张晓宇拿着铁尺转着玩儿，不知道怎么就转飞了，一下子碰着我眼睛了。喏，这是校医给开的眼药水，说是按时点药就行。”

陈莉不是很放心，弯下腰盯着儿子的右眼，问：“谁领你去看的校医？医生说点药就行？”

李浩换好鞋拎起书包：“是班主任朱老师领我去的。妈，我回房间了。”

陈莉无奈地直起身：“好吧，不舒服赶紧跟妈妈说，准备吃饭吧。”

晚上 9 点多，李志坤才忙完单位的工作回到家。陈莉忙不迭地摆上一直保温的饭菜：“志坤啊，浩浩今儿下午被人用铁尺伤了眼睛，说是校医给开了药，可我总觉得不放心。”李志坤一边扒饭一边说：“让浩浩自己留心点儿，我们也多加注意。一会儿我去看看他。”

一晚的担忧果然不是多余的。第二天上午，陈莉接到了李浩班主任朱老师的电话：李浩的右眼睁眼困难，需要家长到学校去。

陈莉急急忙忙赶到了李浩就读的实验中学，按照朱老师电话里交代的到了办公室。一进门，只见儿子坐在办公桌边的椅子上，右眼肿得像个桃子。旁边还站着一个不知所措的男生和一位局促不安的中年妇女。一见陈莉到了，办公桌前的朱老师赶紧迎上来："您好，请问是李浩的妈妈吗？"说话间，那位中年妇女也走了上来。

"是，我是李浩的妈妈。这是怎么回事啊？"陈莉奔到儿子跟前，焦虑不安。

"对不起！是我儿子闯的祸。真是不好意思……哦，我是晓宇的妈妈，我叫孙幼琪。"孙幼琪紧握着儿子的手，赶在朱老师前面说道，满脸愧色。

"李浩妈妈，咱们还是商量一下后面的事情怎么处理吧。昨天校医那边确实没有说李浩的眼睛会这么严重，我们也都没预料到。这样吧，我们一起去市人民医院检查一下。"朱老师建议道。

一行人马上出发去了人民医院，检查的结果让陈莉难以接受：右眼角膜破裂，晶状体损坏。就这样，李浩被要求住院治疗。陈莉马上打电话给丈夫，李志坤也赶到了医院。病房门外，李志坤、陈莉两人细细交谈。"浩浩班主任代表学校给留了5000块钱慰问金，张晓宇，就是把浩浩眼睛碰伤的那个小孩儿，他们家也留了5000块钱。浩浩住院具体需要多少钱现在还不清楚，关键是孩子的眼睛啊，以后可怎么办？"说着说着，陈莉眼圈就红了。

"老婆，你先别难过，可别在儿子跟前显得这么担忧啊。"李志坤赶紧安慰老婆，"咱们先给孩子治眼睛要紧，你就好好照顾好浩浩，后面的事情，我来处理。"

尽管劝老婆不要太难过，其实李志坤自己也是担忧得不行。在市人民医院住院治疗一阵子之后，他便与陈莉商量：为了孩子眼睛能得到更好的治疗，还是转到更专业的市眼科医院吧。

于是，李浩又被转到了市眼科医院。这一下子，功课落下好多。这天，朱老师来看望李浩，还带来了同学们的祝福卡片。一直情绪低落的李浩一下子开心了不少。朱老师临走时，被陈莉拉住了："朱老师，您看，浩浩治眼睛也有一段时间了，怎么从来没见过张晓宇家里人露面啊？"朱老师愣住了："是吗？"陈莉忙回答："可不是嘛，自从上次在医院留下5000块钱表示歉意之后，他们再没出现过。我们医药费什么的都已经花了两三万了，也不见他们来问一下，我这里连个手机号码都没有啊。”朱老师掏出了手机：“要不我帮您问问张晓宇的家长吧。如果他们同意，到时候我给您他们的联系方式。”当天晚上，陈莉收到了朱老师发来的短信：李浩妈妈好！我已经跟他们联系过了，张晓宇妈妈的手机号码附后。祝李浩同学早日康复。陈莉赶忙回短信谢了朱老师，记下了张晓宇妈妈的手机号码，跟李志坤说：“老公，明天我要联系一下这个孙幼琪。”

第二天上午，张罗完儿子吃饭，陈莉就找了个安静的角落，开始给张晓宇的妈妈孙幼琪打电话。可让她焦急的是，电话打了三四个，愣是没人接。陈莉既着急又无奈，只能装起手机，回到儿子的病房，心想还是等等吧。

中午和下午，陈莉又打了几次电话，可还是没人接。陈莉又想给老公打电话，又想找班主任朱老师咨询，一时没了主意。晚上，忙了一天的陈莉刚要去吃饭，电话响了，掏出来一看，是孙幼琪！陈莉赶紧走到一个相对安静的地方接了电话：“您好！是张晓宇的妈妈吧？”对方迟疑了一下：“您是？”“哦！我是李浩的妈妈陈莉，咱们见过面的，您还记得吧？”陈莉赶紧提醒对方。“李浩，哪个李浩啊？”对方仍然表示不清楚。这下子陈莉急了：“您怎么忘得这么快啊，您儿子张晓宇用尺子伤了我们家李浩的眼睛啊。您都不记得了？”这时，对方才显得有点明白的意思：“哦，哦，我想起来了，不过，前段时间我不是已经给过您钱了吗？您怎么还找我啊？”

听了这些，陈莉有些生气了：“我儿子是因为您儿子才伤了眼睛的。您留了钱不假，可那些钱根本就不够我们家浩浩治眼睛，您看这么长时间了，您也不提后面补偿的事儿了……”

谁知道，话还没说完，对方就挂了电话，只剩下“嘟嘟嘟”的声音。“什么人啊这是！”陈莉恨不得把手机给摔了。

已经晚上10点钟了，陈莉、李志坤夫妻俩终于碰面了。在公司被各种“头脑风暴”折腾了一天的李志坤刚进门，就发现陈莉的表情不对劲。“老婆，怎么回事儿？看上去不大高兴啊。浩浩的眼睛有啥不好的情况？”李志坤赶紧问道。

陈莉皱着眉头说：“不是，浩浩的情况还算稳定。是伤了浩浩眼睛那家。我跟那个张晓宇的妈妈联系，她竟然不打算接着给浩浩治眼睛的钱！还说已经给过了！真是不讲理。”说着，陈莉委屈地流下了眼泪。

“别哭啊，老婆。别哭！”李志坤赶忙安慰妻子，“我有个高中同学学过法律，别着急，我这两天去找他问问，看怎么处理合适。”第二天，李志坤给高中同学打了个电话，就按照同学的提示开始在网上搜索相关法律规定。资料搜集得差不多了，琢磨了一阵子怎么理解之后，李志坤打电话给陈莉：咱们找张晓宇家长谈谈。

周五下午，李志坤、陈莉俩人准时到了双方约好的咖啡馆，张晓宇的妈妈却迟到了近半个小时，落座之后，更是黑着脸不作声。

李志坤发话了：“咱们的孩子一个班读书，大人们就有了缘分。什么事儿都好商量不是，咱们还是聊聊吧。”

陈莉忍不住说：“怎么赔医药费，您倒是给句话。我们浩浩还在医院呢。”

李志坤示意妻子先忍忍，微笑着看着对面的人，充满期待。

孙幼琪终于说话了：“我歉也道了，一开始也跟着去医院留了钱。我觉得已经够讲情义了。而且，虽说伤的是你们家孩子的眼睛，可不一定全赖我们家晓宇……”

“你怎么能这么说呢？朱老师那天跟我们说得多清楚啊，我们家浩浩坐在位子上都没动，怎么能怨上我们家孩子呢！”陈莉一听不乐意了。

李志坤拿出了几页纸：“事实是怎么样的，您肯定也清楚。教室里那么多同学看着呢，朱老师也不会乱说，对吧？现在都讲法治了，我觉着，咱们还是依法办事比较好。这是我这两天查好的法律法规，还打印了出来，您看看吧。因为晓宇的缘故伤了浩浩的眼睛，您是晓宇的监护人，我们找您，应该没错吧？”

李志坤把几页纸放在了桌子上。孙幼琪瞟了一眼，是《未成年人保护法》《最高人民法院关于审理人身损害赔偿案件适用法律若干问题的解释》。孙幼琪不甘心：“你们也不能只找我一个人，小孩儿是在学校伤的，又不是在我们家伤的，凭什么不找学校！”

一听这话，李志坤笑了。他拿起桌子上的几页纸，依然保持平和的语气，说："您这么说就没道理了。我还是拣比较关键的内容给您念念吧。咱们先看看《未成年人保护法》，这个法律确实规定了学校该怎么做，您听着，'学校对未成年学生在校内或者本校组织的校外活动中发生人身伤害事故的，应当及时救护，妥善处理，并及时向有关主管部门报告。'这一点学校做到了啊，朱老师当时就领着浩浩去了校医那里了，第二天发现情况没好转，就赶紧通知了我爱人，还一起去了医院，您都知道的。还有，您看这个，《最高人民法院关于审理人身损害赔偿案件适用法律若干问题的解释》第七条说得很明白，'第三人侵权致未成年人遭受人身损害的，应当承担赔偿责任。学校、幼儿园等教育机构有过错的，应当承担相应的补充赔偿责任。'很明显，浩浩的眼睛是晓宇弄伤的，用的是平时学习需要的尺子，不是啥不该用的东西，学校没错，您说我们是不是不该找学校，就该找您呢？"

孙幼琪听完，脸上的表情不太自然了："这……"

李志坤收好了手里的几页纸，继续说道："浩浩这眼睛一伤，我们心疼得不得了。晓宇我们也听浩浩提起过，都是好同学嘛，因为大人们没把这事儿处理好，伤了孩子们的友谊，也不好。您还是回去跟家里人商量商量，咱们找时间再聊聊具体怎么解决。"

孙幼琪依然不肯让步："没什么好商量的！我们家不会再出钱了！"

陈莉脸一下子涨得通红："你怎么这么不讲理？难道你不讲法不成？"

李志坤站起来，正色道："晓宇妈妈，您最好慎重考虑。如果您还是这个态度，我们就只能借助法律武器维护我们浩浩的合法权益了。我已经咨询过了，打官司的话，我们胜诉的概率是很大的。过两天我再去给浩浩做个伤残等级的鉴定，到时候法庭上见吧！"说完，李志坤拉起妻子，头也不回地离开了，只留下了已经冷掉的两杯咖啡。

几天之后的一个周末，看着浩浩吃完午饭，陈莉开始收拾餐具准备洗涮，忽然听到了门铃声，接着是朱老师熟悉的声音："李浩同学在家吗？""妈妈，我去开门！朱老师怎么知道我出院了！”李浩惊喜得不得了，一下子从椅子上站了起来。“你这孩子，这么激动干啥。”陈莉放下碗筷，摸了摸儿子的脸蛋，“慢点！”李浩腾腾地冲出去打开了门：“朱老师，您怎么来了？……哦，张晓宇，你也来了啊！”陈莉一听到“张晓宇”，赶紧到门口去看。朱老师笑眯眯地说：“李浩好！李浩妈妈好！晓宇今儿是专门来给李浩道歉的，也来探望一下李浩。晓宇，是不是？”张晓宇忽闪着乌溜溜的大眼睛，抓起李浩的手进了门：“李浩，我跟你说说最近班里都发生了啥事儿吧……”俩孩子马上像忘记了之前发生的一切，在客厅里嘻嘻哈哈乐开了。陈莉有点不明白：“朱老师，这是怎么回事儿……”朱老师微微笑了笑：“晓宇平时调皮了点，李浩倒是跟他处得很好。晓宇事后很懊恼，就是在家里妈妈给的空间小，也不准他来。前几天你们见面的事儿，昨天我听晓宇妈妈说了，她平时倒是很不客气，但也怕真的上法庭不是。我劝她该做什么做好就行了。改天你们再见面聊聊吧。晓宇实在是想来看看李浩，我就带他来了。”

就在当晚，陈莉收到了孙幼琪的短信：具体的花费，你们给我开个单子吧，晓宇不能失去一个好朋友。深夜，陈莉推开儿子的房门，李浩睡得正香。张晓宇带过来的小玩偶放在窗前的桌子上，披满了月光。

29. 青年参军正当时　保家卫国担责任

周枫与顾倩楠相识相知于一个美丽的秋天。周枫正在学校附近的江边散步，远山沐浴着夕阳，空明的天色映进江水的碧波里，水波上笼罩着寒烟，掩盖了一片苍翠。

突然，他看到草地上有一本书，是《叶芝抒情诗选》。他翻开书，扉页上娟秀的字迹映入眼帘：顾倩楠文学系。后来他多番辗转，终于物归原主。不过事情远远没有结束。他的脑海里不断涌现着这个小师妹温柔的笑容、清澈的双眼以及良好的教养。思忖再三，他决定鼓起勇气对心中的女神展开追求。于是他拿出诗社社长的看家本领——写情诗。“若非灯寂曲径幽，霜寒轻纱透，何曾忆，潋滟江水悠。离人踽踽几度愁，浮生催人瘦。月出皎兮落英红，影婆娑，月朦胧……”

无论是浪漫主义、现代主义、格律诗、朦胧诗……周枫都能轻松搞定，信手拈来。经过他的不懈追求，终于赢得了顾倩楠的芳心。两人一起看书、一起郊游、一起唱歌、一起看电影，一起分享生命中的美丽时刻。他们很少争执，大部分时间都是周枫让着顾倩楠，周枫默默地做着自己认为应该做的一切，但实际上他感到顾倩楠有时候离自己很远，她总是让自己捉摸不透。

转眼间几年过去，周枫即将进入大四。两人的关系却陷入低谷，顾倩楠时而冷若冰霜，时而避而不见，但始终对他们的关系没有表态。周枫辗转反侧，始终不明白女朋友的意思。带着这样的迷惑，周枫回老家过暑假去了。

周枫老家是在南方的一个小镇。这里处处弥漫着细腻古典的气息，凹凸不平的青石板尽头是高高低低的旧房子，透着阴阴的潮湿的味道。卖冰糖葫芦的老叟，踩着斜阳倚依的石板，从古道中抖擞而来：“冰糖葫芦哟！”叫卖声浑浊且粗糙。大多时候，这里是阴天，或者有雨和薄薄的青雾。

这天，吃过夜宵，母亲告诉他，县里在组织适龄青年征兵，鼓励他试试。周枫跟朋友一起去县里的兵役登记站参加初检。过了一阵子，市里又通知他去体格检查。他按照通知去了医院的体检站。在这里，到处张贴着国防部关于应征公民体格检查标准和有关规定，他在一片刺鼻的消毒水味道里完成了所有的项目。之后他再次被通知去参加体格抽查，他这才知道，区征兵办公室对不少于征兵人数的三分之一进行抽查，抽查发现不合格人数比较多的话，甚至会全部进行复查。而如果是潜艇人员、水面舰艇人员、坦克乘员、空降兵以及其他对身体条件有特殊要求的兵种，区征兵办公室会组织对全部人员进行体格复查。

接着又是政治审查。村委会负责审查的人自称李主任，胳膊底下夹着几个册子就突然走到了他的家里。周枫知道的时候，李主任已经喝上他母亲双手奉上的家乡特有的岩茶等待良久了。李主任一看到周枫就两眼放光，欣喜地上下打量，直说这小伙子不错。

李主任拿出一本卷了边的《征兵政治审查工作规定》，问了他学校、专业、平时做什么，家人的职业情况，等等。然后填了个表格，让周枫签字，乐呵呵地走了，说是要交上去给区征兵办公室进行政治复审。

这个时候，周枫开始隐隐地担心，他的理想是做一个自由奔放的诗人，虽然自己的水平与大师们还有很大差距，这在其他人眼里过于幼稚和不切实际，可是他自信以自己的才华和努力，将来一定会在文坛留下伟大的作品，届时他就不会再有经济上的烦恼。

而现在，他没有时间再考虑自己参军的事情，因为顾倩楠突然打电话，她什么也没有多说，只有简单利落的几个字：我们分手吧。

这无异于晴天霹雳。

周枫一直以为他们可以彼此陪伴一直走到生命的尽头，虽然他们最近联系不多，可是他觉得这大概是顾倩楠遇到了什么事情，情绪低落，因为女孩子的自尊又羞于向他提起，过一阵等顾倩楠解决了想通了，他们的关系自然会恢复。他万万没想到，自己心爱的女朋友会提出分手。

周枫感到难以置信，心想这应该是玩笑，顾倩楠有时候会发一些小孩子脾气，他向来忍让着她。于是他赶紧拿出手机回拨过去，心想哄哄她就好了，可是电话“嘟嘟”几声之后被直接挂断。他不甘心，继续拨打，可是对方仿佛也在跟他较劲，锲而不舍地直接挂断。他突然意识到，顾倩楠是真的要跟他结束了。就在这一刻，仿佛胸口被钝物重击的疼痛向他袭来，周枫怎么也无法喘过气来。他的思维开始混乱，心想怎么会这样呢？他做错了什么吗？他们之间的感情是怎么一步步变成这样的呢？

一连几天，周枫失魂落魄，茶饭不思。连他一向沉默寡言的父亲也在饭桌上追问他发生了什么事。周枫不知如何作答，唯有默默摇头。直到他的室友打电话发现他不对劲，周枫才犹豫不决地说出了被分手的事情。“哥们儿，你这样可不行，男人的脸都让你丢光了。电话不接你不会直接过去问啊，人家提分手，你就一不做二不休再追回来呗。”周枫这才如梦初醒。他想起曾经与顾倩楠书信来往的甜蜜时期，他们情意绵绵，甚至约定连假期也互赠明信片。他连忙在书柜里翻找起来，很快他就找到了。物是人非，周枫难免有些感怀。他看看右下角，顾倩楠的家庭住址清晰地写在那里，他已经等不了了，决定第二天就出发去找顾倩楠。吃晚饭的时候，周枫告诉了爸妈自己想去找同学。周父迟疑了一下，问了一下地址，然后答应了。晚饭过后，周母收拾碗筷，转身去了厨房。周枫回到房间开始收拾行李，他前脚进去，父亲后脚就到了。“阿枫，你老实告诉我，到底发生什么事了。”“爸，没什么，就是去看看同学。”“你看看你自己，最近心神不宁、唉声叹气，还嘴硬说什么没事。”周枫只好和盘托出。

“照你这么说，这孩子是下定决心和你分手了？”“嗯，可是我完全不清楚为什么会变成这样。所以我才想去见见她。”“傻小子，这事是你说和好就能和好的？你当人家成什么了。就这么贸然过去，不怕被当作骚扰？”“不试试怎么知道，爸，这事我决定了。我会保重自己，您就不要担心了。”周父叹了口气，无可奈何地走了。经过大半天的奔波，周枫无比疲惫地来到了顾家门口。正打算敲门，转念一想，自己的突然出现也许会吓到顾家，他决定再次拨打顾倩楠的电话，这次竟然拨通了！“喂”对方悦耳的嗓音直冲鼓膜。“倩楠，我……我想见见你。”“我在家里，离你家几百公里，我们见不了面。”“我就在你们家门口。”“那你进来吧。”顾家的门打开，周枫一看，来人并不是自己朝思暮想的顾倩楠，而是身着深蓝睡衣、高大魁梧的中年男人。他显然保养得极好，神态雍容随和，举手投足间透着说不出的气派。

顾家的装修初看之下非常简洁，但玄关处精美却不烦冗的雕花、阳台上错落有致的绿植、客厅花瓶里绽放不久的百合等细节却告诉周枫这里的主人品位高雅、热爱生活。

在客厅里落座以后，中年男人开门见山：“我让倩楠睡了，要谈就找我谈。”周枫只得顺势自我介绍：“伯父，您好！我叫周枫。冒昧打扰我感到很抱歉。”谁知对方冷冷回应：“感到抱歉就不会打扰了。我叫顾惟止，请称呼我为顾先生！”“……”“你们的事倩楠都已经告诉我了，是我让她跟你分手的。”“为什么？”“呵呵，竟然天真到问我为什么。那我现在就告诉你：因为我不喜欢你这种人。”“伯父，哦……不，顾先生，我对倩楠是认真的。我们在一起的时候感情也很甜蜜，我想我会给她幸福。”“幸福？”顾惟止嘴角上扬了一个冰冷的弧度，“年轻人，你凭什么给倩楠幸福？就凭你那几首酸诗？还是凭你那些不切实际的所谓梦想？”周枫感到头皮发紧，不知道如何作答。“我知道，你就是现代人所谓的文艺男青年嘛。年轻人啊，你们太不了解生活，太自以为是了。自认为读几部小说，翻几本诗集，看几部电影，讨论几个巴尔扎克、泰戈尔就是文豪转世，掌握了人生的真谛，用高尚伟大的艺术睥睨肮脏无耻的世俗社会。哈哈哈，我都替你们感到羞耻！”

顾惟止竟然越说越激动，声音也高亢了起来。

“可是实际上，你们所谓自由奔放的灵魂不过是自我营造的幻想，你们广阔的世界无非是愚昧狭隘的浪漫调调。你自己好好照照镜子，一副酸腐文人的落魄样！少跟我谈什么文人的脊梁、穷人的风骨，这套骗骗我的傻闺女倩楠还凑合。你这种人我见得多了，自认为有点才华，其实差得远，想赚钱你吃不了苦，靠写作你不够格，你这种人完全没有责任的意识、奋斗的概念，只配无能到死，然后一辈子哀叹生活的不幸、感慨命运的不公！”

周枫的脸被火烧似的红了起来，他想反驳，却发现自己此刻十分无力，不由得垂下头。“不要再来纠缠我女儿。”从声音判断，顾惟止的情绪恢复了平静。“不要再来纠缠我的倩楠！”他加强了语气。周枫开始憎恨自己的愚蠢和懦弱。就在这时，他的手机响了。顾惟止潇洒地示意他接电话。

“周枫啊，你被确定为预征对象了，明天上午来报到吧。”对方正是前几天见过的李主任，而他现在情绪正陷入谷底，实在无法委婉地跟李主任周旋。

“我不去可以吗？”

“什么？小伙子，你是疯了吧。要知道，多少人里才能选一个预征对象啊，我们村委会协商衡量了好久才确定名额，向镇里推荐以后，镇里还要择优筛选，最后由区里批准审查和确定政治思想好、身体好、文化程度高的年轻人。书面通知上午就送到你家里了，可是你父母说你出远门了。我可是看重你，才给你打个电话通知一下。”

“可我不想当兵了，对不起，李主任。”

“小伙子，不想当兵当初就不要参加初检！现在说什么都太迟了，你知道这么做的后果吗？你这是违反了《兵役法》。法条里明明白白写得很清楚，应征公民拒绝、逃避征集的情况下，县级人民政府会责令限期整改。如果逾期不改的话，由县级人民政府强制其履行兵役义务，并可以处以罚款。如果还是拒不改正的，不得录用为公务员或者参照公务员法管理的工作人员，两年内不得出国或者升学。”

“可我在外面有事啊！”

“什么事能大得过服兵役？你明天不回来，是要承担法律责任的，年轻人，你要想清楚。”李主任挂了电话。

“你现在就回家去，我这儿一来不欢迎你，二来不敢要你。你连为保卫国家服兵役的责任都想逃避，我怎么能相信你会对我女儿负责呢？”

周枫只感到一阵天旋地转，他走出了顾家。在父母和李主任的教育下，他决定去服兵役，承担一个男人的责任，那时，他才有能力也有信心给心爱的人一份安定，一份承担。

30. 缉毒干警刘向前　铁骨铮铮耀真情

刘向前是云南省某市某县的一名公安干警。他从 1996 年 6 月起参加公安工作，历任所在公安局缉毒队侦查员，禁毒大队侦查中队中队长、大队长。现在就让我们来了解一下这位光荣的公安干警的光辉事迹吧。

刚进缉毒队时，刘向前还是个年轻的小伙子，他每天总是笑呵呵的，为人很真诚，可是工作起来又非常认真。他早晨总是第一个来到办公室，为办公室里的每一个人打好热水，把办公室打扫得干干净净。他谦虚好学，为尽快熟悉业务和掌握查缉技术，跟随老同志一起出缉毒任务的时候，他为老同志的查缉技术所叹服，不放过每一个细节，从中总结规律。每一起毒品案件侦破后，他都认真分析，从中总结经验教训，掌握新的贩毒线索和动向，寻找应对方法，很快便成为队里的业务骨干。

工作之余，刘向前非常注重锻炼身体，他有时间的话每周都会去打篮球。“生命在于运动，做我们这行的需要有一个好身体，要多多锻炼。”他经常对同事们这样说，并带领局里热爱篮球运动的同事组成了一个篮球队。他从年轻时起还一直坚持学习武术，缉毒队里大家都知道他有一副好身手。他过硬的侦破能力和敏捷的好身手使毒贩深深惧怕这个铁面无私的缉毒刑警。

是的，他真真是个铁面无私的好刑警。有一年，过年期间，他得知自己的一个远房亲戚居然在悄悄地种植罂粟之后很震惊，自己数十年如一日地从事着禁毒工作，为的就是能扫除毒害，保障人民群众的身体健康。可自己的亲戚居然在悄悄地种植国家禁止种植的毒品原植物，做着这种自己获益却危害百姓的事情，这是法律所不容忍的，也是他职务所在不能袖手旁观的。

我国《禁毒法》第十九条规定：“国家对麻醉药品药用原植物种植实行管制。

禁止非法种植罂粟、古柯植物、大麻植物以及国家规定管制的可以用于提炼加工毒品的其他原植物。禁止走私或者非法买卖、运输、携带、持有未经灭活的毒品原植物种子或者幼苗。地方各级人民政府发现非法种植毒品原植物的，应当立即采取措施予以制止、铲除。村民委员会、居民委员会发现非法种植毒品原植物的，应当及时予以制止、铲除，并向当地公安机关报告。”第五十九条规定了相关的法律责任：“有下列行为之一，构成犯罪的，依法追究刑事责任；尚不构成犯罪的，依法给予治安管理处罚：（一）走私、贩卖、运输、制造毒品的；（二）非法持有毒品的；（三）非法种植毒品原植物的……”

种植罂粟的亲戚听说刘向前要依法办事之后非常着急，带着礼品以及一些钱来找他，希望他能通融一下。亲戚对刘向前说：“我以前真是为钱昏了头，做出这种违反法律规定的事情。向前你就念在咱们亲戚的情分上放我一马吧，我以后保证绝不会再做这种丧良心的事情，我真的知道错了。”刘向前诚恳地对他说：“你如果遵纪守法，那谁也不会让你承担法律责任。可你明知国家不让种植罂粟还顶风作案，我在这个职位上就得依照法律规定办事，不能因为咱们是亲戚就有不一样的对待方式，那其他人知道以后怎么能相信法律，相信公安机关？我希望这次的教训能给你警醒。你把东西都带回去吧，我不能收。”

为了向群众讲解毒品的危害和宣传国家的法律法规，刘向前不辞辛苦，走遍了辖区的村村寨寨、山山水水、田间地头，被群众称为“贴心人”。1998 年的一天晚上，刘向前和另一位刑警完成缉查任务后，骑摩托回来途中，看到一位 60 多岁的老人在山路上艰难地行走，他想到老人这么晚了一个人在山上行走不安全，便让战友下车等候，自己先把老人送回家后才去接战友。老人逢人便夸刘向前。还有一次，刘向前从边境办案返回途中，看到一个妇女背着孩子冒雨在泥泞的山路上行走，刘向前立即停下车，将这位妇女和孩子送到了十多公里外的家中。正是因为刘向前心系群众，亲民爱民，一心一意为群众办好事、实事，从而与群众建立了良好的警民关系，打下了坚实的群众基础。

刘向前的“爱岗”人所共知，他的“敬业”精神也是有口皆碑。他所在的县山多，地形陡峭，每一条通向外界的山路、水路都会被贩毒分子利用。为掌握地形，有效进行堵截，稳、准、狠地打击贩毒活动，刘向前利用深入村寨开展禁毒宣传的机会，跑遍了县内的山山水水，每座山、每条小路、每条河流的情况他都了如指掌，甚至这些山路、水路上，哪里可以设卡，哪里利于伏击，哪里可以涉渡，他都能准确无误地标注出来，简直是当地的“活地图”。禁毒部门里有人说他记忆力好，其实这主要是归因于他不辞劳苦的调查研究。

刘向前工作太忙碌了，他时常觉得愧对家人。还记得女儿小美兰 9 岁的时候，学校里布置要写一篇去动物园看小动物的作文。刘向前回家后，听到女儿说了这篇作文要求后，一向非常看重女儿学习的他满口答应周末要带她去动物园，女儿高兴坏了，因为以前总是妈妈杨宁带她出去玩，爸爸总是很忙碌，她多么希望像其他同龄孩子那样和爸爸妈妈一起出去玩啊。可周末到了，刘向前接到紧急任务，周末要奔赴缉毒前线，不能陪伴她了，他耐心地向孩子解释，承诺这次回来后一定带女儿去动物园，女儿虽然满心委屈，但还是理解了爸爸。后来因为任务的需要，他不得不连续爽约了三次，小美兰真的生气了，她晚上没有吃饭，对妈妈说以后都不理爸爸了。刘向前回家后，美兰把头扭向墙壁，不理会爸爸对她亲热的打招呼，刘向前从口袋里拿出美兰最爱吃的牛奶糖，哄了好一会儿她才破涕为笑。刘向前的母亲听说了这件事后，对刘向前说：“你看看你陪家人的时间多么少，整天不着家，还让一家人为你担心，你什么时候考虑换工作的事情？”老人家并不是因为这一件小事就反对他继续从事缉毒工作，她实在是为刘向前担心了十几年，每次他有任务出去的时候，父母亲的心就紧绷着，他们总是在家里祈祷儿子的平安，晚上都睡不好觉。刘向前知道父母、妻儿对他是爱之深，忧之切，但他又确实割舍不下自己将之视为生命的禁毒工作，他为此非常苦闷。他对父母说：“我知道你们担心我，让你们二老还有杨宁为我担心，我真的又心疼又不忍心。可是看到那些被毒品害得家破人亡的家庭，我的心里就不是滋味，我也知道禁毒工作危险，随时都会遇到不测，但是我们在边境多缉一克毒，内地就会减少十分害，再危险也要有人去做。”看到父母两鬓的白发，他真的很不忍心，他答应家人再过几年就请求调换岗位。

其实领导们也早已考虑到了这一点。这几年来局领导也考虑到他干禁毒时间长了，打算给他调换一下工作岗位，领导找他做工作时，他坚持不肯调换，真诚而又风趣地对领导说：“我真的很喜欢禁毒这个工作，再说我干禁毒工作时间长了，也积累了一些经验和方法，换到其他岗位去，岂不是‘资源浪费’吗？”20 多年来，禁毒大队成员换了一茬又一茬，他成了所在公安局禁毒大队里唯一的“元老”。刘向前从没有把自己的荣辱安危放在心上，对禁毒工作有着坚定的信念，他忠诚于岗位和工作的这种精神让人钦佩不已。

父亲 60 岁生日的时候，家里人提前一周就跟刘向前说好，那天按时回来一家人一起好好给老爷子过个生日。刘向前还去当地一家很有口碑的蛋糕店订了一个大大的生日蛋糕，他跟父亲说好，到时要好好陪父亲喝几杯。生日这天到了，杨宁早早地准备好了一桌子菜，小美兰高兴地蹦蹦跳跳：“爷爷过生日喽，爷爷过生日喽，爷爷您想要我送您什么生日礼物呀？”爷爷高兴地说：“你呀在学校好好学习，期末考试考个好成绩就是给我的生日礼物了。”“您放心吧，爷爷，我期末考试一定能考个好成绩！最近我们老师又夸奖我了呢，还拿着我的作文当作范文在全班读了，说我写得好。”美兰对爷爷说，爷爷高兴地哈哈笑起来。杨宁说：“美兰，给爷爷捶捶背。唉，爸，向前他怎么还不回来啊？这饭都做好了。我给他打个电话。”可是杨宁给刘向前打电话却没有打通。杨宁说：“肯定又是去执行任务了。”果不其然，到晚上 6 点多的时候，杨宁的电话响了，是刘向前打来的：“今天有紧急任务，不能按时回去吃饭了，你们别等我，先吃吧。我正在忙，先挂了，跟爸爸说生日快乐！”杨宁虽然不情愿，可是这样的情况已经不是一两次了，工作对他来说总是那么重要。她对刘老爷子说：“爸，向前又在执行任务，我们先吃吧。”一家人就这样简单吃了个生日饭。

11 月的一天，刘向前和同事林涛接到命令说，最近可能会有几个毒贩经过澜沧江上的大桥，两人奉命在澜沧江上的漭街渡大桥上布控查缉。他们在桥头设伏了几天几夜，始终不见毒贩出现，已经十分疲乏。但刘向前仍然警惕地注视着过往行人，不轻易放过任何一个可疑人员。当两名形迹可疑的人出现在桥头时，刘向前一个箭步先冲出去，亮明身份后就朝走在前面的人扑上去。不出刘向前所料，那人果然是毒贩。毒贩见状欲将毒品丢入澜沧江逃跑，但他哪里是缉毒英雄的对手，还来不及转身就被刘向前压在地上，刘向前迅速掏出手铐将毒贩铐在桥栏上。与此同时，林涛也抓住了已经逃跑到桥头边的另一名毒贩，并用手铐将毒贩的一只手和自己的一只手铐在一起。毒贩见罪行败露，便想同归于尽，乘林涛不备，纵身就往澜沧江里跳。林涛情急之中抓住了江边的一棵树，毒贩拼命往下拖林涛，情况万分危急。刘向前听到林涛的喊声后，不顾自己也有被拖下去的危险，飞身扑了上去，抓住林涛的手，奋力将林涛和毒贩拉了上来。说起这次遇险，林涛至今仍心有余悸："要不是向前及时赶来救我，我早就葬身于澜沧江中了！"

让刘向前家人以及全局警察难以忘记的是 2010 年 5 月的一天，刘向前与缉毒警察李成康一起驱车外出执行公务，当两人行驶至一个人烟较为稀少的山路时，两个丧心病狂的毒贩开着一辆车从对面飞奔而来，撞上了刘向前所在的车。毒贩的车冲下了山崖，人车俱毁。刘向前与李成康二人浑身多处受伤，血肉模糊，昏迷不醒。接到电话的时候，杨宁正在给学生们上课，听到刘向前受伤的消息，她的眼泪夺眶而出，来不及也不敢问到底伤得怎么样，她告诉同学们自己有急事，让大家先自习，就忐忑不安地一路祈祷着拦下一辆出租车来到了医院。经医生初步诊断，李成康一条腿需要截肢，而刘向前除了身上多处受伤之外，头部受到重创，需要赶紧做手术。

医生对杨宁和局领导说："最关键的这几天，如果他苏醒过来那就是挺过去了，如果一直昏迷不醒有可能……"医生也不忍心说下去了，他心里也对这位方圆百里闻名的缉毒警察充满着敬意啊。"医生，到底有可能怎样，告诉我们，好让我们有准备。我能挺得住。"坚强的杨宁强忍心中的悲痛对医生说。"有可能成为植物人……但我相信我们的缉毒英雄能挺过来！以前也有过这样的先例。”医生对大家说。局里的各位领导以及与刘向前一起奋战过的同事们纷纷来看望刘向前，大家对这位诚恳热心又业务精湛的缉毒英雄充满着敬意和深深的感情，对那两个丧心病狂的毒贩充满了愤恨，大家都希望刘向前能像在工作中那样英勇地不惧困难快点好起来。

“向前，放松点。你放松点才会好起来，才能吃饭，才能去做你喜欢的工作。咱们的孩子需要你，咱们这个家也需要你，你忍心让爸爸妈妈难过吗？我会永远陪在你的身边，只要你醒来对我就是莫大的安慰，你在你的工作岗位上那么勇敢，你一定会醒过来的对吗？向前，等你好了以后我给你做你最爱吃的辣子鸡、红烧排骨，你想吃什么我都给你做好吗？”杨宁不分昼夜，每天都守护在丈夫身旁，精心照料，有时候会轻轻地跟他说话，有时候就只是默默地看着向前，她希望能给向前安慰和力量。她没有把这个消息告诉向前的爸爸，因为老人家最近身体不好，不能让他担心。杨宁和向前的妈妈商量说就告诉爸爸向前出差去了，杨宁也要去外地参加一个研讨会，最近这几天都不在家。小美兰也很懂事，她没有哭闹着要爸爸，她知道爸爸病了需要安静，她经常坐在妈妈的身边一起看着爸爸，盼望爸爸快快醒来。

昏迷了六天之后，向前终于醒来了，杨宁喜极而泣。勇敢的刘向前以强大的意志力战胜了自己，醒过来的他虽然身体很虚弱，但是医生告诉杨宁只要他醒过来那就一切都好了，耐心调养，好好照顾，他的身体会慢慢恢复的。

刘向前在禁毒岗位上一干就是20多年，立足岗位，努力实践“三个代表”重要思想，牢固树立执法为民的思想，身经百战，出生入死。他的英勇和果敢使毒贩闻风丧胆，他不遗余力提携新人，他用他那一颗对党和人民的炽热的心，用他对禁毒工作的一片热情在自己的岗位上20多年如一日兢兢业业，顽强奋战，维护了人民群众的安全，也为公安执法人员树立了好的表率。他以实际行动诠释了人民警察对党、对祖国、对人民、对法律的忠诚本色。

31. 心怀热血参军梦　法律修改助梦圆

王志雄是武汉某大学计算机系的应届毕业生，由于入学晚，2013 年毕业的时候正好 24 岁。虽然专业是自己选的，他也很努力地学习专业课，但在他的心里，始终萦绕着挥之不去的“参军梦”。他对身穿军装的军人充满羡慕和钦佩，每当从电视画面上观看步伐有力、整齐划一的国庆阅兵队伍，他都会激情澎湃，心情久久不能平静。他的书桌摆满了《世界军事》《兵器知识》《舰船知识》等杂志，还把一部分心爱的杂志收到纸盒子里，没事的时候就拿出来翻翻。

李达伟也是个标准的军事迷，他不仅对各个兵种、武器、舰载，甚至各国军事发展史了如指掌，还非常渴望成为一名优秀的军人。他酷爱各种军旅题材的电影和电视剧，特别是《拯救大兵瑞恩》《冲出亚马孙》《集结号》《士兵突击》等。

王志雄、李达伟相识于食堂附近的报刊亭，他们同买一本《世界军事》，随口聊聊，聊着聊着就相熟了。之后两人感觉到相见恨晚，常常在一起探讨军事知识，有时候说着说着就忘乎所以。虽然两个人都非常兴奋，但李达伟显然更加活泼外向，他聊到激动的地方就似乎忘记了一切，手舞足蹈起来，而王志雄则显得更为深沉内敛，更多时候则是发自肺腑地微笑和静静倾听。

大四的王志雄也加入了浩浩荡荡的找工作大军。虽然那一年就业形势不太乐观，很多同学都感到迷茫和痛苦，甚至压力大到睡眠不好，但他依然满怀信心，心想天无绝人之路，只要功夫深，铁杵磨成针。他注册了几个招聘网站，上传了简历。武汉的夏天异常炎热，但他依然坚持每天跑四五个宣讲会和招聘会，常常浑身湿透，体力透支，有时候甚至连饭也顾不上吃。功夫不负有心人，经过几个月的奋战，他陆续收到了三四个单位的笔试通知。经过一轮轮的笔试、面试、体检，他收到了几个公司的录用通知，这段经历被传为佳话，而他也被同学们称为“求职大神”。而这些林林总总的录用通知中，他最心仪一家 IT 公司专门做应用研发的职位。

就在这几天，他突然收到一个通知，学校武装部应征召大学生入伍。这下可难为王志雄了，他很想进入时下正高速发展的 IT 行业，进入管理层然后找志同道合的合作伙伴开始创业，开创属于自己的事业。可是，他也放不下心中的“参军梦”，他渴望穿上军装，想看看自己潇洒帅气行军礼的模样。想来想去，他决定给自己一个机会，试试看。

在决定了之后，又有新的问题出现了。他已经 24 岁，身为资深军事迷的他深知自己已经超过了以往高校毕业生的征集年龄。同时，由于自己以往并不关注大学生士兵的优待政策，特别是毕业生减免学费的政策，导致很多事情他都没有理出头绪。虽然心里很向往，可是这些问题让他感到非常困扰。这个晚上，王志雄翻来覆去睡不着，脑子里都是自己能不能参军的问题。到了后半夜，他迷迷糊糊地进入梦乡，梦中他成为一名真正的军人，正在部队中进行正步训练，看起来英姿飒爽、刚毅果敢，一高兴又把自己乐醒了。

第二天，王志雄就迫不及待地起了个大早决定去学校探一个究竟。武汉虽然尚未退去湿热的暑气，但早晨却处处透着清新的芬芳。王志雄在食堂吃过热干面，走过操场和图书馆，找到了就业中心大楼里武装部的办公室。一走到门口，他就愣住了，李达伟早已经站在那里等了。他挎着单肩背包，目不转睛地看着手里的六级红宝书，显然不知道王志雄的到来。

王志雄走过去，拍了拍李达伟的肩，李达伟这才如梦初醒，认出来人。原来，李达伟也几乎一夜没睡。他看到了学校武装部的通知，激动得血液沸腾，可是又一联想正在读书的大学生可能要缓征，但又不清楚自己是不是完全符合缓征的条件。想来想去，还是决定过来问问到底是什么情况。

7 点 50 分的铃声响过，一个高大魁梧、体格强健的中年男人走了过来。他衣着朴素，没有领带，手戴一款设计简洁的银色机械表，干脆利落的举止里透着特有的威严。他看了看王志雄、李达伟二人，嗓音浑厚深沉：“是来问征兵的事情吧，年轻人。”然后掏出钥匙打开了办公室的门。

“进来坐，想要了解点什么？”

他们跟着中年男人走进去。

这间办公室初看之下与其他的办公室并没有不同，一样的办公桌，一样的书柜，一样的座椅，唯一有所不同的是整洁的桌上插着国旗，显得鲜艳夺目，颇有“万绿丛中一点红”的意味。

王志雄、李达伟虽然都早已褪去年少时幼稚羞涩的痕迹，可是面对着这样老成持重的中年人，有点不知如何开口，只好面面相觑。倒是对方非常坦然，径直打破僵局，开始自我介绍：“我姓张，你们可以叫我张主任。”

“张主任，我叫李达伟，是计算机系大三的学生，我想问问在校大学生能不能缓征，缓征有什么要求。”李达伟虽然不腼腆，但张主任炯炯有神的眼睛盯着他时，他感到突如其来的紧张。

对方显然也意识到了这一点，敛了敛眼神，问王志雄：“你呢？”

“我叫王志雄，是计算机系的应届生，我今年 24 岁，我想问问我是不是超出了高校毕业生征集年龄，还有，我想大致了解下大学生当兵的优待政策。”有了李达伟的前车之鉴，王志雄稳定情绪，放慢语速，使自己看起来从容不迫。

“你们都问到了点子上。”张主任开门见山，看不出表情，开始缓缓地解答。

“2011 年之前，《兵役法》规定全日制学校就学的学生可以缓征，对年龄要求也窄。不过 2011 年 10 月 29 日，全国人大常委会表决通过了新修订的《兵役法》，对在校生不再缓征，而是纳入征集对象。同时，将兵员登记时间相应调整到与大学生毕业和大学招生同步的时间，并放宽大学毕业生征集年龄到 24 岁。也就是说，李同学你现在就可以参军，保留学籍，退伍后可以继续完成学业。同时，王同学不用担心年龄的问题，你依然符合高校毕业生的征集年龄要求。”

王志雄、李达伟心里的石头稍微下落了些，但依然悬着。

张主任接着说：“为了满足军队现代化建设对高素质兵员日益增长的需求，吸引更多的优秀人才，新的《兵役法》完善了大学生士兵的优待政策，享受国家规定的减免学费和学费补偿政策。入伍后可以报考军校，退役后可以复学。”

两人不禁睁大了双眼。

“有关服义务兵役在校大学生所享有的学费补偿、贷款代偿和学费资助政策，主要规定在那个……呃，想起来了。”张主任在桌上拿起一本薄薄的册子翻了翻。

“这是《高等学校学生应征入伍服义务兵役国家资助办法》，里面规定高等学校学生应征入伍服义务兵役享受国家资助，具体是指国家对应征入伍服义务兵役的高校学生，在入伍时对其在校期间缴纳的学费实行一次性补偿或获得的国家助学贷款（包括校园地国家助学贷款和生源地信用助学贷款）实行代偿；应征入伍服义务兵役前正在高等学校就读的学生（含按国家招生规定录取的高等学校新生），服役期间按国家有关规定保留学籍或入学资格、退役后自愿复学或入学的，国家实行学费减免。至于具体的补偿及代偿的标准，也有具体的规定：学费补偿、国家助学贷款代偿及学费减免标准，本专科生每人每年最高不超过6000元，硕士研究生每人每年最高不超过8000元，博士研究生每人每年最高不超过10000元。”

“那如果在校生入伍后，还会有助学贷款吗？”

“获得国家助学贷款的高校在校生应征入伍后，国家助学贷款停止发放。退役后自愿回校复学的学生，到学校报到后可以向学校提出学费减免申请。”

两个人听得云里雾里，不禁眼神迷茫了起来，这很快被张主任捕捉到了。

“简言之，各类补助、安置主要有补偿代偿金、义务兵津贴和退伍补助费、义务兵家庭优待金、货币安置费。其中，本科生的补偿代偿金四年共为24000元；加上义务兵津贴和退伍补助费，义务兵家庭优待金和货币安置费等几项累计，服义务兵役两年，本人或家庭直接享受的经济待遇，最高可至7万元左右。”

“这样啊……那我们入伍以后会是什么军衔？”李达伟决定把自己的疑惑一个个地问出来。

“大学生士兵在选取士官上优先，大学毕业生士兵符合条件的可以直接提升为军官。”

“那我们退伍以后会有什么样的政策呢？”

“分几类吧，应征入伍学生退役复学后，原本科学生报考研究生的，在同等条件下可优先录取。荣立二等功以上奖励的，所学本科专业毕业后，可免试保送所学专业硕士研究生。而就业的，由入学前户口所在地的退伍军人安置机构负责接收，并按照城镇退役士兵的有关政策规定，做好他们的安置工作。”

“如果报考国防生或者考公务员呢？”

“大学生士兵退伍复学后参加国防生选拔、参加国家组织的农村基层服务项目人选选拔以及毕业后参加军官人选选拔的，优先录取。想考公务员的话，退役大学生士兵服现役期视为工作经历，在公务员考录和企事业单位招聘工作人员时计算工龄，在团和相当团以下单位服役视为基层工作经历。”

“那如果……我是说如果，有的军人因公负伤了怎么办？”李达伟为自己的这个问题感到过意不去，害怕张主任觉得自己是懦夫，但还是决定问下去。

“参战或者因公负伤致残的，由部队评定残废等级，发给革命伤残军人证，退出现役后，丧失自理能力不能复学的，按照国家有关规定妥善安置。”张主任依然看不出什么情绪。

征集年龄要求、补助安置金额、服役优待政策、退伍政策都听完以后，两个人对参军的事情感到明朗起来，但王志雄心里产生了新的疑虑。是的，他还在想着应用研发的 offer，他需要时间来考虑和选择。

“张主任，我还想问一个问题，”王志雄虽然有点怕张主任，但最后还是鼓起勇气，“如果我被征集的同时也被其他单位聘用，我该怎么办？”

“应征公民被征集服现役，同时被机关、团体、企业事业单位招收录用或者聘用的话，应当优先履行服兵役义务。有关机关、团体、企业事业单位应当服从国防和军队建设的需要，支持兵员征集工作。”

“另外，兵役登记时间已经改了，从每年的 9 月 30 日前提前到 6 月 30 日前。所以这个月月底我们会结束征集的工作。如果军队要了你，参军优先。”张主任顿了顿，接着说。

王志雄和李达伟心中的疑惑基本化解，但他们还需要时间来好好消化这些信息。经过这一番的沟通，他们对洞察力敏锐、逻辑清晰同时又深不可测的张主任产生了一种既崇敬又害怕的感情，想要跟他多聊些什么，却又不知道从何说起。

沉默中，张主任竟然主动开口了。

“你们很想做一名职业军人吧？”

“嗯，是的。”

“要成为一名高素质新型军事人才，你们需要经受很多磨炼。在信息化战争时代，我们需要的是高素质新型军事人才，除了深厚的理论功底和渊博的知识，必须具备过硬的军事专业素质、严格的作风纪律素质和强健的身心素质，而后面我所说的这些都需要你们进入部队以后逐步培养。进入部队以后，一切又是新的开始。”

“嗯。”

“这里是报名表，想好的时候填好拿过来。”

“好的，谢谢张主任。”

后来，王志雄和李达伟都圆了“参军梦”，用青春为国家的国防建设做出了自己的贡献。

伍

知法懂法与用法

32. “天价乌木”争夺案

春节刚过，节日的气氛还未完全消散，但对年近五旬的刘家湾村民刘朝明来讲，日子却不免显得有些惨淡。自去年春节过后，这整整一年间，关于那闹得沸沸扬扬的“天价乌木”事件的种种，老刘依然历历在目，并且始终耿耿于怀。对于他来说，自己的下半辈子看来是很难完全摆脱这件给他带来巨大冲击的事了。

事情的经过还得从去年春节后说起。去年春节后的一个下午，天气少有的晴朗。这天正是大年初八，刘朝明招待前来给自己拜年的老战友老范，领着老范在自家的承包地里随便转转。刘朝明是川西农村的一位普通农民，年轻时当过兵，退伍之后回到老家刘家湾务农。刘家湾是川西农村再常见不过的一个小村子，村里一共不到 100 户人家，山清水秀，村里自西向东有条小河流过。老刘的房子离河边不远，大概 100 米的距离。家里的九亩承包地位置也挺不错，就夹在自家房子和小河中间，聚拢在小河的南边。要说这一年对老刘来说可是特殊的一年，老刘 4 月就满 48 岁，所以这一年正是他的本命年。老刘跟老范开玩笑说：“今年我一定会走大运，到时你再过来，我好好款待你！”老范哈哈一笑说：“哎呀老刘你就吹吧，就你守着自己的几亩破地，除非从地里挖出金元宝，否则得到猴年马月才能发大财啊？你还是跟我出去做生意吧，现在西安做废旧金属回收，可很有得赚呢！我在那边刚稳定下来，你要是过来跟着我干，我保你五年之内，不说别的，赚个给儿子在县城买套房子的钱还是没问题的。”刘朝明笑着应声：“我知道你老范本事大，外面的钱可不是那么好赚的哩，我守着自己的这九亩地，吃穿不愁，儿子现在在广东打工赚钱，年后给我把儿媳妇领回来，我这日子可也不差！”

老范是刘朝明当兵时候的战友，几十年的好哥们儿。两人都是四川人，但不在一个县。复员之后，老范回家种了几年地之后就出去务工了，先是在成都、重庆、武汉等城市做小商品批发，后来开始做废旧金属回收，他头脑灵活，人缘不错，虽然也有过几次亏本的经历，但是这些年下来，家底是慢慢厚实起来了，在成都也安家了。不过颇重感情的他，每年都会抽出时间到老战友刘朝明家做客，聊聊各自的生活以及往日的岁月。看到自己的老战友几十年都不离开那几亩地，老范也是经常劝他出去，“出去做点生意怎么都比在家种地强”，这是他经常挂在嘴边的一句话，但是性格有点倔的老刘每次都婉言谢绝老范的建议。刘朝明膝下有一对儿女，小女儿 23 岁，已经出嫁了，大儿子 25 岁，在广东打工，虽然收入不高，但一家人平稳地过日子，但求平安，也算过得舒心。唯一让老刘内心难以平静的是儿子的婚事。儿子谈了一个女朋友，也是本地人，两人一起在广东打工，按说两人已经到了结婚的年纪，但是儿子只字不提结婚的事。虽然他不说，但是老刘也清楚，因为他想先攒够买房子的钱，然后再提婚事，但是为了不给父母太大负担，从来不当面提买房的事。儿子的孝顺懂事，老刘看在眼里，也是十分心酸，自己年近五十，细细想来也没有为子女置办多大的家业，现在到了需要给儿子提供支持的时候，却拿不出多少积蓄。每念及此，老刘都不由得一声长叹。老范的建议不是不好，他也认真考虑过，但是一来自己没有多少本钱，如果在钱上面太麻烦老范，自己面子上过不去；二来老刘觉得自己也不是个做生意的料儿，一没经验二没头脑，所以长期以来，还是没有踏出那一步。不过虽然没有“出去”，在家务农的同时，老刘也经常关注一些农民致富的门路，像种树、养殖等行当，他都尝试过，但是都没有特别好的效果。所以当老范提出赚钱买房的时候，老刘还是心动了一下，但是随即又陷入苦闷之中。

“嘿，老刘，你过来，看看这是什么！”刘朝明从自己的思绪中回过神来，随着老范的声音看去，老范走到了河边，好像发现了什么，他快步走去一看究竟。原来老范在刘朝明河坝的地上发现了一根发黑的木棍状的东西，是从泥土里冒出来的，看起来很像树枝，但是通体黝黑，刘朝明凑上前去，这东西似乎还散发着香味。老范这时问道：“老刘，你在地里放过火？”正对着黑色“树枝”仔细端详的刘朝明嘟囔着：“没有啊，这看起来也不像烧黑的木炭……”这时，一样东西突然从刘朝明的脑海中蹦出来：乌木！

刘朝明直起身来，神情严肃，语气低沉：“老范，你看这个东西，是不是乌木？”老范这时也站了起来，盯着刘朝明的眼睛，随即点了点头：“嗯，我看像。”原来，自从这几年乌木以及乌木工艺品在市场上越来越热，很多地区都兴起了挖乌木的热潮，与之相应的乌木工艺制造产业也在蓬勃发展。刘朝明对这些早有耳闻，平日里也默默地关注着相关的信息，自己还通过多方渠道了解关于乌木的知识，而老范对乌木更是情有独钟，这些年自从生意做大，自己对收集金丝楠木就非常感兴趣，家里保存着各种工艺品以及家具。

民间说的乌木又叫阴沉木，它并不是指某个单一的树种，而是指楠木、香樟、麻柳等各种树木，因为自然灾害被埋到了地底下，在缺氧、高压等特定的条件下，经过几千年到几万年的碳化作用形成的一种特殊木材，由于它表面是乌黑色的，所以民间就俗称它为“乌木”。乌木木质坚硬，多呈褐黑色、黑红色、黄金色、黄褐色。其切面光滑，木纹细腻，打磨得法可达到镜面光亮，有的乌木木质已近似紫檀。由于不褪色、不腐朽、不生虫，是制作艺术品、仿古家具的理想之材。此外，乌木兼备木的古雅和石的神韵，历代都把乌木用作辟邪之物，制作成工艺品、佛像、护身符挂件，更有“家有乌木半方，胜过财宝一箱”的民间俗语。由于乌木为不可再生资源，开发量越来越少，一些天然造型的乌木艺术品极具收藏价值。本省地理环境和位置特殊，是乌木的主要产地。近些年，在民间市场里，乌木工艺品和家具制品越来越受人追捧，木头的价格也越来越高。

想到这有可能是值钱的宝贝，刘朝明赶紧从家里拿来铁锹等工具，顺着木头往下挖，结果越往下挖，这乌木的体积越大，一直延伸到河道里，似乎见不到头。这时老范沉不住气了，对着满头大汗的刘朝明说：“老刘，我看你今天真是挖到宝了，这块乌木个头肯定不小。”这时刘朝明慢慢冷静下来，擦了擦汗，点上一支烟。然后他给一个以前认识的做乌木工艺品的行家打了个电话，让他马上过来帮他鉴定鉴定，这位民间行家赶过来之后，经过初步鉴定，他十分肯定这就是大家口中所说的乌木，并且还是乌木中最珍贵、价格最高的金丝楠木，从当时挖掘的情况看，这块乌木的体积很大，粗略估算价值在百万以上。刘朝明听了之后整个人有点犯晕，他完全不敢相信这种天降横财的事情就这样一下子发生在自己的身上，刹那间房子、汽车以及所有他能想到的关于发财的意念都一下子涌上心头，在把乌木行家送走之后，刘朝明赶紧联系了镇上开挖掘机的师傅，雇了一台挖掘机进行挖掘。然而，令刘朝明既兴奋又不安的是，挖掘机一直工作到晚上，地里的乌木都没有被挖出来，还有很大一部分埋在泥土里，最后挖掘机师傅几次要求，刘朝明才同意让他回去休息，但约定第二天一大早就过来继续挖。

刘朝明在地里发现乌木的消息一下子就在村子里传开了，当天下午挖掘机开进地里挖掘时就已经有很多人前去围观。听说是发现乌木了，很多村民一边起哄着说刘朝明这是祖宗显灵，让他交大运发财了，一边还围着已经挖出来的乌木，这扣一点，那掰一块，看得刘朝明很着急，他不得不大声叫着让大家不要乱拿乱动。送走老范之后，刘朝明把自己的老伴儿和老母亲都叫到挖掘现场，防止大家动手动脚。当天晚上，因为不放心地里的乌木，尽管离家仅有 100 多米的距离，刘朝明还是冒着正月夜晚的严寒在地里搭了个棚子照看着。严寒和内心的激动让老刘无法入睡，他一边思索着如何尽快把乌木挖出来，另一边已经在想怎么将这乌木卖个好价钱。同时，白天同村村民对乌木的垂涎也让他非常不安，他想着一定要尽快把这件事情了结。于是他连夜给自己的妹妹、妹夫还有女儿女婿电话，让他们第二天赶过来帮忙，同时又联系白天的乌木行家帮他联系买家，结果行家马上告诉刘朝明已经有买家愿意出 1000 万的价格买下整棵乌木，待乌木出土后就交接。这个天文数字的报价让刘朝明第二次被震惊了，但是他却没有马上答应行家的建议，其实这时候刘朝明内心已经没有办法冷静地思考了，但是他的心里有一个坚定的念头：那就是这棵“天价”乌木一定能值更多的钱，而且完全不愁销路。这时一个电话打了进来，是镇上开超市的李建国，原来刘朝明挖到乌木的消息已经在镇上传开了，李建国提出自己出钱请挖掘机与刘朝明一起挖掘乌木，然后按一定的比例分得乌木的所有权。刘朝明断然拒绝了李建国，正准备挂电话时，李建国说了一句，“你这样吃独食，一定会后悔的。”挂了电话之后，一种深深的不安情绪慢慢地冲淡了喜悦和兴奋，坐立不安的刘朝明又给刚刚离家的儿子打电话，让他也回家一起商量对策。刘朝明想着，自己天降横财，肯定有人嫉妒，但是只要自己做好准备，多叫上一些人给自己壮声势，然后尽快挖出乌木卖出去，应该也不会出太大的问题。尽管这样安慰着自己，刘朝明依然一夜无眠。

第二天早上 5 点，刘朝明就径自到挖掘机师傅家叫他开工，同时又雇了另外一台挖掘机一起工作，希望加快进度。到了中午，已经有邻村乃至别的乡镇的人过来围观“天价乌木”的挖掘，两台挖掘机一起工作，工程进度明显加快，到中午时，这根大家伙已经慢慢看得出全貌了，那是一根长约 30 米、1 米多粗的巨大乌木。正在刘朝明踌躇满志地准备联系吊车把挖出来的乌木吊出泥坑时，他不愿见到的事情发生了：警察来了。

原来镇派出所接到报案，说刘家湾的河里有人私采滥挖，镇派出所的两名警察到了挖掘现场，随即命令刘朝明暂停作业，让挖掘机撤出现场。由于警察介入，刘朝明只得停止作业，但是他赶紧向巡视的警察解释这是他自家的地，没有乱挖，但是没有得到警察的明确回应，随后他们把大坑用警戒线围了起来。刘朝明急得像热锅上的蚂蚁，不断地向警察解释情况，但是只得到“镇政府随后会处理”这样的回答。到了下午 2 点，镇里果然来人了，来的不是别人，正是镇长杨建坤和镇里的相关领导。镇长一下车，刘朝明就迎上去，解释这块地是自家的承包地，但是镇长摇摇头，表示不管这是不是刘朝明家的地，从地里挖出来的珍贵自然资源都是属于国家所有的，个人私自开采、挖掘都是不对的。但是刘朝明认为在自己门口挖出的东西只要不是古文物，就是自己的。镇长又解释说，按照《民法通则》第七十九条，所有人不明的埋藏物、隐藏物归国家所有。不仅如此，《宪法》第九条这样规定：矿藏、水流、森林、山岭、草原、荒地、滩涂等自然资源都属于国家所有，即全民所有。镇长解释说，这里的乌木就是自然资源，刘朝明可以在自家的地里耕种，但是从地里挖出来的珍贵资源不能由刘朝明自己所得，而应该归政府处理。但是刘朝明不认同这种说法，双方僵持不下，镇长一行人只得回去。随后几天，镇长会同相关的专家反复上门劝说刘朝明放弃乌木，不要不顾法律和国家的利益。同时，镇政府也有所让步，提出会依照相关奖励规定给刘朝明一定的经济补偿，包括对发现乌木的奖励以及前期施工的费用，同时还表示今后乌木用于科研用途会标注刘朝明为发现者。但这些刘朝明都不认可，而且每次镇长和其他人员都会遭到刘朝明老母亲的呵斥和大骂。最后，镇政府方面下了最后通牒，组织了挖掘队伍，还有警察、城管。面对这样的情景，刘朝明觉得大势已去，再僵持下去恐怕事态超出自己的预料，于是只能让镇政府取走了乌木。

意外的是，镇政府一共从地下挖出 5 根乌木，位置一直从刘朝明的承包地延伸到河道中央。自觉损失惨重的刘朝明郁闷至极，在咨询律师之后，他决定起诉镇政府，希望法院判定乌木归自己所有，同时判定镇政府挖走乌木的行为违法。但是经过法院的审理和双方的举证，镇政府通过刘朝明承包地块的土地确权图，证明发现乌木的位置并不在刘朝明承包的土地范围内，法院最终驳回了刘朝明的诉讼请求。

经过发现乌木以及一年来试图从镇政府那里夺回乌木的艰难历程，刘朝明在这个春节，显得心力交瘁，一年来的身心煎熬让他一下子苍老了不少，如今他还会情不自禁地想到那些曾经可能让自己暴富的乌木，有时他还会反思，那个举报电话会不会正是李建国打的，如果当晚他没有断然拒绝李建国，是不是就不会引来镇长等人。但是回过神来，这些都已经无法挽回了。现在他只能关心镇长所说的给自己的奖励是否真的能够兑现。

此案的关键在于乌木的权属。乌木来自自然，并且在自然中形成，属于广义上的自然资源。根据我国宪法和法律规定，公民开采自然资源要经过授权以后才能进行。如果没有经过授权，任何人和部门都无权开发自然资源。《宪法》第九条规定："矿藏、水流、森林、山岭、草原、荒地、滩涂等自然资源，都属于国家所有，即全民所有；由法律规定属于集体所有的森林和山岭、草原、荒地、滩涂除外。国家保障自然资源的合理利用，保护珍贵的动物和植物。禁止任何组织或者个人用任何手段侵占或者破坏自然资源。"我国宪法实际上表明，自然资源一般都不承认归个人所有，只可能归国家所有和集体所有，除明令点出之外的归集体所有的自然资源外，其他都依法归国家所有。另外，从所有权的角度来看，村民在河道中发现乌木，河道属于国家所有，乌木就应由河道所有权人国家取得。

33. 亲属退役疑问多　热情接待解疑惑

黄土高原漫长而干冷的冬天还没有过去，细蒙蒙的雨丝夹杂着零星的雪末子纷纷扬扬地洒向大地。千沟万壑的黄土地仿佛渴急了，那些雨雪刚落地就被吮吸得失去了踪影。夜幕低垂，整个村落都被盖上了一层昏沉的阴影。

王大婶已经烙好了锅盔，准备喊小孙儿吃饭。小孙儿二蛋才 5 岁，是她二儿子参军以后儿媳让她帮忙带的。儿媳要去省城打工，养不了这么小的娃。今天中午一听到卖罐罐馍的梆子声，二蛋就拽着她的衣襟从里屋走出来，王大婶尽管趔趔趄趄，脸色却洋溢着慈祥温厚的笑容。可她临拿出钱，又想到这么小的孩子可不能偏食，娇惯坏了以后可不好养。二蛋被拽回里屋，一下午都哭丧着脸。王大婶看着心疼，可是又不好明说。想来想去，王大婶只得做上自己最拿手的锅盔，配上家里的糖蒜和腊肉，算是安抚下乖孙子的心。

还没等她喊孙子，里屋就传来了手机铃声。有人给王大婶打手机了。王大婶急急忙忙擦净手，奔进房间。手机的荧光屏幕上显示李淑珍。“喂——”

“王姨，我是淑珍啊。”

“知道咧，啥事嘛？”

“我想寻你问个事，你的儿子是不是就该退伍了？”

“是的，就在这月。”

“王姨，我家那口子和我爸也在这月退伍，我想问问他们回来以后可咋办呀？”“咋办？你啥意思？”“就是说，他们回来以后国家还分配么，要上班的话去哪里上？要读书的话国家能资助吗？如果年龄大了该退休了，国家能安置么？”“这个，我还真没想过。”“我也不清楚，才来问问你，看你知道不。既然咱们都不知道，那要不这样，赶明一早我们去市里的征兵办公室问一下。”“好呀，我明儿一早起来去你家，然后咱们一起去问问。”“那就这么说定咧，您路上注意安全，我包好饺子等着。”“哎哟，让你破费多不好意思。”“哎呀，咱一家人不说两家话，就这么定了。明儿见！”“好，明儿见。”撂下手机，王大婶心里犯了嘀咕。儿子只有高中学历，三年前参了军，回来以后肯定要多读些书。可是他当兵这几年，正经书一本也没看，每次都是一拿起书就直犯困。这个样子回来，以后的书还怎么读下去啊？李淑珍她爸参军几十年了，为人仗义耿直，一身正气。他年龄比自己小不了多少，现在这把年纪，也该退休了。李淑珍的丈夫自己见过，一个五官突出的大高个儿，说话斯斯文文的。他回来以后，有什么打算呢？

第二天，王大婶就起了个大早。把二蛋委托给村口的张婆婆带，二蛋扭扭捏捏不想离开奶奶，可最后还是拗不过王大婶。朔北的早晨寒风凛冽，麦地上覆盖了一层薄薄的雪，露出星星点点的绿意。远处白茫茫亮堂堂的一片，蜿蜒曲折的土路早已被冻得比铁还硬。王大婶一个人冒着刺骨冰冷的寒风徒步行了良久，又转了几次车，终于来到了李淑珍家。

她敲了敲门，不久就听到脚步声，“吱呀”一声，防盗门被打开了。

“王姨，路上很冷吧！看把你冻的。快进来进来。”李淑珍一脸灿烂的笑意，很随意地挽着头发，围着明黄色的围裙。房间里很暖和，墙上挂着她的全家福，房间里充满着浓郁的饭香，透着家的温馨。

两人来到饭厅，萝卜馅饺子已经盛在碗里，旁边是漂着辣椒油的调料。吃过热气腾腾的饺子，拉了会儿家常，两人开始说退役的事情。

“我看我们这儿啥都好，就是买东西不太方便。等我家那口子回来，我就给他张罗个超市，卖零食和日用品。一来养活家里，二来让他多接触接触社会。”

“那他以前的那个单位呢，不去了吗？淑珍，你们要不再商量商量。开超市虽然好，可比不上铁饭碗踏实啊。我看他参军前还挺能折腾的，说话利索，脾气又好，说起生意经也头头是道。开个超市虽然合适，他以前可是在电视台做事，多少人羡慕啊，他舍得原来那么好的工作吗？哦，还有，你爸年龄也大了，不知道他今年回来了可咋个打算啊？”

“王姨，我也在琢磨呢，主要还是听他的意思。他想去就去，不去就拉倒呗。我爸现在 55 岁，照理说估计也该退休了，可就是不知道军队让不让退。王姨，咱不说我家的事了。你儿子可咋办呢？”

“我也不晓得啊。他才读完高中就当兵去了。那时候拦也拦不住啊，他说自己就是想去。二蛋才那么小，谁照看啊？还好他现在要回来了。可是你看看，现在连个扫大街的都是大学生，他就只有高中文凭，不继续读书可咋办呢？”

两人叹了一会儿气。不过她们都是乐观又勤快的女人，很快就走出伤感，马上想到解决心中疑惑的办法。

“那我们现在就去征兵办公室问问吧。我家那口子参军报名的时候我去过，我现在还认得路。”

“好好好，这就去。”两人穿好衣服，出了门，冒着寒风坐了两趟车，找到了征兵办公室。

李淑珍敲了敲门。

“请进。”

她们走了进去。办公室不大，但显得十分肃穆和整洁。里面的中年男人个子不高，军装干练，身材微胖，看起来很和善。

“您好，我们有些事想要咨询。”这里的氛围庄重又肃穆，让她们感到有些拘束。

“嗯，快进来坐，我姓孙，你们叫我孙主任就成。这位妹子和阿姨想了解些什么，随便问。”孙主任很热情地端了茶，露出憨憨的笑容，显得脑门又亮又圆。

“是这样，我儿子算算今年也该退伍回来了。他以前就读到高中，回来了以后我还想让他继续念念书，可是怕他当兵久了跟不上，所以想问问他退伍以后有啥优惠政策没。”王大婶问道。孙主任憨憨的笑容很快冲淡了她们原本的拘谨。

“哎哟，阿姨，优惠政策还真有。我给您说说。2011 年修改后的《兵役法》规定了义务兵退出现役，可以免费参加职业教育、技能培训，经考试合格的，发给相应的学历证书、职业资格证书并推荐就业，且在就业时享受国家扶持优惠政策。同时，还可以免试进入中等职业学校学习。他们如果想要报考普通高等学校以及接受成人教育的，享受加分以及其他优惠政策。如果在国家规定的年限内考入普通高等学校或者进入中等职业学校学习的话，还能享受国家发给的助学金。”

“这么说我不太明白。”

“说白了就是您的儿子如果退役了，可以免费参加职业教育，毕业了会推荐就业。如果想上中专可以免试，想读大学可以加分。规定时间内读书的话，国家给发助学金。”

“哦，这么说他想要再读书的话，可以免费学技术，想要报大学的话还有加分，国家还发给助学金。这敢情好！”

“孙主任，我过来主要是想问问我家里那口子的事，他退伍回来以后，我打算我们夫妻俩一起弄一个超市，可是他以前一直在军队里，我怕他出来以后不适应。国家会帮我们吗？”李淑珍紧接着又问道。

“妹子，这个你大可以放心。义务兵和服现役不满 12 年的士官退出现役的，由人民政府扶持自主就业。”

“那人民政府怎么个扶持法儿呢？”李淑珍很激动，忍不住追问起来。

“自主就业的退役士兵享受六大优惠。一是由部队根据服现役年限发给一次性退役金，地方人民政府可以根据当地实际情况给予经济补助，一次性退役金和一次性经济补助按照国家规定免征个人所得税。二是退役一年内，由县级以上地方人民政府退役士兵安置工作主管部门组织免费参加职业教育和技能培训，并推荐就业。三是从事个体经营的，按照国家规定给予税收优惠，给予小额担保贷款扶持，从事微利项目的给予财政贴息；除国家限制行业外，自首次注册登记之日起内，免收三年的管理类、登记类和证照类的行政事业性收费。四是入伍前是国家机关、社会团体、企业事业单位工作人员或者职工的，退出现役后可以选择复职复工，其工资、福利和其他待遇不得低于本单位同等条件人员的平均水平。五是回入伍时户口所在地落户，属于农村集体经济组织成员但没有承包农村土地的，可以申请承包农村土地并享有优先权。六是进入中等职业学校学习、报考成人高等学校或者普通高等学校的，按照国家有关规定享受优待。”

“这样啊，那可实在是太好啦。我还想问问，他以前在电视台里上班，现在退役以后如果想要回去继续上班，他还能回原单位吗？工龄可咋计算呢？”

“妹子，这事你就放心好啦。《兵役法》里清清楚楚规定了，机关、团体、企业和事业单位应当优先招收录用退役军人。军人现役年限计算为工龄，退役后与所在单位工作年限累计计算。”

“哈哈，这样就好。还有一件事。我爸也是今年退役，不过他年龄大了，现在已经 55 岁了，他苦了一辈子，退伍回来再做什么工作就太辛苦了。我就想着他回家以后跟我们住一块，安安生生地读读报，养养花。你说，他现在这把年纪，能退休吗？”

“妹子，这个你也放一百个心。《兵役法》明明白白规定了作退休安置的四种对象：一是年满 55 周岁的；二是服现役满 30 年的；三是因战、因公致残被评定为 1 级至 6 级残疾等级的；四是经军队医院证明和军级以上单位卫生部门审核确认因病基本丧失工作能力的。另外，某些情况下，一些人国家还会供养终身：一是被评定为 1 级至 4 级残疾等级的义务兵和初级士官退出现役的；二是因战、因公致残被评定为 1 级至 4 级残疾等级的中级以上士官，本人自愿放弃退休安置的。所以呢，你爸肯定能退休，拿上退休金享享清福。”

“国家现在又是自主就业又是退休的，我们那个时候可都是国家给安置工作啊，现在还能安置吗？”

“阿姨，时代不同了，以前国家安置那可是主流，现在对军官退役实行计划分配和自主择业相结合的方式安置，以鼓励军官自主创业为主、国家安排相结合的安置方法。到底哪些人国家会安置，您可听好喽！新《兵役法》中规定，以下几种情况由安置地县级以上人民政府给安排工作：一是服现役期间，平时荣获二等功以上奖励或者战时荣获三等功以上奖励，以及属于烈士子女和因战致残被评定为5级至8级残疾等级的义务兵退出现役。二是如果是士官，则按照新《兵役法》第六十二条，根据国务院、中央军事委员会规定进行具体安置。如果服现役不满12年，就得按照第六十条规定进行安置，就是原则上发放退役金。如果服现役超过12年，则由安置地的县级以上人民政府安排工作。”

“哦，这样说大部分人退伍了都是自主就业，只有一些特别的情况才给分配。时代果然不一样喽。”

“哈哈，是啊。阿姨和妹子还有什么要问的吗？”

王大婶和李淑珍都摇了摇头。

“哈哈哈，没问题就好。你们呀，主要是对《兵役法》的了解程度不够，所以才会产生这样或那样的困惑。有机会啊，建议你们多看看《兵役法》和相关的法律法规，就都明白啦。”孙主任依然态度亲切。“今天真是谢谢你啦，我们耽误了你这么久，真是不好意思。”“没事儿，你们太客气啦。有什么问题再来问我就成了。”“嗯嗯，孙主任你真是热心的大好人。我们耽误你工作这么久，现在可不敢再打搅啦。”“好的，两位慢走，这几天天冷，你们可得注意喽。”“好好好，你也保重，再见！”她们的脚步渐行渐远，背影逐渐缩小，直至消失。

34. 不写借条没关系　录音也能找到你

李大石25岁，是家里的经济支柱。妹妹李冬妹正在上高中，成绩不错，李大石打算存钱支持妹妹继续读书。李大石的父母虽说年龄不大，还不到50岁，但父亲几年前在上山砍柴时不小心从半山腰滚了下来，家里人找了一天一夜才找到他，还好他命大，可摔断了一条腿，再也不能做粗重活儿了。母亲腿脚还算灵便，但生了李大石和他妹妹之后，没有好好保养，这身子骨就落下了毛病，一直体弱多病，所以平时也就只能在家替人家缝缝补补赚些钱。四口人住在村口的三间瓦房里，李大石和妹妹一间，李大石父母一间，还有一间兼具厨房、客厅、餐厅的功能。李大石平时天不亮就上山砍柴，回来烧火给父母做好饭之后就赶紧下地去干活，每天没日没夜地干，一年才赚个四五千块钱，这些钱只能勉强维持全家人的生活，基本没有什么闲钱能存下来。

然而冬妹上学的开支越来越多，父母身体也越来越不好，李大石觉得只靠下地干活儿赚来的这点儿钱，肯定没法应付日后的生活，于是他开始心心念念想着要出去赚钱，但苦于不知去哪儿打听消息，也只能作罢。

大年三十很快到了，李大石在村口干活儿时，看到陆陆续续有些年轻的村民背着大包小包风尘仆仆地回来。李大石心想，这些人都是出去打工赚钱了吧，平时也没见他们在地里干活儿，可看他们家里的生活都挺富裕的。

李大石正愣神儿呢，一个人过来拍了他一把："李大石哥！好多年没见了，干活儿呢！"李大石被吓了一跳，扭头一看，这不是小时候相熟的张连信吗？几年不见沧桑了不少。李大石一打量，看到张连信身上也背着大包小包的，难道他也是从城里打工回来？刚好可以问问他有什么赚钱的门道儿。张连信一看他没什么反应，刚要转身儿走开，李大石赶紧张口了："张连信啊，见到你真好，咱哥俩儿可好些年没见了，怎么着，出去发财了？怎么有好事儿也不告诉哥哥一声啊！"张连信连忙答道："发什么财啊，我就是去城里给人家搬砖去了，都是些力气活儿，但是好就好在出力就能有钱赚，哥你要是想去，那一句话啊，现在工地正缺人呢，我过年回家待两天就走，到时咱哥俩一块儿去？"

这赚钱道儿说来就来了，李大石简直有点儿不敢相信，他赶忙问道："辛苦是不怕的，那赚钱比咱们种地多不？”“嗨，多劳多得呗，就说我吧，我在工地儿帮人家把水泥扛上楼，每次扛一袋儿一百斤，能挣两块钱，一天下来我能挣 180 块左右。”

这么多钱！李大石一听惊了一下，“一个月挣的工钱竟然比我一年还多！我现在是靠天吃饭，到了城里我就是靠自己吃饭，只要出力就能挣钱。张连信，我跟你去，你走的时候记得叫上我！”“没问题！”张连信一边说一边就朝自己家的方向走去了。李大石一个人站在地里开始想象进城之后的生活，想着能赚这么多钱，将来就可以让父母过上好日子，妹妹也可以继续读大学了。

在地里干活儿到天快黑的时候，李大石收拾好东西就往家里跑，他想赶紧和家里人商量好出去打工的事儿。趁着全家人一起吃饭的时候，李大石开口了："爸妈，冬妹，你们猜我今天遇到谁了？”三个人面面相觑，摸不着头脑。李大石接着说："咱们村的张连信，小时候我经常和他一起玩，近几年都没见过了，今年他从城里回来了，他说城里打工可赚钱了，一个月就能有三四千呢，一年就能有四五万！我也想出去打工，到时爸妈就有好日子过了，冬妹上大学也不愁钱了。”

李大石一口气说了这么多，剩下三个人好像有些消化不了，好半天才明白是怎么一回事儿。李大石爸先开口了："男子汉志在四方，出去闯闯吧，爹支持你！”李大石妈一听儿子要走了，终究是有些不舍，可是看老伴儿这么支持，儿子这么坚定，也不好多说些什么，只好叮嘱几句："娘也支持你出去，可是外面不比家里，到城里打工也不是那么容易，八成也都是干些体力活儿，儿啊，你可别为了赚钱累坏了身子，记得按时吃饭休息！”冬妹自知年龄小，家里的事儿从来也就不插嘴，不过她也很是担心哥哥在外面受累，听着妈妈说的话，只是一个劲儿地点头。“你们放心吧！我会照顾好自己的，况且我有张连信带着一起去呢，没问题的！”吃完饭，李大石就到屋里收拾行李去了，准备随时和张连信一起出发去城里。

大年初十一大早，张连信来敲门，李大石一猜就知道是张连信，连忙回屋背上了行李准备和张连信一起进城。李爸李妈只来得及望着儿子的背影大喊："注意安全！记得回家啊！""知道啦！"李大石匆匆地跟在张连信后面，头也没回地就走了。

一路颠簸，可算是进了城里，一到工地，张连信就把李大石引荐给了包工头，包工头让李大石跟着张连信一起打水泥，工钱跟张连信一样，李大石爽快地答应了，回住宿棚子放下行李之后就干了起来。刚开始干时，多少有些不适应，但想着这每走一趟都是钱，李大石就充满了干劲儿，只想一刻不停，把能赚的钱都赚到手。可是时间一久，李大石开始觉得有些受不了了。这活儿从早干到晚，一刻不停，中午只是匆匆扒拉两口饭吃，晚上回到大棚和工友们聊聊天就算是唯一可以放松心情的事了，这样的日子何时是个头儿啊？有了这么个心思，李大石每逢周末也都不干得这么拼命了。一有空他就去找张连信喝喝茶，下下棋。虽说俩人从小就认识，但毕竟多年不见，谈不上有多深厚的友谊，只是人在外地，老乡见老乡两眼泪汪汪罢了。可就是这么一来二去地喝茶下棋，俩人也变得无话不说起来，张连信有什么烦心事儿也都爱找李大石商量商量。

一天，张连信找到李大石，吞吞吐吐地说："我媳妇也在外面打工，就在隔壁县城，前天来信儿告诉我她把腿摔了，医院那边儿不交钱不给治。都怪我跟风，把钱都放到信用社里存了定期，一时拿不出来，现下手里没多少钱，李大石哥，你能借我点儿不？""没问题啊！"李大石爽快得让张连信有点意外，毕竟两人没有多深的交情。李大石接着说："我来了才一年多一点儿，平时的钱给家里寄回去了不少，现在手里就剩下两万块了，我这就去拿给你，你赶紧拿去给弟妹治病。"张连信一看李大石一下子就要拿出两万多借给自己，赶忙跟了一句："哥，我给你写借条……""写啥欠条啊，我是粗人，用不着这一套，你会写字，我还不认字呢，我还怕你跑了不成！"听了这话，张连信感动得不行，心里认定了这个兄弟。"快跟我回宿舍拿钱吧！"

张连信拿了钱便赶去医院了，之后李大石又陆陆续续借给张连信两三千块钱，几个月后，张连信拿着钱找到李大石："李大石哥，我的存款到期了，现在把钱如数还给你，我媳妇儿的腿也治好了，真是多亏了你了！”李大石接过钱，说道：“小意思！”张连信接着说道：“李大石哥，我看你常年一个人在外面，身边没个知心人儿，和我媳妇儿一块儿打工的一个女孩人挺实诚的，要不给你说说？”李大石一想，自己也到了谈婚论嫁的年龄了，父母老了，早点儿成家也好让他们放心。“那哪天我安排你们见一面吧。”张连信看出了李大石的心思，没等他回话就把话接上了。

几个星期后，张连信带着妻子和她的小姐妹王霞一起来到了工地上，张连信和妻子请李大石吃了一顿饭，一方面感谢他的慷慨解囊，另一方面他们想把王霞介绍给李大石。李大石和王霞一见如故，聊着聊着发现彼此就住在隔壁村，于是就从村口的小河聊到了城里的生活，越聊共同话题越多，吃完饭，两人互留了电话。

有了心仪的对象，李大石的干劲儿一下子又足了起来，平时干活儿的间隙都会和王霞通通电话，发发信息，聊聊现状。干活不忙的时候，李大石还会去探望王霞，有时间也会陪王霞逛街，时不时地还爱摘些小花儿什么的给她惊喜。一阵子之后，两人的感情有了很大的进展，他们都觉得到了谈婚论嫁的阶段了，两人商量好，过年回家时，王霞就跟着李大石回家，见了家人之后就赶紧把喜事办了。

定下了终身大事，李大石觉得整个人都踏实了，他天天盼着早些过年，早些把准媳妇儿带回家给爸妈看看。可李大石一直担心，他觉得家里只有三间房，结婚之后还和妹妹住在一间房肯定不可能了，一定要回家再盖一间房才行。想到这儿，他把近两年来自己存的钱都取了出来，点了点，一共七万块钱，可盖房至少要十万，家里一点儿积蓄都没有，生活都是靠着他在外面打工挣的钱，剩下的三万也不能让王霞出啊，该怎么办呢！这时，他想起了张连信，于是他晚上约张连信出来吃饭，提及了借钱的事儿：“张连信，我打算过年带王霞回家，然后我们就结婚。”“恭喜你啊，李大石哥！”“先别恭喜这么早，我们家里现在只有三间破瓦房，我和妹子住在一间屋里，王霞进门儿之后，这房怎么着也不够住了，我得另盖一间才行，可是我这手头儿只有七万块钱，各种花销算在一起大约要十万块，我想找你借三万块钱应个急，等我攒够了钱马上就还给你，你看行吗？”张连信一听要借三万块这么多，有点儿为难了，但想到当初李大石在他为难之时掏出这么多钱帮助自己，自己可不能干过河拆迁桥的事儿。“行！上次的事儿之后，我的钱都放在身边以备万一，咱俩这就去拿钱！”

又一年的大年三十，李大石领着王霞回了家，兜儿里揣着打工赚回来的钱，还有从张连信那儿借来的三万块。李大石父母见了王霞喜欢得不得了，催他们赶紧把婚事办了。李大石托张连信跟工头请一阵子假，他想加紧把新房子盖好，然后好把王霞娶回家。大年初三，李大石就开始上集市去采购各种盖房的原材料，然后又请了几个工匠跟着他一起盖房，三个多月的时间，就盖出了新房。然后李大石和王霞就在新房里结了婚，家里别提多喜庆了。

成了家之后，李大石有些不想再去城里奔波了，他想和王霞一起做些小生意。盖房没有把钱全花掉，还剩下两万多块钱。于是他和王霞商量：“王霞，我打算拿着这两万多块钱到县城去租一个铺面，咱俩开个小杂货铺吧，即便辛苦，但不至于像咱们从前那样各自在外打工，每天连个说话的人都没有啊。”王霞犹豫了：“这盖房剩下的钱……咱们还得还给人家张连信啊……更何况现在就剩两万多了，咱们找人家借了三万呢。”李大石有些不爱听了，觉得王霞扫了兴，就没再说什么。第二天李大石就拉着王霞到县城区看店面了，王霞见李大石昨天闹了脾气，也就没再开口劝他，心一横就和李大石安心去看铺面了。两人让中介陪着跑了一天，最后还真挑中了一间，李大石拿一万交了半年的租金。李大石这下开心极了，带着王霞去当时打工时经常光顾的餐馆。无巧不成书，小两口刚坐下，就碰见了张连信，张连信问李大石：“李大石哥，你进城了怎么也不去工地啊？你还干不干啦？再不来人家工头儿可就不收你了！”李大石吞吞吐吐半天说不出话来，王霞抢着说：“我们刚刚租下了一间店铺，打算自己做点儿小生意。”张连信一听赶忙问：“你们哪弄来这么多钱？”王霞没多想就答道：“盖房剩下的钱啊！”张连信听后脸色一变，王霞这才意识到自己话说得太多了。

李大石连忙站起来拉着王霞一边走一边说："张连信，我们还有事儿，得赶紧回去，你慢慢吃啊，你借给我的钱，过阵子就还给你！"还没等张连信回话，李大石拉着王霞就走了。

张连信回到宿舍，想起晚上李大石的表现，心里有点儿不踏实了，他担心李大石会赖了年前的那笔账，他越想越不踏实，于是决定趁着休息的一天回家一趟，把钱讨回来。

好不容易等到了周末，张连信一大早就出发回村子了，到了村子直奔李大石家，李大石看到张连信来了，既吃惊又有些不安。张连信先张嘴问道："李大石哥啊，我知道你的新房子也盖好了，你看，你找我借的钱也有好几个月了，我和媳妇儿都在外面，家里面也等着用钱，不知道你能不能把年前我借给你的钱……""话可不能乱说啊！"还没等张连信说完，李大石急忙把话茬接了过去，"谁找你借钱了，无凭无据，你说什么就是什么啊！"张连信一下子傻了眼，抬高了声调说："哥！你可不能不认账啊，当初我找你借钱的时候，你说不写欠条，我真心感谢你。所以后来你再找我借钱，我也没好意思让你写欠条，但是咱们亲兄弟明算账啊，你不能欠债不还啊。""谁跟你是亲兄弟，谁找你借钱了？"李大石边说边把张连信推了出去，然后把门锁上了，任凭张连信怎么敲都不开了。

张连信只得无奈地回家了，到家后他坐立不安，心想自己辛辛苦苦挣的三万块钱怎么也不能就这样不明不白地打了水漂儿。他决定等王霞回去之后再去李家走一趟。焦急地等了一会儿，张连信估摸着王霞该回家了，便起身去李家了，出门时，他想起了工友暂时让他保管的录音笔还在抽屉里，于是他取了录音笔就到李家了。敲门前，张连信把录音笔开到录音模式。

果不其然，这次是王霞开的门，李大石一见是张连信，便又大喊："讨债的又上门了！"王霞觉得李大石说的这话着实让人没面子，便拍了李大石一下，然后对张连信说："信兄弟啊，李大石把下午的事儿都跟我说了，他也不是想成心赖账，主要是现在钱都投到小生意里了，实在没钱还了。"李大石抢过话说："不用跟他这么客气，不就是三万块钱吗，没凭没据，他拿我没办法的，管他告到哪儿，只要我不承认，这笔钱咱们就不用还了！”张连信听了这话，彻底心寒了，转身便走了。

回到家之后，他心想，现在有了录音，自己可以到法院起诉李大石。忽然他又想起来几年前好像听城里人说过，像这种偷偷录的录音，好像是没有效力的，想到这，他又慌了起来。但一想第二天就能回到县城，城里有工友读过法律书籍，或许能帮他解释。第二天回到工地之后，他找到了这名工友，说明情况后，工友信心十足地说：“没问题的，这事儿我懂的！你的录音可以作为证据的，因为你虽然是偷偷进行的录音，但是并没有侵害到别人的合法权益，也没有违反法律的禁止性规定，这个证据是会被采纳的。你放心去告吧！”虽然听得半懂不懂，但从工友那里得到了肯定的答复，张连信就放心了。

张连信拿着录音和工友帮他写好的起诉状来到了法院，李大石接到传票后也无可奈何，只得应诉，法官在庭上播放了张连信的录音，李大石惭愧地低下了头，法院的判决很快就出来了，李大石应及时返还张连信本金和利息。

一个星期后，李大石来到城里，把从家里凑来的三万块钱还给张连信，还有一张纸条，写着：“对不起。”

35. 消法和三包政策双重险 车主退换修车再添保障

近几年来，媒体不断出现如“牛拉奔驰”“问题车在车行摆一年”等汽车维权报道，而最终得到的往往只是车行负责修好，或者延长保修期等处理结果，车主尽管心里不乐意，但仍然不得不接受这样的结果，即使投诉也无门。然而，2013 年 11 月后，伴随着《家用汽车产品修理、更换、退货责任规定》和新修订《消费者权益保护法》的先后出台和实施，这种情况明显好转，车主购车获得“双保险”，退换修车再添保障。“80 后”的购车人赵增辉就是“新规”下的一位得益者。

赵增辉在北京某 IT 公司从事软件编程的工作。近期，由于公司业务发展需要，于年初时公司整体迁址到亦庄的科技园。这次公司迁址对赵增辉的影响比较大，主要是上班的路途从原来的 40 分钟变成了现在的将近两个小时，他不得不每天起早贪黑。两个多月下来，上下班来回四个小时的车程让他真心有些疲惫。这时候，家人见状也建议他要么换一份工作，要么购置一辆车。再三考虑后，他还是决定购置一辆家用车，毕竟现在就职的 IT 公司对于他的职业发展还是很有利的。他心想，从研究生毕业到现在，自己已经工作有三年的时间，也有了一定的积蓄，可以选择购置一辆十万有余的家用车。这样既可以方便自己上下班，而且有车后也方便家庭聚餐或出去郊游。

在打定主意购车后，赵增辉就着手开始申请，并通过登录北京市小客车指标调控管理信息系统填报了申请个人新购车辆相关材料。等待的时间总是漫长的，但是幸运的是他在一个月后就幸运地摇到号。为防止过了有效期，在朋友的推荐下，在刚摇到号的那周周末就在 FS 车行购买到自己心仪的一款商务车。

在周围朋友还在羡慕他摇号和购车双迅猛的时候，赵增辉新购置的这辆车却时常出问题，总因为制动系统失灵而无法正常使用。这种情况让他购置新车的喜悦大大减退，相反，总是陷于与 FS 车行经理张小生的口水仗里。刚开始的两次，见车主赵增辉到店里，张小生还是礼貌地接待他。在得知他新购置的车出现问题时，不但向他致歉，还及时地协助他联系厂家修理。这倒也让赵增辉心里有些宽慰，觉得新车使用难免会遇到一些问题。然而，经过两次修理后，新购置的商务车仍是问题不断，严重影响使用。

有一次，在周末外出郊游时，汽车行驶过程中出现了制动系统失灵的问题。幸好赵增辉有类似的处理经验，终于将车停住，避免发生事故。后怕之余，赵增辉赶忙拨通张小生的电话，并说明了情况。“那你赶紧联系拖车服务的公司，把车送到我们店里吧。等车拉过来，我们再帮忙看看。”张小生很不耐烦地答复。“那拖车费是由我们先垫付，车行会到店后再补给我？”赵增辉见对方爱答不理的，就赶紧问了问拖车费的问题。“拖车费我们不负责。”张小生恶狠狠地回答道。还没来得及回复，对方就把电话挂了。考虑到天色已经不早了，赵增辉只好赶紧联系拖车服务公司，把自己的车拖到了 FS 车行。等到了车行后，已经是晚上 9 点了。赵增辉本想找经理说说理，谁知张小生已经下班回家，车行里只剩三五个店员。无奈之下，他只能没好气地签字确认修理后，灰头土脸地打车回家了，周末的外出郊游也泡汤了。

回到家后，赵增辉疲惫地躺在沙发上，不禁感慨这段购车经历着实很失败。就在此时，他做律师的发小儿李根生打来了电话，“小子，买了车也不知会我一声，还想着坐你的车去兜风呢！”听着小李打趣地开着他的玩笑，赵增辉没好气地答道：“兜啥风啊？我那个车买了不到一个月，都修理了三四次了，今天更是直接把我放路上，险些出了事故。那 FS 车行的人服务态度还很蛮横，我都不知道上哪儿说理去，你还有心思开我玩笑？”电话那头的李根生一听发小儿悲惨的购车经历，赶忙劝说道：“都修理三四次还没好，肯定是存在质量问题。你明天拿着当时购车的所有凭证去那车行，跟对方好好商量，说明这车明显存在质量问题，而且在‘三包’期限内，跟对方申请退车。要是对方执意不予退车，你就去找消费者协会，让他们的工作人员就你们的争议进行调解。放心吧，问题一定可以解决的。”听罢李根生的解释，赵增辉觉得稍微放心了，毕竟他是做律师的，对处理这些纠纷多少有些经验。

第二天一大早，按照发小儿的建议，赵增辉拿着当时购车时的所有凭证来到FS车行，准备好好跟经理张小生谈谈。没等他打招呼，张小生就满脸笑容地说：“赵先生，早上好！您的车我们已经交付厂家去维修了，请您耐心等待。”“您好，张先生！我今天来店里，就是想就我购置的新车跟您谈谈。不到一个月的时间里，这车就连续维修了三四次，而且故障一直不能排除。所以，我想申请退车，您看我需要办理哪些手续？”赵增辉见张小生态度温和，也耐心地跟他说明了自己的来意。“退车？哪有退车的道理？您还是再等等维修吧。”对方一听赵增辉居然要申请退车，脸色立刻沉了下来，敷衍地说了两句，就转身忙别的事情了。不管赵增辉如何紧跟其后解释，对方硬是不再答复。无奈之下，赵增辉只好去车行所在区的消费者协会，希望得到区消协的调解，帮助他解决这一问题。

到了区消协后，工作人员王强热情地接待了赵增辉。听他说完了购车纠纷的基本经过后，王强建议赵增辉先对车做质量鉴定，以便明确新车的问题所在，等拿到鉴定结论后，再找店家一起调解。随后，区消协遂委托某产品质量司法鉴定所鉴定该车质量。几天后，鉴定结论认为：“该车存在制动系统失效的问题”。

在拿到鉴定结论后，区消费者协会工作人员王强遂联系车主赵增辉和FS车行经理张小生，将他们约到了区消协会议室。“两位好！我是区消协的工作人员王强，由我负责调解处理两位之间的购车纠纷。据我目前了解，赵先生于一个月前在FS车行购置商务车一辆。但购车后，赵先生的车时常因为制动系统失灵的问题而无法正常使用，并经FS车行多次维修仍无法消除故障，因此，赵先生提出了退车，但张先生您明确拒绝了他的请求。事实情况是这样的吗？”王强做了简单的自我介绍后，就将纠纷的基本情况说明了一下。“是的，王先生。我多次申请退货，FS车行都置之不理。”赵增辉补充道。“不对，王先生。我们车行已经联系厂商，协助赵先生修理他购置的商务车了。车还在修理过程中，所以需要赵先生耐心等待。但是，关于退车，我们车行之前从没有这样处理过，也恕我们无能为力。”张小生急忙解释道，还补充说，“我们只能包修，再说了，也没有退车的道理啊。”

听完双方的陈述后，王强接过话说：“张先生，可能您对我们国家现行的法律法规还不是很了解，我可以简单跟您说明一下。2013 年，我国《消费者权益保护法》作了修订，其中第二十四条第一款明确规定，经营者提供的商品或者服务不符合质量要求的，消费者可以依照国家规定、当事人约定退货，或者要求经营者履行更换、修理等义务。没有国家规定和当事人约定的，消费者可以自收到商品之日起七日内退货；七日后符合法定解除合同条件的，消费者可以及时退货，不符合法定解除合同条件的，可以要求经营者履行更换、修理等义务。也就是说，区别于之前的法律规定，‘三包’政策从原来仅涉及的 20 余种商品扩展到了全部商品，这自然也包括了家用汽车。此外，这条规定也明确赋予了消费者的优先退货权，在商品或者服务不符合质量要求的情况下，消费者可以依照国家规定和当事人约定申请退货。”王强见两人听得入神，就接着解释道，“另外，国家质量监督检验检疫总局出台的《家用汽车产品修理、更换、退货责任规定》也于 2013 年 10 月 1 日起施行，这个规定对家用汽车产品‘三包’责任作出了基本且具体的要求。这个汽车的‘三包’政策明确规定，由销售者依法承担‘三包’责任。销售者依照规定承担‘三包’责任后，属于生产者的责任或者属于其他经营者的责任的，销售者有权向生产者、其他经营者追偿。家用汽车产品经营者不得故意拖延或者无正当理由拒绝消费者提出的符合本规定的‘三包’责任要求”。

张性听着王强的解释，连连点头称是，思索片刻后，好奇地问道：“您说得有道理。但是，王同志，也并不是所有的情况都可以包退吧？像我们车行和赵先生这样的情况，我们已经努力协助他修理汽车了，是不是就不需要再退车了？”“赵先生，你问得很好。根据质量司法鉴定所的鉴定结论，赵先生所购置的这款商务车存在制动系统失效的问题。这种情况的‘三包’处理，《家用汽车产品修理、更换、退货责任规定》第二十条也明确作出了规定，在家用汽车产品‘三包’有效期内，符合本规定更换、退货条件的，消费者凭‘三包’凭证、购车发票等由销售者更换、退货。家用汽车产品自销售者开具购车发票之日起60日内或者行驶里程3000公里之内（以先到者为准），家用汽车产品出现转向系统失效、制动系统失效、车身开裂或燃油泄漏，消费者选择更换家用汽车产品或退货的，销售者应当负责免费更换或退货。”这时候，坐在一旁的赵增辉按捺不住了：“我这车购买还没到30天呢，这里有消费发票和‘三包’凭证做证明。再说了，制动系统失效这问题可大可小，我现在想想就后怕，还是赶紧给我退货吧！”赵增辉还突然想起了拖车费，就赶忙问道：“另外，我上次维修时还支付了1000块钱的拖车费，您看按照法律规定，是不是也该由FS车行来承担啊？”

“这个费用是需要由FS车行来承担的。我国《消费者权益保护法》第二十四条第二款规定，依照前款规定进行退货、更换、修理的，经营者应当承担运输等必要费用。而这里的拖车费就是法律所指的运输费用，应当由FS车行来承担。随后，赵先生您可以把拖车费的凭据交给张先生，他可以协助您办理。”回答完赵增辉的问题后，王强扭头跟张小生说：“张先生，对于赵先生申请退货的这个事情，您也要看到，这一方面是法律通过督促经营者履行相应的义务来保护消费者，但另一方面对于经营者而言，也是一个树立诚信口碑的好机会。俗话说得好，只有诚信经营，才可以基业长青嘛。您说对吗？”“您说得有道理，这次真谢谢您给我们做调解。跟赵先生这次销售经历也算是给我们些经验教训，事后我们一定积极配合赵先生办理退货退款等手续。此外，我们也会尽快认真学习《消费者权益保护法》和《家用汽车产品修理、更换、退货责任规定》的法律精神和规定，争取在日后销售经营过程中严要求高标准，诚信经营，切实保障每一位消费者的权益。”说罢，张小生也向车主赵增辉鞠了个躬，说道：“赵先生，这次实在抱歉，希望您谅解。我回去一定尽快帮您办理退货手续，也希望您最终能够选到心仪合适的车。”在王强的调解下，双方最终握手言和了。

在调解后的第三天，赵增辉就办理完成了所有的退货手续，顺利地拿到了自己的购车退款和先前垫付的拖车费。最终，在区消协工作人员的调解下，赵增辉和 FS 车行的这次购车纠纷就这样得到了圆满的解决。

36. 黑心老板被处罚　小当家重新出发

又是一个寒冷的早晨。6 点整，闹钟“叮铃铃”响开了，不一会儿，隔壁传来一声男人的怒吼：“还不赶紧关掉！”

沉睡中的佳佳一下子被这怒吼声惊醒了，猛地从床上坐起来，这才意识到闹钟已经响了好一会儿。意识已经清醒的佳佳赶紧按了闹钟，又一头躺下，满脸倦容。夜里 12 点才睡觉的她，实在困极了。

终究要上学，不能赖床太久。打起精神洗漱完毕，佳佳背上书包准备出门，却发现抽屉里的饭钱已经花完了。

“唉！算了，别吃早点了。”这么对自己说着，佳佳走出了家门。

而这一切，都要从爸妈离婚之前说起。

佳佳也曾有过很幸福的童年生活，爸爸妈妈很疼爱自己，想要什么差不多都能得到。她最开心的事情就是一家三口在节假日一起出游，那些日子里，天似乎总是蓝的，阳光总是明媚的，心情总是彩色的。

可就在佳佳小学六年级的时候，爸爸似乎总是很晚才回家，妈妈总是不开心，偷偷落泪。不知什么时候，佳佳被冷落在一边，总是被打发到隔壁阿婆家吃饭，然后一个人回家写作业。家里总是静悄悄的，妈妈在家的时候也总是不作声。

直到有一天，妈妈拎着一个大大的行李箱，摸了摸佳佳的脸，然后头也不回地离开了。隔壁阿婆说，因为爸爸迷上了赌钱，辛辛苦苦经营的厂子没了，妈妈的心伤透了，再也不愿意进这个家。

自此以后，佳佳再也没有见过妈妈。

还好，佳佳一直坚持努力学习，考上了区里最好的初中。虽然爸爸总是喝酒，总是毫无征兆地发脾气，总是不管佳佳是不是还有吃饭的钱，佳佳却体谅爸爸。事业没有了，爱人离开了，只能去给别人做事的爸爸怎么能有好心情呢？上了初中的佳佳在学校分秒必争，别的同学课间休息时，她却尽量利用一切时间做习题。因为放学之后她就要狂奔回家，给自己和爸爸做饭，收拾屋子，直到深夜，才有时间做功课。周末，佳佳还要把自己和爸爸的衣服洗得干干净净，把爸爸的工作服熨得服服帖帖。

这种状态一直持续到初二开学。然而，还有更糟的状况在等着佳佳。快开学了，一天中午吃完饭，佳佳起身收拾碗筷，把盘子和碗摞在一起之后，开口说："爸，下个学期的费用给我吧，过两天就开学了。"刚准备点烟的爸爸愣了一下，捏着烟和打火机的双手分别落在了膝盖上，重重地叹了口气："爸爸暂时没钱。"可是，不交钱怎么上学……佳佳低着头，一根一根整理着手里的筷子。爸爸忽然起身："先去隔壁阿婆家问问吧。"然后，"咚"的一声，爸爸消失在门外。几天之后，隔壁阿婆送来了钱，放在佳佳手里。"佳佳啊，你爸爸外面欠债太多，这两天真是到了节骨眼上了。先交了钱上学，别耽误。"拿着这些钱，佳佳的心里可真不是滋味。初二的学习比初一要紧张一些，但大多数同学都还是有时间参加各种课外活动，也有时间跟家里人去旅游。而佳佳的生活除了上课就是家务，就像爸爸的生活一样单调。除了还债，早出晚归的爸爸似乎已经忘了所有事情，包括上初中的女儿。所以就像这样一个早晨，消瘦的佳佳背着重重的书包，饿着肚子坐在位子上开始早读。

趁老师出去的空儿，同桌丁小尧碰了碰佳佳的胳膊，佳佳扭过头，看到了丁小尧从桌斗里掏出来的面包，"咦？你也没吃饭？""切，才不是。这是我给你买的。老师一会儿回来了，快吃吧，快！"

丁小尧没心思跟佳佳聊天，已经撕开了包装袋开始把面包往佳佳嘴里塞。"你咋知道我没吃早饭？"佳佳一边狼吞虎咽，一边含混不清地问。"好几天了都，不到中午就听到你肚子叫了。我猜的，不信明儿还别吃早餐，快放学的时候拿镜子照照你自己的表情。"丁小尧一边说一边扶着佳佳面前的课本，"也不知道挡着。""谢谢啊，丁小尧，真是谢谢。"佳佳一边吃，一边满脸傻笑。

第二节课课间有 20 分钟，大家都欢天喜地出去玩了，又是佳佳一个人在位子上奋笔疾书。丁小尧看不下去了，一把夺过佳佳手里的笔藏在身后："我说佳佳，人家都出去活动了，你怎么老是一个劲儿做习题写作业啊。成绩那么好了，你不用锻炼身体啊。嗯？""哎呀别闹，反正这些习题早晚都要变成家庭作业被老师布置下来，我得抓紧时间写完了回家才有时间做家务。”佳佳慌忙站起来抢丁小尧手里的笔。“你也是，就这一根笔。”丁小尧玩不下去了，把笔还给了佳佳。顿了顿，丁小尧又说：“佳佳，你晚上回去要做家务我能理解，你爸爸忙。不过，你怎么连吃早餐的钱都没有了？幸好中午饭是在学校吃，开学已经交了钱，要不然你不是要饿两顿？晚饭呢？你怎么吃的？”

听到这里，佳佳眼神一下子暗淡了，手里写字的笔也慢了下来：“这个……唉……”“怎么了？你倒是说啊。”丁小尧紧盯着佳佳不放。“我爸很少跟我说话。这学期的书费什么的，还是隔壁阿婆给我的呢。”

“阿婆说，我爸这些日子被催债的人逼得紧，有点收入就给他们了，都顾不上我……”说着说着，佳佳的眼眶就红了。“别难过啊，佳佳。要不，以后早餐就包给我了。就这么定了！”丁小尧赶紧安慰佳佳，就差拍胸脯起誓了。“真是谢谢你了，丁小尧。我不会老麻烦你的！”佳佳真不知道怎么感谢好了。

就在这时，上课铃响了。“准备上课吧，别想那么多了。”丁小尧笑笑，“谁让咱们是好朋友呢！”

就这样，丁小尧早上总是自己先吃早餐，然后带一份到学校。为了不让同学们看到，俩人还约好了早一点儿到学校，赶在大部分同学到学校之前吃完。不知不觉地，一个月就过去了，因为有丁小尧的照顾，佳佳的早餐总是吃得又开心又有滋味。可是，不安的心情却在佳佳的心里一天一天蔓延开来。虽然丁小尧是自己的好朋友，可是总是这么麻烦丁小尧，还不知道丁小尧家里人知不知道，真是不好意思。短期还行，一直这么下去可不是办法啊。

一个周五的下午，学校放学比平时早了点儿，佳佳终于不用赶着回家做饭了，就想着在街上溜达溜达，放松一下心情。沿着平时大家逛街的地方漫无目的地走，佳佳不停左看右看。因为平时没怎么出门逛过街，好多新开的店铺她都不知道。

忽然，一家新开的小吃店映入眼帘，佳佳一下子被吸引了。吸引她的不是店家的招牌和装潢，而是一则非常显眼的广告：“新店开张，招洗碗工一名！”

洗碗，自己还是会的吧，佳佳心里盘算着。在自己家一直洗碗，在外面肯定也一样，还能挣钱，多好！佳佳一下子变得非常兴奋，就赶紧上前推开了小店的门。

“你们要招洗碗工吗？”佳佳拉住一个刚送完餐的女服务员问。

“是啊。你有什么事儿？”女店员很随意地答道。

“我想做洗碗工。”佳佳定定地说，盯着那个女服务员。

“你？你才多大？”女服务员惊讶极了。

“我 13 岁了，很快就 14 岁了。”佳佳赶紧说。

“等等，我去找老板。”女服务员慌忙跑走了。

一会儿，一个胖胖的中年妇女出来了，挑着眉毛打量了一下佳佳：“小姑娘，你不用上学？来这儿打工？”

“用的用的，我上初二。但是我下午放学和周末都能来。您的这个店应该晚上和周末人最多吧，那时候最需要人。”佳佳唯恐到手的机会没了，连忙解释。

中年妇女回头跟身边的一个小个子男人嘀咕了几句，扭过头对佳佳说：“你来可以，不过工钱可只有三分之一，你白天可是不能来的啊。行吗？”

“嗯，行的。我现在就能开始吗？”佳佳已经开始挽袖子了。“嘿嘿，倒是很勤快啊。那你今天就开始吧。”中年妇女的眼睛眯成了一条缝，笑得露出了大黄牙。这个晚上，佳佳一直到晚上 10 点多才回家，到家连手脚都没力气洗了，直接倒在床上，不一会儿就睡着了。

从这天开始，佳佳在学校更是一点活动和玩乐的时间都不给自己留，放学铃一响就狂奔出教室，每次都令丁小尧惊诧不已。“佳佳，你干吗老是这么着急！”好多次，丁小尧都忍不住冲着佳佳的背影大吼。

没有人知道，喧闹的商业街上，到处都是开心的人群，佳佳却在一家小店的后厨里，双手沾满了饭菜的油污，拼命地洗着一个又一个的盘子和碟子，时不时还要被老板娘吼叫和催促：“快点！客人这么多，都没得用了！怎么那么慢。”

深夜，佳佳背着书包，站了几个小时的双腿软绵绵地走在路上，细瘦的影子被路灯拉得好长好长。刚打开房间的灯，爸爸的声音就追了过来：“佳佳，你去哪儿了？怎么这么晚才回来！”佳佳一扭头，爸爸恼怒的面容出现在门口。“我，我去同学家了……”佳佳不想说实话，就骗了爸爸。“去同学家？你那同学家还管饭的吗？！别以为老子回来得晚就不知道你去哪儿了，早点儿回来知道吗？！”爸爸估计也是累了，发了顿火就拖着沉重的步子回了自己房间。“反正你也会去阿婆家找饭吃的，就别管我了。”佳佳默默地想着，迷迷糊糊就睡过去了。

虽然还是能按时上课，丁小尧却发现佳佳不是很对劲。以前虽然也每天都要忙着回家做家务，上课的时候，佳佳可都是精神抖擞的。但是最近，佳佳上课精神不好不说，有两回竟然在课堂上睡着了。

又是个课间，佳佳一反常态，竟然下课铃一响就趴下开始睡觉。丁小尧拍了拍佳佳，毫无反应，一听，这家伙竟然已经睡着了。丁小尧趴下来看着佳佳，一肚子的问号。“铃……”上课铃猛然间响起，佳佳一下子被惊醒了，仿佛刚从另一个世界回来。“佳佳，你这两天怎么回事儿，这么没精神？”丁小尧一边准备上课的书，一边小声问。

“没事儿……”佳佳心不在焉地应着，在桌斗里乱翻着书。丁小尧没作声，却暗暗做了个决定。放学了，佳佳第一个站起来收拾书包，然后第一个冲出教室，讲台上的老师看得目瞪口呆。接下来是丁小尧，跟着佳佳的节奏冲出了教室。走出校门，丁小尧追着佳佳的背影，悄悄地在后面跟着。佳佳照前些天那样，紧赶慢赶小跑到了小吃店。

“佳佳，怎么才来呢，快点去后厨。”女服务员冲佳佳喊了一声，忙自己的去了。“哎，马上。”佳佳把书包往吧台后面一放，一下子消失在一扇门后面。门口的丁小尧傻傻地看着，眼圈一下子红了。第二天，佳佳上学的时候，左手大拇指上缠了个胶带。丁小尧看在眼里，忍住半天没问。下午课间，丁小尧终于忍不住了，问佳佳：“你的手怎么了？”“没什么，昨晚上在家刷碗的时候不小心把盘子打破了，手给划了。”佳佳故作轻松地说。

“你骗人，手是在小吃店划的吧？”丁小尧黑着脸说。“你怎么知……什么小吃店，你说啥呢，我在家弄破的。”佳佳有点尴尬，坚持着自己的说法。“我都看见了，别骗我了佳佳，你怎么能去打工呢，你还在上学呢，你爸知道吗？”丁小尧一下子道出了事实。佳佳一下子沉默了，好半天才慢慢地说：“丁小尧，我不想给爸爸添麻烦，我也不想给你添麻烦，我不能老是白吃你给我带的早餐……”“咱们不是好朋友吗？我都不在意，你想那么多干吗？”丁小尧急了，“小吃店不能再去了，答应我。”

“可是……”佳佳面露难色。

“别可是了。我找了班主任李老师，下午放学我们在学校等她跟你一起回家。”丁小尧一字一句地说，没一点儿商量的余地。

放学了，丁小尧陪着佳佳一起回家，走到校门口，看到班主任李老师已经在传达室门口等她们了。李老师走到佳佳身边，拍了拍她的肩膀：“家里出了这种事情，怎么不早点跟老师说呢？”一路上，李老师向佳佳详细地了解了家里以及打工的情况。

第二天，应老师的要求，佳佳的爸爸出现在李老师的办公室。“您还是要多多照顾佳佳，不能对自己的女儿不管不顾。”李老师倒了一杯水给面前这个满面沧桑的中年男人，“虽然这是您的家事，但是对未成年学生的保护和培养，不管对家长来说，还是对学校来说，都不只是感情和道德层面的问题。《未成年人保护法》您知道吧？学校保护和家庭保护都是明确规定的呀。”

“唉，这两年实在是不顺。光忙着还债了，忽视了佳佳的感受。”佳佳爸爸低声说着，“我以后一定注意。”

“有困难您可以跟学校沟通，我们要互相配合。佳佳是很懂事的孩子，不能因为家庭环境的原因影响了她的学业。”在李老师的劝说之下，佳佳爸爸不住地点头。

商业街那边的小吃店门口，却是另一番景象，区劳动监察大队工作人员的突然出现让胖胖的女老板一下子慌了神。“你竟然敢雇用童工？按照《未成年人保护法》第三十八条的规定，除非国家另有规定，任何组织或个人都不能招用未满十六周岁的未成年人。你这是非法雇用童工！”一名工作人员对女老板正色道。

“哎呀，是那个小姑娘自己找上门来的……”女老板想辩解，却被工作人员一下子挡了回去：“这根本不是理由。多亏这次接到举报，我们才知道你雇用童工的违法行为，以后坚决不能再犯了。”除了对佳佳这些天超负荷的劳动做出补偿，女老板还要按照《禁止使用童工规定》缴纳了罚款，她真是懊悔不已。

一个晴朗的周末，手上伤口已经痊愈的佳佳跟班里同学一起去郊外野炊。“以后，你就不用老是那么匆匆忙忙了。要多参加我们的集体活动！”丁小尧高兴地跟佳佳并肩走着，笑眯眯地说。“嗯，一定！”佳佳拉住好朋友的手，脸上浮现出久违的笑容。

37. 两级法院拒再审　申诉莫忘检察院

魏蓝与荣添都来自偏远的农村，魏蓝比荣添大两个月，他们从小一起长大，情同兄弟。他们两家父母关系也很要好，逢年过节常常聚在一起庆祝，平时两家人有事时便有商有量、互帮互助。虽然两家的家境都不富裕，但父母都没有放松对孩子的教育，他们觉得只有让孩子走出大山，才能有美好的未来。荣添、魏蓝到了上学的年纪后，两家人就商量着将两个孩子送到县城的一所小学读书。虽然学校离家很远，但两个小兄弟可以做伴上学放学，互相有个照应。

在学校里，兄弟俩分在不同班级，两人的个性也是越来越分明。荣添踏实肯干，各方面表现虽不算出类拔萃，但也是稳扎稳打，力争上游。而魏蓝从小就有股闯劲儿，学习体育样样争强好胜，各种考试竞赛一定要争个第一回来。荣添在自己的班里排名前十，而魏蓝呢，只有一次考试失手考了第四，其他时候都是名列第一。就这样，小学的时光很快过去了，两人都争气地考上了市里的中学，从初中到高中，他们依旧像往常一样一起开心地成长着。比起荣添的按部就班，魏蓝的城府则变得越来越深，骨子里的精明又添了几分。有时看着荣添学习生活上傻乎乎的样子，魏蓝打心眼儿里着急，总想给他出谋划策，叫他不要总是出蛮力，要学会审时度势。

很快，高三到了，荣添一心希望能够考上重点大学学习经济，他也一直朝着这个目标努力。而魏蓝，却在关键的一年作出了一个让大家颇为吃惊的决定——不再参加高考，要下海经商。老师、家长轮流找到魏蓝，希望说服他改变主意，继续读书，大家都认为他在班里成绩一直名列前茅，就这样放弃参加高考的机会实在太可惜了。

魏蓝每天被大家“连番轰炸”，心理压力越来越大，一天放学，他拉着荣添到了市中心。虽然兄弟俩出生的地方偏远，但他们读书的地方几年间发展迅速，已经盖起了高楼大厦，商业区也有了一定规模。荣添不明白魏蓝为什么要带自己来这里，但他知道魏蓝是想向自己倒倒一直以来压抑在心里的“苦水”，于是就一路默默跟在魏蓝身边，等着魏蓝说话。

到了最繁华的街道，魏蓝终于开口了，他指着周围的高楼大厦说：“这里面全部都是机遇，我真的不想再在学校这个小圈子里浪费我自己的生命，我是属于大世界的，我要出去闯荡。到大城市读书，当然可以开阔视野。但这样太被动，每天只是坐等老师教一些书本上的知识，要知道，生活中最需要的知识。还得靠自己到生活里面去找。除了读书以外，大城市里还有太多选择，千千万万种可能，只要抓住机遇，随时可能闯出自己的一片天……”说着，魏蓝从书包里拿出了一本自己做的剪报，里面满满都是各种商界新贵的传记、采访，还有各种财经新闻和创业故事，上面全都是红笔勾勾画画的标记。“荣添，你从小就比我踏实，读书很适合你，可是我不同，我真的不甘心自己被困在学校里，每天靠向爸妈伸手要钱生活。我想有自己的事业，你看这些商人，他们很多都没读过多少书，但是他们有眼光，会投资，现在不都成功了？我一定要坚持自己的梦想，我一定会成功，荣添，你支持我吗？”一直没有表过态的荣添从魏蓝眼里读出了坚定，他也觉得魏蓝的想法虽然大胆，但确实有道理，谁说出人头地一定要靠读书？魏蓝从来都有很多法子，到外面闯闯也许真的才是最适合他的。荣添拍了拍魏蓝的肩膀，点了点头。

高三很快过去了，魏蓝的父母看到儿子心意已决，便不再多加阻拦了，他们最终也支持儿子出去创业。荣添还是一如既往地认真地准备着考试直到最后。最终，荣添考到了上海的名牌大学，魏蓝也来到上海开始打拼……

开始的一年多，魏蓝先是在各个企业打些零工，赚到的钱大部分都存了起来，一有机会就和身边的人聊天，听他们讲自己的故事，有成功的，也有失败的。业余时间，他也会找来一些经济方面的书读读，由于学习底子不错，大部分内容也都能够吸收。而荣添呢，到了大学除了以往的勤勉之外，也多了几分冲劲儿，各种奖学金一个接一个。虽然在同一座城市，但由于各有所忙，两兄弟很少见面，只是偶尔通个电话聊聊现状，说说心里话。

到上海的第三年，魏蓝攒了不少钱，也对整个商业环境有了一定的了解，觉得是时候开始自己的事业了。他辞了职，开始自己创业。他在闹市区租了一个小店面，干起了特色小食馆。由于打工期间爱和各种人交流，再加上自己读过不少关于营销方面的书，魏蓝市场定位准确，营销策略得当，开业不到一年，他的小店就成了微博上的热门餐厅，每天除了老客户以外，还有很多慕名而来的人们，店面渐渐显得小了，于是他便很快开了第一家分店，生意同样是红红火火。这时，荣添也以优异的成绩从大学毕业了，虽然找工作竞争激烈，但由于荣添在学校表现出色，所以在毕业前便有很多大公司、银行向他抛出橄榄枝，他从中挑选了一家实力雄厚的公司。入职后，荣添认真负责的态度很快得到了领导的赏识，成为公司的骨干成员。

魏蓝看着自己的兄弟这么成功，也是真心替他高兴，一想两人在上海都各自打拼出了一片天地，是时候回家看看父母了，于是他找来荣添商量着给父母们买些营养品，然后便一起回家了。见到了儿子，两家老人都开心得不得了，津津有味地听着他们讲这么多年来各自的经历。魏蓝和荣添工作繁忙，所以没在家待上几天就匆匆地回上海了。临行前，魏蓝父母说道："蓝啊，你有胆有识，我们大家都知道，但是一个人在外面做生意，有的时候还是要谨慎些。添儿从小就老实，有事情的时候记得多找他商量商量，不要总是去冒险。我们不求你大富大贵，就求你能过得安稳。"荣添的父母也对荣添说："你和小蓝从小一起长大，小蓝对你照顾不少，你现在也有能力了，以后你蓝哥有需要，你也要能帮就帮。"两兄弟告诉父母放心，又嘱咐了几句便回上海了。回去后，魏蓝继续发展自己的生意，陆续开了十几家分店，荣添呢，也从普通职员一步步升到了公司财政部主管。

虽然生意不错，赚钱不少，但是魏蓝还是觉得应该继续扩展业务，不能只局限在餐饮行业。于是，他决心要搞房地产，把企业做大。由于资金大多都用于公司运作，魏蓝一时筹不来太多的流动资金进行投资，他便到银行进行贷款，由于数额巨大。而魏蓝担保不足，所以贷款迟迟没有批下来。就在这时，魏蓝想起了荣添。

魏蓝打电话给荣添，约他出来在咖啡厅见面，荣添爽快答应并按时赴约。魏蓝先是把自己的大计和荣添说了一遍，然后提及自己没有足够的资金，要向银行贷款，但贷款又没有足够的担保。荣添主动开口问："哥，这么多年你待我如亲弟弟，现在你的事业正是发展期，有什么需要帮忙的尽管开口，我一定全力协助！"听了这话，魏蓝着实是感动不已，一开始他还担心自己的计划会被荣添驳斥，但听了这番话，便放心大胆地对荣添说了自己的打算："添儿，我是这么打算的，我想找你们公司给我做贷款担保人，可是要通过正常程序的话，你们这种大公司一定不会提供风险这么大的对外担保，所以我想啊，你不是你们公司的财政部主管吗？前阵子还听你提起你们公司高层挺信任你的，公章也在你手里，你能不能帮我在借款担保合同上盖个公章，再签上你们公司经理的名字，帮我把这笔款子贷下来，到时我一定把钱还上，绝不让你为难，你看行吗？"荣添一听，没想到魏蓝会有这么过火的提议，最初先是惊讶，但考虑到自己从小确实一直被魏蓝照顾着，而且刚才自己也满口答应了，不能就这样轻易反悔，于是便答应了魏蓝的要求。

第二天，荣添就在魏蓝带来的合同上加盖了公司的公章，然后又签上了公司经理的名字。魏蓝借此顺利得到了贷款，发展起了房地产，一开始发展得挺顺利，几个月的盈利远远高于餐饮店。魏蓝胆子越发大了起来，他陆陆续续卖了几家餐饮分店，把资金全都投向了房地产项目。

可之后的事情未如兄弟二人预想的那般顺利，由于魏蓝缺乏相关领域的经验，投资房地产实属一时冲动，没过多久就把全部资金亏了进去，到期还贷时拿不出钱，银行催了几次未果，最终起诉到法院，要求魏蓝的公司偿还贷款本息，同时请求荣添所在公司对该笔债务承担连带责任。

事情闹大了，魏蓝与荣添都不知该如何收场，一下子慌了神。荣添来到魏蓝的办公室，找到魏蓝，质问他为何不三思而后行，为何要把自己拖累到如此地步。荣添对着魏蓝声嘶力竭地大吼，发泄着自己的愤怒。魏蓝无力辩驳，荣添摔门而去。

魏蓝点了一支烟，瘫坐在椅子上，他抬眼看到办公室的展示柜，最显眼的位置摆着他和荣添一起去登山的照片，那时的他们是父母眼中的骄傲，有着各自的事业，在上海这样的大都市也有自己的一席之地，这些都是他们兄弟俩一步一个脚印走出来的呀，可如今，因为自己的鲁莽跟风，不但赔了自己的生意，还把兄弟的前途毁于一旦。最重要的是，他深知这份难能可贵的友谊已是走到了尽头。想到这些，魏蓝大口大口地吸着烟，然后慢慢闭上双眼……

荣添和魏蓝面对着早已不在自己控制范围内的事情无所适从，只得无助地任由事情发展下去。法院受理了银行的起诉后，荣添所在公司法定代表人参加了开庭，他在庭上否认了其公司对诉争债务提供了担保，但法院仍认定合同内容为该公司真实意思表示，判决该公司应对案涉债务承担连带责任。该公司不服一审判决，提起上诉，二审法院经审理后维持原判。终审判决之后，荣添所在公司仍不服，向法院申请再审，法院驳回了该公司的再审申请，荣添和魏蓝以为事情就这样结束了。

可谁知，该公司向人民检察院申请抗诉。魏蓝和荣添一看，又傻了眼，二人没有相关法律知识，不知道原来终审之后还能向检察院申请抗诉，于是他们找到律师咨询相关问题。律师为他们解答道："我国《民事诉讼法》第十四条规定：'人民检察院有权对民事诉讼实行法律监督。'第二百零九条规定：'有下列情形之一的，当事人可以向人民检察院申请检察建议或者抗诉：（一）人民法院驳回再审申请的；（二）人民法院逾期未对再审申请作出裁定的；（三）再审判决、裁定有明显错误的。人民检察院对当事人的申请应当在三个月内进行审查，作出提出或者不予提出检察建议或者抗诉的决定。当事人不得再次向人民检察院申请检察建议或者抗诉。'监察监督原则是我国民事诉讼上的一个原则，也就是说人民检察院有权对人民法院的民事诉讼活动实行法律监督。人民检察院是我国的法律监督机关，对民事审判活动实行法律监督是人民检察院法律监督职能的重要组成部分。检察机关监督民事诉讼，对于维护法制的统一，保障人民法院正确行使审判权，维护当事人的合法权益都具有重要的意义。”

人民检察院经审查后认为，荣添利用职务之便加盖公章的行为未得到公司的授权，合同中经理一栏的签字也为荣添伪造，合同的相关内容不能视为公司真实的意思表示，因此案涉借款担保合同无效，人民检察院向相关法院提出抗诉，法院依法再审，支持了人民检察院的抗诉理由，撤销了一审和二审的判决。

虽然荣添所在公司最终不用承担责任，但荣添的行为让公司高层无法对他再信任，他也自知在公司继续待下去也没什么前途，便主动向领导递交了辞呈。领导接受了他的辞职，并对他说：“我了解你这次是为了兄弟情谊，犯下了糊涂之错，但你有能力，我相信你不论走到哪儿，都能东山再起。”荣添收拾好自己的东西，离开了他深爱的公司。他漫无目的地在上海喧嚷的街头走着，不知不觉来到了魏蓝仅剩下的店铺门前，他也不知道为何会毫无意识地走到了这里，可能是这么多年一直习惯了这里有个人，有个他可以随时依靠的人，所以潜意识里一有事情就会来到这里吧。荣添在门口愣了一会儿神，魏蓝这时刚好从门里出来，看到荣添抱着一个纸箱子，便猜到发生了什么，他什么也没说，只是默默地站在那里……荣添看到魏蓝，脑子里闪过的不是前阵子的恨，反而是儿时一幕幕开怀的场景，一起上学放学，一起讨论问题，一起畅想未来。想想那时自己和魏蓝刚刚到上海，魏蓝指着高楼大厦对自己说，未来这里一定有我们的一席之地。这么多年来，魏蓝一直是自己坚强的后盾，如今发生这些变故，大家都很难过，魏蓝变卖了所有的财产用来还债，如今除了一家店面以外一无所有，想到这里，荣添走到魏蓝身边，像多年前一样，拍拍他的肩膀，点了点头。晚上两兄弟聊了整整一夜，心中的隔阂消除了，他们知道，只要努力，未来一定就在不远处。荣添提出要留在魏蓝的店里，和他一起把失去的一切再赢回来。

利用以前积累的口碑，餐饮店慢慢恢复了从前的热闹，荣添不停在外尝试新的菜式，随后，餐饮店的一家家分店又陆续开了起来，每家分店经营不同菜系的菜品，几年下来，成了远近闻名的餐饮集团，大小分店开遍了全国。

起起落落之后，荣添的性子里多了一分坚强，魏蓝则多了一分踏实。

38. 起诉侵权行为人　多家法院可选择

张健一是健一公司的总裁，全市闻名的青年才俊，妻子李敏莉则是市里的优秀教师，两人相亲相爱，经营着自己的小家。最初张健一怕自己工作太忙，没时间照顾孩子，便和李敏莉商量着迟些再要宝宝，小两口过了两年二人世界。两年间，张健一不管工作多忙，都会抽出时间陪李敏莉逛街、吃饭、看电影，还时不时制造些小浪漫哄妻子开心。若是在家吃饭，小两口饭后总喜欢到楼下散散步，聊聊天。近来，他们遛弯儿时便发现小区里的孩子越来越多，尤其是晚饭后的时间，小区的中央广场上更是聚集了好多小孩儿在那里玩耍，他们追跑着，欢笑着……渐渐地，二人开始觉得两个人的生活有些单调冷清。

一天，看电视时，刚好调到了早教频道，李敏莉顺势对张健一说："健一，你看这些小朋友多可爱，我也想要一个我们自己的孩子，一个小公主，看着她成长，听她哭听她笑，给她买各种好看的衣服，买好多好多漂亮的发卡，给她做营养餐，让她长得健健康康的。带她去上艺术班，看她跳舞，听她唱歌……""哇，好多想象啊！"张健一笑着打断了李敏莉，"咱们结婚时公司也正好刚刚起步，一切都要我亲力亲为，你也知道我这人，凡事要做就要做到最好，那时要是要了孩子，我肯定没办法成为一个好爸爸，这一拖就是两年。眼下公司各方面也都步入了正轨，我能陪你和孩子的时间越来越多了，不如我们……""不如我们要个自己的宝宝吧！"李敏莉抢了张健一的台词，开心地从沙发上跳了起来。

很快，李敏莉便怀上了自己的小宝宝。李敏莉怀孕期间，张健一对她更是呵护备至，每天都要抽出时间煲上一锅营养粥，为她和宝宝补充营养。李敏莉对肚子里的孩子也是百般疼爱，每天定时给肚子里的宝宝讲故事，英文的、中文的，她希望孩子能够长成一个知书达理的人。李敏莉一心希望能够生下一个小公主，和张健一出门散步时，她都爱到家附近商场的童装区逛逛，看看有没有什么新品，然后兴奋地拿着小裙子、小 T 恤比来比去，让张健一看哪样搭配才最好看。张健一总是笑她说："我可真担心家里将来再添一个像你一样爱臭美的小家伙呢！"

时间飞快，李敏莉如愿诞下了一个女宝宝。小两口看着小宝宝可爱的模样，笑得合不拢嘴。“起什么名字好呢？”李敏莉问张健一，张健一笑着答道：“知道你喜欢女孩儿，咱们小公主的名字我一早就想好了，就叫张雅婷好不好？”“张雅婷？”李敏莉似乎不懂这名字的来由，于是张健一接着说道：“希望她长成一个亭亭玉立的女子，一个美好的人儿。”李敏莉一听，觉得棒极了。

虽然张雅婷还是襁褓中的婴儿，但李敏莉对宝贝可是丝毫没有马虎。从张雅婷头上的小帽子到春夏秋冬四季的衣服，再到婴儿的小鞋子，每一样李敏莉都是精心挑选。每天李敏莉都一边弹着钢琴，一边给孩子讲故事，张雅婷只要听到钢琴声便会不哭不闹，小眼神中透出一股全神贯注的劲儿。李敏莉和张健一觉得这孩子是个可塑之才，说不定能成为一个艺术家呢。张雅婷两岁时，每当李敏莉弹起经常弹奏的曲子，她总会跟着那熟悉的调调哼着，竟一拍不漏。李敏莉这时便下定决心，要发掘女儿的艺术天分。李敏莉千挑万选，为张雅婷找到一家注重艺术培养的幼儿园，希望张雅婷在这样的环境下对艺术越来越感兴趣。张雅婷三岁时，李敏莉每天下班接她回家后，就会教她弹琴。张雅婷果然好天赋，不但领悟得快，而且不会像一般的孩子一样觉得练琴枯燥，她在琴前一坐就是几个小时。不出一两年的工夫，张雅婷就能熟记很多琴谱，熟弹很多曲子了。不单是琴艺上的进步，张雅婷还喜欢一边弹琴一边跟着哼哼，那嗓音听着就让人心里清爽。

随着张雅婷一天天长大，她对如何穿衣打扮也越发有了自己的见解。李敏莉给张雅婷买了许多衣服鞋子，搭配好来给她穿，但她有时会提出自己的看法，觉得妈妈的搭配不够好，便换上自己喜欢的一套，李敏莉和张健一看着一个小淑女在他们面前一步步长成，打心眼儿里高兴。

从小学到初中，再到高中，十几年间，李敏莉和张健一一如既往地给张雅婷无微不至的爱。张雅婷呢，也是在父母的呵护下健康地成长着，唱歌、弹琴样样都坚持学习，再加上平时饮食健康、时时运动，张雅婷到了十七八岁时着实成了一个明星胚子，她也像那个年龄的孩子们一样，开始做起了明星梦。张雅婷不止一次地和父母提起想要去参加歌唱比赛的愿望，但是张健一和李敏莉都觉得参加比赛倒是无妨，可是真想成为明星，哪有这么容易，万一耽误了学习，耽误了高考，那岂不是丢了前途？

张雅婷试图说服父母："你们看，我平时也会花好多时间练琴学唱歌啊，可是我学习不还是照样很好，这次考试还不是拿了第三名？你们放心吧！没问题的，只是去参加个比赛而已嘛，而且，不是你们说的要我全面发展嘛！"张健一、李敏莉听了觉得也有道理，拦着孩子不去比赛，反而可能会乱了她的心思，不如就由她发展吧。张雅婷如愿以偿，报了三个月以后城内著名的歌唱比赛，很多当红的明星都是通过这个比赛走出来的。三个月里，张雅婷白天在学校认真学习，尽量把所有作业都在学校完成，晚上到了家便认真练琴练歌。

到了比赛的时候，张健一和李敏莉都坐在台下观战，虽然之前有所担心，但是他们也很希望见证女儿第一次在台上绽放光彩的时刻。张雅婷登场的时间到了，她自信地坐在钢琴前，手指娴熟地在琴键上跳来跳去，悠扬的前奏过后，响起了她醉人的歌声，第一句还未唱完，全场便响起了掌声，台下的评委也都相视一笑，默默地点头。张健一和李敏莉看到女儿得到了如此肯定，心里高兴极了。毫无意外，张雅婷得了比赛的一等奖，有机会和国内知名的唱片公司签约，走上歌手的道路。张雅婷拿奖后变得越发自信，整个人也比从前更有气场了，她和父母商量着，想要和唱片公司签约，圆了自己的明星梦。张健一和李敏莉一开始还犹豫，在高考这个节骨眼儿上签约，等于放弃了高考，这样做会不会有些可惜，但想到女儿从小就有艺术天分，再加上形象气质都很不错，既然孩子已经有了自己的想法，那就应该根据她的爱好让她自己去选择，想到这儿，两人便决定支持女儿去追逐自己的梦想。

张雅婷外貌出众，气质出挑，艺术才艺也过人，但她为人十分谦和，所以签约不久，就受到公司器重，公司觉得只需要对她稍作包装，她一定能够大红大紫。不出所料，不到一年的时间里，张雅婷已经拥有了大批拥趸，各种广告合约也纷至沓来。但是张雅婷从不为了追名逐利而接一些不负责任的工作，每个广告代言她都是精挑细选，亲身试验过产品，觉得真的适合才会接受合约。对待每一次登台演出，她也是事无巨细地认真准备，务求每次演出都能呈现最完美的自己，不辜负“粉丝”对她的爱。张雅婷的工作越来越忙，回家的时间也越来越少，但每次回家，张健一和李敏莉都不忘提醒女儿要继续保持自己低调的作风，不要骄傲，不论对待自己的“粉丝”还是身边的工作人员，都要真诚以待，不能傲慢。张雅婷把这些话都深深地记在心里。

随着张雅婷的人气越来越高，工作也越来越多，但她对待工作的标准一直没有变过，每个工作她都尽力做到完美。高强度的工作，越来越少的休息，张雅婷的身体素质开始下降，有时会因为低血糖晕倒，但每次都是匆匆赶到医院输上一瓶液，就又继续坚持工作了。张雅婷就是这样日复一日地忙碌着……

为了回馈“粉丝”多年来的支持，公司决定在张雅婷生日当天晚上，为她举办一场小型的歌迷见面会。张雅婷十分看重这场见面会，精心挑选了十套不同风格的演出服，并选了出道以来自己认为最能表达心声的歌曲。距离演出还有一个月的时间，她就开始没日没夜地练习。有时白天要拍广告，她就在换衣服的间隙练声。赶上难得的休息时间，她便跑到录音室去练歌。为了呈现更好的舞台效果，她还重新编排了自己的舞步，练歌回来便会练上一会儿舞步。

公司为了利用这次歌迷会把张雅婷的人气推到更高点，通知了许多媒体参加。张雅婷生日当天，除了晚上的歌迷会，白天的时候她还要去参加剪彩活动。这天，她早早就起来配合化妆师化妆，然后换上了早就准备好的衣服，赶去了活动现场。白天的活动搞到下午 4 点才结束，距离歌迷会还有三个小时，张雅婷赶紧去补妆，换上了晚上演出的衣服。换好衣服补好装，张雅婷从椅子上站起来准备出发，不知是起得猛了还是怎的，她一下子晕倒在地。工作人员都紧张起来，虽说张雅婷之前也晕倒过很多次，但是最近已经好很多了，怎么偏偏赶上这么重要的时刻又犯了呢？

大家赶紧拨打 120，把张雅婷送进了医院。医生诊断为低血糖，给张雅婷输了液，她慢慢地恢复过来，刚一睁眼她就问身边人：“几点了？我怎么又晕倒了？

赶紧收拾，我今晚还要去演出啊！”工作人员告诉张雅婷：“已经6点多了，立即出发也一定会迟到的，不如……”“这么多人等着我，还有媒体，我一直努力了这么久，就是为了让歌迷看到我最好的一面，我一定要去，我可以的，我们现在就出发吧。”张雅婷边说边把手上的医用胶布揭掉，拔了输液管。工作人员来不及反应，赶紧跟在张雅婷后面，公司的车子也一早等在医院门口。张雅婷直接登上车子，司机开向了歌迷会现场。在车子上，张雅婷整理好了妆容和衣服，又开了开嗓子。到了现场虽然已经晚了半个多小时，但因为张雅婷一向待歌迷如朋友、亲人，歌迷们早就对她的品性十分了解，知道她迟到一定有她的原因，所以张雅婷一出场，现场气氛立即升到沸点。张雅婷在台上卖力地演出，观众在台下热情地合唱着。张雅婷的演出极其成功，她自己对演出的效果也十分满意。

就在大家都以为事情圆满结束的时候，意想不到的事情发生了。歌迷会的第二天，南华区的《新晨早报》刊登了一篇名为《张雅婷耍大牌　歌迷苦等一整晚》的报道，张健一和李敏莉看到报道后第一时间打电话给女儿问她到底是怎么回事儿，张雅婷这才找来报纸读了文章，报道主要内容是说张雅婷的见面会本来定在7点准时开始，不到7点，大批媒体和歌迷就已经就位，等待她出场，可谁知大家等了将近一个小时，现场气氛降至冰点，好不容易等到张雅婷出场，她却没有给在场媒体和歌迷一个交代，态度傲慢，这种耍大牌的明星，歌迷们就该集体抵制，挫挫她的威风。张雅婷看了之后气得要命，想要到微博上进行澄清，打开网络又发现新城区、北街区和东夏区的报纸经过《新晨早报》的同意后，对上述报道进行了转载。张雅婷看到微博上有很多“粉丝”纷纷留言问她这事到底是不是真的，还有的“粉丝”直接留言表示看到这样的报道后对她感到很失望。

张雅婷觉得事情已经超出了她的想象，她有必要依靠法律手段来维护自己的权利。可是这么多家报纸媒体，又分别在不同的区，到底要去哪里告呢？张雅婷找到公司的工作人员，工作人员找来了公司的法律顾问，法律顾问听了情况之后给他们讲：“现在这些家报纸都可以成为被告，因为他们都侵犯了你的权利，我国《民事诉讼法》上关于法院管辖权的规定是‘原告就被告’，所谓‘原告就被告’，就是指原告应该到被告所在地的法院去起诉。这个案子是侵权案件，关于侵权案件的管辖权，我国法律规定因侵权行为提起的诉讼，由侵权行为地或者被告住所地人民法院管辖，侵权行为地包括侵权行为实施地和侵权结果发生地。所以新城区、北街区、东夏区和南华区的法院都对这个案件有管辖权，你们可以选择其中任何一个法院进行起诉。”

在法律顾问的指点之下，张雅婷将上述媒体告上了南华区法院，请求法院判决四家报纸在显要位置公开辟谣，向自己道歉，并赔偿她因此遭受的精神损失。法院经过调查取证，开庭审理，查明了事实真相，支持了张雅婷的诉讼请求。判决作出后，四家报纸深知理亏，便没有再提起上诉。它们都在新近出版的一期报纸的头版刊登了醒目的辟谣公告及道歉书。张雅婷这才长吁了一口气。

打开微博，张雅婷看到“粉丝”们的很多留言，都是鼓励她、说会永远支持她的一些话。她看着，淡淡地笑着。这时电话铃响了，是李敏莉打来的。李敏莉说：“孩子，爸妈都知道你有多爱这份工作，多珍惜你现在的一切，但是你也要爱惜你自己的身体啊，不能总是认为自己年轻就无限地透支啊，爸妈不奢求你有很高的成就，只希望你一切都好，心情好，身体好。”张雅婷认真地听着。挂了电话之后，她坐在电脑前，轻闭上双眼，想想自己一路走来，觉得像是梦一般，从那个爱好唱歌弹琴的小姑娘，到如今被千千万万“粉丝”追捧的偶像，自己付出了很多也收获了很多，虽然累和辛苦，但她觉得这一切都值。

她打开微博，在发布栏里输入：“宝剑锋从磨砺出，梅花香自苦寒来。一路以来的欢笑与泪水见证了我的成长，谢谢大家的支持，我会继续努力！”

图书在版编目（CIP）数据

法律故事汇．看故事学法律：公民普法版 / 中国法制出版社编著．—2 版．—北京：中国法制出版社，2020. 5
（法律故事书系列）
ISBN 978-7-5216-0773-4

Ⅰ．①法… Ⅱ．①中… Ⅲ．①法律—中国—通俗读物
Ⅳ．① D920.5

中国版本图书馆 CIP 数据核字（2020）第 066010 号

内文插图：周　青　李灵璐
责任编辑：戴　蕊　陆紫薇　　　　封面设计：李　宁

法律故事汇：看故事学法律（公民普法版）
FALÜ GUSHIHUI：KANGUSHI XUEFALÜ（GONGMIN PUFABAN）
编著 / 中国法制出版社
经销 / 新华书店
印刷 / 三河市紫恒印装有限公司
开本 / 710 毫米 ×1000 毫米　16 开　　　印张 / 17.5　字数 / 124 千
版次 / 2020 年 5 月第 2 版　　　2020 年 5 月第 1 次印刷

中国法制出版社出版
书号 ISBN 978-7-5216-0773-4　　　定价：49.80 元

北京西单横二条 2 号　邮政编码 100031　　　传真：010-66031119
网址：http://www.zgfzs.com　　　**编辑部电话：010-66010406**
市场营销部电话：010-66033393　　　**邮购部电话：010-66033288**
（如有印装质量问题，请与本社印务部联系调换。电话：010-66032926）